政治と人権の葛藤を越えて

難民を知るための基礎知識

滝澤三郎／山田 満
編著

明石書店

本書の印税は、すべて国連ＵＮＨＣＲ協会に寄付され難民支援活動に使われます。

本書の刊行に寄せて

フィリッポ・グランディ
国連難民高等弁務官

武力紛争、暴力、迫害によって住む家を失い、国内避難民としてまたは国境を越えた難民として移動を強いられた人々（強制移動者）の数は今日６５００万人にのぼる。これは過去数十年で最大の数である。

このような大規模な強制移住の原因はいくつかあり、かつ複雑に絡み合っている。シリアやイラクなどで続く大規模な内戦の中で民間人の命はないがしろにされ、１５００万人以上の強制移動者が出ている。国際的にはあまり知られない中で、南スーダンでは内戦が再発し、２０１６年前半だけで50万人以上の難民が流出する人道危機が起きている。強制移動の原因は武力紛争と迫害だけではなく、不十分な統治、脆弱な国家、生存を脅かすほどの貧困などがある。増え続ける自然災害と、世界各地で進行する環境破壊も人々を追い立て、将来は気候変動による海水面の上昇などにより数百万人が移動を強いられる可能性がある。

ＵＮＨＣＲ（国連難民高等弁務官事務所）は、１９５１年の設立以来、各国政府と協力して数千万人の強制移動者や無国籍者を助けてきた。その功績に対して１９５４年と１９８１年にはノーベル平和賞が与えられている。世界的に知られ先見力に溢れる緒方貞子氏は、１９９１年から２０００年にかけて国連難民高等弁務官として優れたリーダーシップを発揮し、ＵＮＨＣＲを１２８ヶ国で活動する世界最大の人道支援機関に育て上げた。

日本は、毎年の数百億円の拠出を含め一貫して強力にＵＮＨＣＲを支援してきた。平和構築政策の一環として強制移動問題の解決を探る日本の努力は国際的に高く評価されている。

本書は、強制移動問題への対応と解決が国際社会の喫緊の課題となっている中で出版される。国連総会は２０１６年９月に「難民と移民にかかるニューヨーク宣言」を決議した。これは責任分担の精神に基づいて難民を保護するという国際的合意を改めて確認した画期的なものであるが、その合意は行動に移されなければならない。

本書には、世界各地の強制移動問題の原因、影響、そして対応策についての示唆溢れる論考がコンパクトに収められている。ＵＮＨＣＲ勤務経験のある邦人職員を含む９名の編著者が各国の難民政策と実践について学術的な議論を展開する本書は、強制移動とそれがもたらす人道的・政治的インパクトを深く理解することを助けるであろう。

はじめに

滝澤三郎

難民をめぐる人権と政治

２０１１年に始まったシリア内戦では人口２２００万人のうち40万人が死亡し、４８０万人が難民となり、８００万人が国内避難民となった。地中海のトルコ沿岸に打ち上げられたシリア難民の少年の遺体写真はシリア難民への世界的な同情と反応を呼び起こした。２０１５年、ドイツのメルケル首相は人道上の見地から「シリア難民は全て受け入れる」と宣言し、それを機に１００万人を超す中東からの移民・難民がドイツに流入した。しかし宗教も文化も言葉も違う難民の流入は東欧諸国を中心に反移民・反難民感情を巻き起こし、ＥＵの政治危機、そして移民・難民の欧州からの閉め出しに至り、英国はＥＵ離脱を決めた。中東の動乱から発生した移民・難民の移動がＥＵでの政治危機を引き起こしたのだ。

２０２２年２月、ロシアは人口４３００万人の隣国ウクライナに武力侵攻した。ロシア軍による戦争犯罪の脅威を逃れて隣国に避難したウクライナ人は２ヶ月で５８０万人、国内避難民は６５０万人にのぼった。第二次世界大戦後の歴史上、もっとも早く大規模な「戦争避難民」の発生だ。西側諸国は結束して経済制裁、軍事支援をするとともに、避難民の受け入れを積極的に進めている。ウクライナ避難民の流出は、その規模にもかかわらず、２０１５年の「欧州難民危機」のときのような混乱は見られない。避難民の大半が女性と子どもで、文化的にも近いことが、避難民を「脅威」とする見方を抑え込んでいる。

しかし、ウクライナ避難民への強力な支援は例外だ。たとえば、ウクライナ避難民を３００万人以上受け入れているポーランドは、北部のベラルーシとの国境では、ベラルーシによって送り込まれた中東の難民・避難民を追い返している。英国は、密航業者の助けで英仏海峡を渡って不法入国する者をアフリカのルワンダに送り込み、そこで難民申請させる計画を同国と交渉中だ。地中海ではアフリカからの移民難民を乗せたボートがリビア沿岸警備隊につかまり、同国に押し戻されている。昨年２７０万人がメキシコ経由で押し寄せたアメリカでも、国境での追い返しが止まらない。

難民問題は人道と政治の絡み合う地球規模課題だ。ＵＮＨＣＲの年間統計によると、アフガニスタン、ロヒンギャ族、ベネズエラなど２０２１年末時点での紛争や迫害で移動を強いられた人の数は８２００万人だったが、ウクライナ戦争からの内外の避難民を含めると９５００万人になる。世界人口約８０億人のうち８５人に１人が移動を強いられている。

２０１８年12月には国連総会で「難民グローバル・コンパクト（Global Compact on Refugees）」が採

択され、難民問題は一国で解決可能な問題でなく、国際社会が一体となって対処すべきであるとの認識に基づいて、大量の難民を受け入れている国への支援強化や先進国による難民受け入れの拡大を謳っているが、その実践は不均等だ。そもそもこのような難民問題はなぜ起きるのだろう？　難民問題への対応が異なるのはなぜだろう？　私たちには何ができるのだろう？

難民問題の原因

難民問題の第一の原因は国家（政府）による市民に対する迫害だ。1951年の「難民の地位に関する条約」では、難民を「人種、宗教、国籍、政治的意見やまたは特定の社会集団に属するなどの理由で、自国にいると迫害を受けるおそれがあるために他国に逃れた」人々と定義しているが、難民条約が念頭に置いたのは、この五つの理由で主として政府によって迫害される人々を救うことだった。政府による迫害は今も世界各地で続いている。

第2の原因は内戦だ。「ウェストファリア体制」と呼ばれる現在の国際社会は、「領土」・「国民」・「統治権力」が「三位一体」となった理念型としての「国民国家」から成り立っている。今日、国連に加盟する主権国家の数は193に達するが、多くの国ではガバナンス（統治）が脆弱であり、統治権力が弱まっている。実際、冷戦終結後にはソマリア、アフガニスタン、イラク、シリアなどの国では人種、宗教、政治的意見の違いなどを背景に内戦が発生し、「国民」自体がいくつにも分裂して争い、政府が国民を守る責任を果たさないか果たせない「脆弱国家」ないし「崩壊国家」となった。難民はそのような国から周辺国に流出する。

第3の原因は、ウクライナ戦争が明らかにしたように、外国の侵略、国家間の戦争だ。ロシアのウクライナ侵略は、国家間の戦争が過去のものとなったのではないことを示している。国連安全保障委員会の常任理事国が隣の小国に武力侵略して国際秩序と領土を力で変えようとする事態は想定外であったが、それは、冷戦終結後の30年の間にグローバリゼーションや中国の台頭など国際関係が大きく変わる中で、パワーポリティクスがしぶとく生き続け、国連の戦争防止の役割に限界があることを暴露した。逆説的であるが、少数の難民(彼ら)の流入は、多数の「国民」(我々)の結束を固め、「国民国家」体制を強化することもある。シリア難民の流入を機に燃え上がったヨーロッパのナショナリズムや、ロシア侵略で高まるウクライナ民族意識がその例だ。

国際社会の対応——難民の国際的保護体制

難民問題の根本原因は難民発生国の迫害、「ガバナンスの失敗」と国際間の戦争であるが、その影響は外部周辺国に及ぶ。難民の流入が大量である場合、受け入れ国は国家(国民)の利益と外国人(難民)の人権保護のバランスに苦慮する。悲惨な難民の姿を見るとき誰しも胸の苦しみを覚えるが、彼らの保護のために経済的・社会的・政治的なコストを引き受けざるを得ない受け入れ国の葛藤も無視できない。大量難民の発生はそれ自体が人道危機であって「人間の安全保障」を脅かすが、同時に受け入れ国に経済的・政治的・社会的緊張を生み、「国家の安全保障」をも脅かす。本書の副題の人道と政治の相克だ。

難民問題の根本的解決は究極的には戦争の防止と国内的な「統治の再建」だが、それまでの間、難民状況を放置すれば「玉突き」的に混乱が拡大する。2011年にシリア難民が流出し始めたとき、国際社会は動かず、しびれを切らした難民が大挙してヨーロッパに移動し、EUの政治危機を招いた。このため、国際社会は国際協力を通して難民の国際的保護体制を構築した。その狙いは、各国の「庇護責任」の明確化と国際的な「負担分担」を確保することにあった。

難民の国際的保護には、難民の命を救うという人道的価値と、難民流入による混乱を防止する政治的価値があり、それは大気保全や感染症の蔓延防止と同じく地球上の全ての人々と国家にとって望ましい「国際公共財」である。統治権力を持つ「中央政府」が存在しない国際社会では、国際公共財は各国の自発的な供給に頼ることになる。このため難民保護という国際公共財には、いくつかの内在的な限界がある。

第1の限界は、費用を負担せずサービスを受けようとする「ただ乗り」問題だ。難民条約は各国の保護責任と負担分担の方法については触れていないため、「ただ乗り」の可能性が最初からあった。ただ、1951年の難民条約制定当時はアメリカとソ連の2大国が対峙する東西冷戦の初期であり、共産主義諸国から逃げてくる比較的少数の「政治亡命者」は西側諸国では歓迎され、アメリカは彼らを積極的に受け入れて費用の大半も負担していたから、「ただ乗り」は実際上には問題にならなかった。

しかし、1960年代のアジア・アフリカにおける脱植民地化の中で独立した多くの旧植民地国の多くは政治的にも経済的にも不安定で、しばしば内戦が発生した。その中で紛争避難民が数百万人規模で発生し、周辺の貧しい諸国に流入したため、責任分担と費用分担をめぐる「ただ乗り」問題が顕在化した。冷戦終結後の旧ユーゴスラビアの解体の過程では冷戦中には押さえ込まれていた民族的・宗教的対立が爆発して内戦となり、数十万人の「紛争難民」が発生したが、西欧諸国は彼らを受け入れて何とか対応した。しかし、中東の紛争を逃れて百万人単位の移民・難民が流入する中で、国民の反発を抑えきれないEU諸国は（他の国が受け入れることを期待して）彼らの「閉め出し」に転じ、多くの人々が行き場を失い、「寄る辺なき人々」となっている。

第2の限界は「選別的な保護」だ。難民保護が各国に委ねられている中で、援助国は自国にとっての「国益」を考慮しつつ支援をする。欧州諸国はウクライナ避難民を手厚く支援する一方で、中東やアフリカからの難民は締め出している。そのような対応を「人種差別的だ」と非難する声もあるが、根底にあるのは難民受け入れが自国にどのような政治的、経済的、社会的コストを招くか、という政治的な判断だ。

第3は難民条約の基本原理である「領土的庇護」の限界だ。難民として保護を得るには、目的国まで自力でたどり着かなければならない。受入国側としては、「難民条約上では、我が国までたどり着かない者は保護する義務はない」と主張できる。多数の難民流入を恐れる先進国は、これを逆手にとって難民締め出しを図る。たとえばビザ発行の停止、国境に鉄条網を作る、領海・領土に入る前に阻止するなどだ。

第4には、1951年難民条約による難民の定義が制限的であることがある。「国際社会は誰を保護すべきか」の問題なのだが、「人種、宗教、国籍、特定の社会的集団または政治的意見の理由で迫害されるおそれがあるため、国籍国の外にいる者」という定義は、今日の状況に合わない。冷戦後の難民の多くは紛争や暴力から「命を守るために」逃げる人々だし、ジェンダーによる迫害など「新しい形の迫害」も問題となってきた。難民と同じように苦しむ４０００万人以上の国内避難民は対象外だし、将来大きくなる数億人の「気候変動難民」も除外される。

第５は、移民問題との絡み合いを解きほぐすことができないことだ。数百万人の人々がアフリカ、中東、中南米諸国での貧困から「生き残るために」先進国を目指している。迫害や紛争を逃れる難民と生存移民は混在して移動し、両者の区別は難しい。１人の中にも移民性と難民性が混在する。難民だけを選び出して保護するのは容易ではない。「難民を移民として排除するリスク」と「移民を難民として受け入れるリスク」を前に、多くの国が後者のリスクの最小化を図り、前者のリスクに目をつむる。

難民をめぐる環境が激変する中で、数百万人の難民が「寄る辺なき人々」となり、今世紀は「難民の世紀」と呼ばれるようになるかもしれない。２０２２年は、難民条約が成立してから７１年に当たるが、難民条約を核とする難民の国際的保護体制は大きな転機を迎えている。国際社会は、移動を強いられた人々の「人間の安全保障」と「国家の安全保障」を両立させ、責任と負担をより公平に分担する方法を再構築しなければならない。そしてそれは若い世代の英知と努力に掛かっている。

本書について

複雑な難民問題について理解をするのは容易ではなく、「誤解」も生じやすい。また誤解はさらに難民問題に対する対応と政策を誤らせる原因ともなる。にもかかわらず、大学生が基本的な理解を得るために使うのにふさわしい教科書がないのが現状である。

本書は、難民問題の理解を、法律学、政治学、経済学、社会学などインターディシプリナリーなアプローチで深めることを目指す。第1部から第4部までは「難民問題」の理論的な問題を扱い、次の第5部から第8部までは世界各地域の取り組みを考察する。最後の第9部では再び難民支援のあり方を論じる。なお、第5刷にあたっては、ウクライナ戦争の発生にかかる最低限の修正を「はじめに」「第21章」「第22章」「第23章」「第31章」に施してある。初版の発行以来5年が経つため、なるべく早く改訂版（新版）を出す予定である。

第1部第1章から第3章（山田満担当）では、国民国家の視点から難民問題を論じる。第1章では、「難民が迫害などで国境を越えざるを得ない人々」である点に鑑みて、「国境」とは何か、また「国境」に収まっている「国民」とは誰なのかを確認する。第2章では、東西冷戦後の紛争に焦点を当て、「新しい戦争」を背景にした紛争難民の増大を考察する。

第3章では、難民問題に誘因された政治経済的な視点を論じる。雇用や治安等を理由に移民排斥を訴える人々がいる一方で、むしろ人口減少を背景にした労働力不足を理由に積極的に受け入れようとする人々やその集団も存在することを示す。また、難民と移民の混在問題も指摘する。

第2部第4章から第7章（山本剛担当）では、難民をはじめとする強制移動を強いられた人々のダイナミズムを扱っている。第4章では、紛争以外にも自然災害、開発等、「〇〇難民」という表現がつく難民が社会に氾濫している点を述べる。第5章では、難民を発生させる世界の紛争を概観している。各地域紛争に言及し、難民発生のメカニズムを分析する。

第6章では、気候変動や温暖化を原因とする「環境難民」や自然災害を理由に住居を移動せざるを得なくなった立場の「震災難民」を扱う。第7章では、国家主導の経済開発で移動を余儀なくされた「開発難民」を扱う。

第3部第8章から第11章（堀江正伸担当）では、「難民問題」に対応する国際機関の役割を論じる。特に第8章では、難民救援機関として設立されたUNHCRに焦点を合わせ、その設立に至った理由と役割を時系列的に述べている。第9章では、本来国境を越えた「難民」の救援機関であったUNHCRが、急増する国境を越えない国内避難民（IDP）支援を担当するようになった経緯に言及する。

次の10章では、IDP支援の救援機関になったUNHCRの役割を踏まえ、特に国連の決議を通じてIDP問題を考察する。第11章では、実際の救援支援現場で導入されたクラスター制度をめぐる諸問題を整理する。

第4部第12章から第15章（人見泰弘担当）では、難民を受け入れる国家（庇護国）での社会統合問題に焦点を当てる。第12章では、まず難民受け入れの法的地位に関する問題を扱う。

第13章では、受け入れ国での雇用問題と労働問題を論じる。難民がどのような経緯で就労機会を得るのか。第14章では、教育や社会問題に言及する。特に難民第2世代以降に対する教育や社会統合手段の充実を求める。第15章では難民受け入れのジェンダー的視角から社会統合問題の重要性を指摘する。

第5部第16章から第19章（佐藤滋之担当）では、第三世界（途上国）の難民受け入れ状況を考察する。まず第16章では、第三世界国家で発生する避難民は隣国の国境を跨いで難民化し、一括的な「プリマ・ファシ手続きによる難民認定」がなされる。

第17章では、難民問題解決への三つの選択肢をUNHCRの政策の流れから論じている。コストがいちばんかからない自主帰還が望まれるものの、それが紛争の再発を引き起こす可能性を指摘する。第18章では、アジア太平洋地域における難民問題をインドシナおよびアフガニスタン難民から言及し、第19章ではアフリカと中東地域の難民問題に言及する。

第6部第20章から第23章（橋本直子担当）は、欧州連合（EU）の統合を揺るがしている「難民・移民危機」問題を扱う。まず第20章では、EUと欧州評議会が欧州の難民政策を考えるうえでの核心である点を指摘する。第21章では、EUの難民政策を協定締約国間の人の移動を担保するシェンゲン協定とEU加盟国間の庇護および出入国管理政策を統一化した欧州共通庇護制度の視角から考察する。

第22章では、もう一つの柱である欧州議会の難民政策を「欧州人権条約」と「欧州人権裁判所」の「人権」の視角から各条項に言及しながら説明する。そして、第23章では、EU統合の危機とも言われている中東・アフリカ地域からの大量の難民・移民流入問題、さらにはロシアによるウクライナ侵攻を逃れた避難民の大量流入に焦点を当て、EU加盟国の現状を論じる。

第7部第24章から27章（佐原彩子担当）では、米国の難民問題を扱う。大統領に決まったドナルド・

トランプが強く移民排除を訴えているように、移民・難民問題の深刻さが増大している。第24章では元来移民国家である米国の難民概念の歴史的変遷とその意味を確認する。第25章では、メキシコをはじめとする中米難民を扱い、経済移民としてみなされがちな中米難民の難民認定率の低さの背景を中南米各国の政治状況から分析する。

第26章では、1975年以来毎年平均約8万人を難民として受け入れてきた米国の難民政策を考察する。また、80年の難民法成立からは旧共産圏からの難民への優遇措置がなくなった点を確認する。第27章では、改めて米国における移民問題と難民問題の対応を比較する。最後に、非合法移民問題とテロリズムの関係などにも言及している。

第8部第28章から31章（滝澤三郎担当）は、日本の難民問題と難民政策を論じる。第28章では、1980年前後からのインドシナ紛争で発生した「インドシナ難民」が日本の難民受け入れの大きな転換点であった点を指摘する。第29章では具体的に「インドシナ難民」受け入れでどのような社会統合政策が導入され、難民が定住していったのかを2008年のUNHCR駐日事務所と国連大学との社会統合調査結果を反映させて論じる。

第30章では、2010年に開始した、日本の「第三国定住」の試みについて分析する。第31章ではウクライナ避難民の受入れを含め、日本の難民政策の変化と今後の見通しを考える。

第9部第32章から35章（山本哲史担当）は、難民問題が人権や平和の問題である点を踏まえ、東西冷戦後に重視されるようになった「人間の安全保障」の視角から論じる。第32章は「難民」が発生する理由を確認したうえで、国際社会と彼らに対する「保護する責任」との関係で論じる。第33章では、テロ行為の発生の激化とそれに対する国際社会の非難が結果的に難民の人権保障、法の支配に反する行為を生起している点を明らかにする。

第34章は、「長期化する難民状況」が恒常化するにもかかわらず、それに対応する包括的な法制度、政策、行動計画が事実上存在していない点を述べる。そこで人間開発の様々な個別の安全保障に着目する。第35章では、再び「人間の安全保障」の視角から難民支援を考察する。

以上が本書の各部章の内容と位置づけである。同様な内容を各章で扱う場合もあるが、そのアプローチはそれぞれ異なり、難民問題の多面的な側面を理解するうえで有益と考える。その他、難民支援に関わる若者の活動報告やＵＮＨＣＲの公式支援窓口になっている国連ＵＮＨＣＲ協会の活動をコラムで紹介している。なお、1番目と2番目のコラムは実際に難民認定を受け日本で生活を送ったミョウ・ミン・スウェ氏（ミャンマー人）のエッセーである。

日本の気鋭の若手研究者・実務家が参集して書き下ろした教科書であり、編著者として読者の反応を期待するところである。

注

（1）ＵＮＨＣＲ本部が２０２１年６月に発表したグローバル・トレンズ２０２０年版の統計は次のＵＮＨＣＲウェブサイトにある。https://www.unhcr.org/flagship-reports/globaltrends/

参考文献一覧

筒井清輝『人権と国家――理念の力と国際政治の現実』岩波新書、二〇二二年

難民を知るための基礎知識◎目次

第2部　難民と強制移動のダイナミズム［山本　剛］

第3部　国際機関と難民［堀江正伸］

1 国際政治と難民問題

第1部では、「難民」という国境を越える立場の人々が国際政治の中でどのように位置づけられてきたのかを考える。国際社会は主権国家で構成され、そして私たちは国民として日常生活を送っている。東西冷戦後、内戦や地域紛争の激化で多くの人々が「国民」の地位を捨て、「難民」として合法・非合法的に国境を越えて他国へと逃れている。その結果、当該国家の国民統合を揺るがす問題として様々な軋轢が生まれている。難民問題は人権・人道上の問題であると認識される一方で、政治経済的側面からの議論も行われている。そこで改めて難民問題を国際政治経済のマクロ的視点から考える。

第1章

国民国家と難民

山田　満

1　主権国家における「国民」と「難民」

まず「難民」とは誰を指すのかである。正式な定義は後で述べるとして、いちおうここでは「難民」を、何らかの理由で居場所を追われ、さらに国境を跨いで移動せざるを得ない人々を指すことにする。この一文には大きく二つの意味が含まれる。一つは、何らかの理由で居場所から移動せざるを得ない人々、もう一つは国境を跨いで外国に安全を求めて移動していく人々である。前者には「国内避難民」が含まれるし、後者には「移民」と重なる部分がある。

どこの国の国民であっても通常、海外渡航、つまり国境を越えるときにはパスポートを所持する。たとえば日本国民に発行されるパスポートの1頁目には、「日本国民である本旅券の所持人を通路故障なく旅行させ、かつ、同人に必要な保護扶助を与えるよう、関係の諸官に要請する」と、日本国外務大臣の要請文が記載されている。つまり、日本に限らず国際社会を構成する諸国家は自国の国民の安全を保障する義務があると共に、他国においても自国民の安全の保障を要請しているのである。

国民と国家の関係は、国家が国民の安全を保障する代わりに、国民は国家に対して税金や徴兵などの義務を負う一種の社会契約で成り立っている。しかし、20世紀に入り二度の世界大戦を経験した国際社会は自国の国民を守れないことも多く、多くの難民が国境を越えて流出した。また、東西冷戦後の世界では、かつての国家対国家というような対称的アクター間の戦争ではなく、政府対反政府グループ（民兵など）、国家対テロリストなどの、非対称的な紛争と呼ばれる内戦や地域紛争が増大する。その結果、多数の難民や国内避難民が発生することになった。

さて、そもそも国民国家とは何か。アメリカの政治学者カール・ドイッチは国民の起源を社会的コミュニケーションの連続性から説明した。岡部達味はそれを経済社会／経済圏（Society）と文化情報共同体（Community）の関係性から説明する。[1] つまり、国民国家とは「共通の経済社会と文化情報共同体を基礎として、country（くに）が成立し、people（日本人などの「人」に相当する）が成立する。これが自分達の共通の政府を持ちたいと考えるとき、それは国民となり、現実に共通の政府を持ったとき、ここに国民国家が生まれるのである」と説明する（岡部 1992：13）。

なお重要なことは、「文化情報共同体と経済社会が一致する保障がない」（同上）ということである。つまり、多くの紛争要因を見ると、新たな経済圏を求めて、文化情報共同体が分離独立を望み、その結果新しい「くに」が形成されているからである。しかしこの試みが成功するとは限らないし、そのたびごとに、国境を越えて安全を求めざるを得ない人々（難民）が多数発生することになる。

ドイッチの理念に基づく国民国家とは要するに、19世紀以来のナショナリズムの隆盛を背景に一民族が一国家を形成する国民国家体系を意味する。[2] それでは、国民国家の前提となる主権国家について考えてみる。冒頭で挙げた二つ目の「難民の要素」である「国境を跨いで／越えて外国に安全を求めて移動していく人々」の安全と深く関わってくるからだ。つまり、「国境を跨ぐ」「国境を越える」という「国境」の概念に抵触するからである。それでは「国境」はいつの時代にできたのであろうか。

主権国家体制は近代ヨーロッパの誕生に由来する。それ以前の時代はいわゆる中世におけるローマ帝国、モンゴル帝国、中華帝国のような「帝国」が存在していた。さらに時代を遡ると、四大文明として知られている古代のメソポタミア文明、エジプト文明、インダス文明、アジアにはインド文明や中国の黄河文明、さらにはギリシアの都市国家が存在していた。そして、これらの各時代にも多くの人々が何らかの理由で移動していたことは想像に難くない。しかし、決定的に近代社会と異なるのは、これらの時代には明確な「国境」が存在していなかったということである。

主権国家体制と難民問題の関係性を論じる重要な理由は、「国境」の概念が成立したことである。主権国家体制が定着しだす大きな契機はドイツ三十年戦争であった。当時のドイツ人口の3分の1に当たる人々が新教徒と旧教徒とに分かれて宗教をめぐって争い、1648年のウェストファリア条約の締結で終戦を迎えたのだ。しかし、この条約が一つの契機になって、神聖ローマ帝国と同等の地位の主権国家が徐々に認められ、そして増大していくことになったのである。

同条約は主権国家体制への転換点となるウェストファリア体制と呼ばれるようになったが、今日では同条約が決定的な主権国家体制への変化をもたらしたものではないと言われている（『国際政治学』

64〜65頁)。とは言うものの、ヨーロッパ国際秩序における主権国家体制の確立へと繋がっていったことは間違いない。そしてなによりも、改めて戦争がもたらす大きな犠牲を理解する契機になったのだ。その後、主権国家間では戦争を回避するための外交関係の制度が導入された。各外交使節は任地国の情勢を本国に伝える一方で、本国を代表して任地国の様々な式典等に参加した。また、各主権国家間には互いの国家間関係の活動を規律する法体系としての国際法が発達していく。つまり、一定の領域(国境)と領民(国民)を備えた恒常的な政治体として、被治者を保護する最終的な役割を担う正統性が主権国家に与えられるようになったのだ(同上62頁)。

このような近代国家で「国境」を跨ぐ、「国境」を越えざるを得ない人々である「難民」の国際的な地位はその後どうなったのか。1951年7月に「難民の地位に関する条約」(難民条約)が採択され、「人種、宗教、国籍若しくは特定の社会的集団の構成員であること又は政治的意見を理由に迫害を受けるおそれがあるという十分に理由のある恐怖を有するために、国籍国の外にいる者」と、正式に「難民」の定義がなされたのだ。

2 「難民」発生の時代的背景

小泉康一は、「時代が生み出す難民」をテーマに、難民発生の歴史を第3期に分類している(『「難民」とは何か』26〜41頁)。第1期は宗教的迫害の時代、16〜18世紀の絶対主義と重商主義の時代である。特に1492年のスペインからの非改宗ユダヤ人の追放と16世紀の同国からのイスラム教徒の追放を挙げている。また、18世紀までのイギリスにおけるピューリタンやクエーカー教徒の新大陸への移動、カトリック系アイルランド人のスペインやフランスへの追放。さらに、フランスではユグノーがプロテスタント信者として改宗を迫られ、その結果大量移住を余儀なくされた。このように、第1期は宗教的迫害を受けた宗教難民と捉えられる。

第2期は、政治的迫害の時代である。18世紀末には政治的イデオロギーの主張を背景に、旧制度を維持しようとする勢力への攻撃が行われた。つまり、革命上の衝突で難民が発生するという新しいタイプの難民であった。1789年のフランス革命では革命政府への忠誠を拒否した聖職者を含む約13万人が難民として流出した。また、アメリカ独立戦争前後にも6万人規模の王党派がカナダやイギリスへ逃れたという。

第3期は19世紀末から現在まで続く時代である。この時期の難民発生が難民条約を成立させ、かつ国連難民高等弁務官事務所（UNHCR）の設立に繋がった。背景には東欧や西アジアでの国民国家の形成がある。つまり、オスマン帝国、オーストリア・ハンガリー帝国の崩壊、帝政ロシアの革命と内乱を通じて大規模な難民が流出したのである。これら帝国の崩壊と解体は新たな国民国家の成立を促したのと同時に、多くの少数民族が国民国家の形成過程で民族浄化されていった。

さらに、ユダヤ人のように「国民」に属さないで国境を跨いでいく無国籍者も追放の対象になった。たとえば、ルーマニアではユダヤ人口の推定20万人の3分の1が1914年までに事実上国から追われている。さらに、「人口交換」という形で民族浄化も進められた。特に1920年代のギリシアとトルコでの住民交換は有名である。1917年のロシア革命では暴力的な体制転換の過程で約100

万人規模の難民が流出した。そして、第一次世界大戦後の新たな国民国家の誕生で「国民」として排除された人々と無国籍者の数は、1926年推定で950万人にも達したという。

前節で、「文化情報共同体と経済社会が一致する保障はない」と述べたように、多くのマイノリティと呼ばれた少数民族が民族浄化にあった。ここで言うところの文化情報共同体とは、言い換えればエスニック・グループのことである。宗教、言語、文化、共通の歴史など文化的歴史的な共通性(エスニシティ)を共有する集団を指す。民族浄化を通じて、エスニシティを共有できないマイノリティが「国民」から排除されることになったのである。

3 国民国家とマイノリティ問題

マイノリティ問題に焦点を当てた吉川元は「国境線内に囲まれた一定領域に居住する人民に『国民』としての政治的意味を持たせるには、同化と民族浄化の長くて苦難の歴史があった」(『国際安全保障論』59頁)と述べる。それを新興国家の独立になぞらえると、「植民地から独立したばかりの国の領域は、単に植民地境界線の版図をそっくり継承しただけであり、その国の人民には国民意識が形成されていない」(同上)中での国民国家建設であったと指摘する。

たとえば、アフリカではエチオピア、モロッコ、チュニジアなどの北アフリカの数ヶ国のみがエスニック・グループの境界線と国境が一致しているにすぎないのである。アジアやアフリカに誕生した新しい国民国家には、土着の民族のほかに、帝国主義時代に移住させられたマイノリティの存在もあり、多様なエスニシティを含んだものであった。そのために、新国家には国民意識を共有するという困難な状況が待ち受けていた。

アジアでは1947年に独立を果たしたインドを想起するとわかりやすい。英領インドはインド独立運動の指導者M・K・ガンディーが願ったようなインドになることなく、宗教的背景でインドとパキスタンに分離した。インドからムスリムが、パキスタンからヒンドゥー教徒が大移動した。両者を合わせると1400万人の難民が発生したと言われる。その後、パキスタンは東パキスタンがバングラデシュとして独立し、その結果ベンガル人難民が1000万人流出することになったと言われる(同上60頁、『世界難民白書』第3章)。

しかしながら、エスニック・グループの「民族自決」の動きは決して新興国家だけの問題ではない。国民国家としてすでに歴史を有する先進国でも起きている。いわゆる「エスニック・リバイバル現象」である。最近の事例では2014年に実施されたイギリス(正式名はグレートブリテンおよび北アイルランド連合王国:UK)のスコットランド独立住民投票が思い出される。同国ではウェールズにも同様の動きがある。その他、ベルギーの言語問題、カナダのケベック独立問題、スペインのバスクやカタルーニャの独立問題、フランスのブルターニャなどの問題が存在している。

さて、今まで本章で述べてきたように、国民国家の形成過程で「国民」として適合しなかった人々、あるいは当該国家によって意図的に排除されていった人々が「難民」として追いやられてきたことが理解できよう。国民国家体系においては主権国家が構成主体であり、したがって領域、人民、主権がもっとも重要な要素になる。それゆえに、同体系下の国際社会において「難民」の存在は国民国家体系を揺るがす深刻な課題であるのだ。しかし他方で、同問題への真摯な取り組みが地球公共財である平和や人権に寄与することを忘れてはならない。

注

(1) K・ドイッチは、国民の起源を社会的コミュニケーションの連続性から説く。具体的には、財貨、資本、労働等の移動に関するSociety（経済社会／経済圏）は経済面での共通圏を成立し、また言語や文化が重要な役割を果たす情報に関する Community（文化情報共同体）が交流のための共通の情報圏を促すと述べる（『国際政治の分析枠組』12頁）。ドイッチの著書（Karl W. Deutsch, *Nationalism and Social Communication*, The MIT Press, 1966）も参照。

(2) 国民国家を考えるうえで、ドイッチ以外ではE・ゲルナーが産業社会の発展と均質な労働力を促す義務教育などとの関係で論じている（加藤節監訳『民族とナショナリズム』岩波書店、2000年）。また、B・アンダーソンは「印刷資本主義」の発展と、行政圏の成立に伴う「巡礼」の効果から「想像の共同体」を指摘し、国民国家成立を論じている（白石隆、白石さや訳『定本想像の共同体――ナショナリズムの起源と流行』書籍工房早山、2007年）。

参考文献一覧

岡部達味『国際政治の分析枠組』東京大学出版会、一九九二年
吉川元『国際安全保障――戦争と平和、そして人間の安全保障の軌跡』有斐閣、二〇〇七年
小泉康一『「難民」とは何か』三一書房、一九九八年
国連難民高等弁務官事務所編『世界難民白書2000――人道行動の50年史』読売新聞社、二〇〇一年
中西寛、石田淳、田所昌幸『国際政治学』有斐閣、二〇一三年

第2章 冷戦後の世界と難民

山田 満

1 「新しい戦争」の幕開け

東西冷戦の終焉は国際関係に大きな変化をもたらしたのは言うまでもない。第二次世界大戦後の米国とソビエト連邦の東西イデオロギーの対峙は、主権国家同士の対立でもあった。したがって、当時の国境の壁は高く、国境を跨いで移動する人々の数は限られていた。

しかしながら、冷戦の象徴的存在であったベルリンの壁が１９８９年に崩れ、東ヨーロッパ諸国の共産党政権が民主化運動の高まりと同時に連鎖的に崩壊していくことになる。米ソ対立の終焉は国際社会の平和をもたらすものとして期待された。いわゆる「平和の配当」を人々は期待したのである。しかし実際は、冷戦時代で固定化されていた各国のエスニック・グループ間の微妙な均衡が米ソの重しが外れたことで内戦に発展し、さらに植民地主義、帝国主義によって形成された人為的な国境線を越えて玉突き状態の中で地域紛争へと拡大した。

冷戦後世界の新たな紛争形態をメアリー・カルドーは「新しい戦争」と呼んだ（山本・渡部訳『新戦争論』）。カルドーの言う「新しい戦争」には三つの特徴が見られる。第1に、従来の戦争が地政学上、またはイデオロギーに基づくものであったのに対して、「新しい戦争」の目標はアイデンティティ・ポリティクスに関わるという。つまり、「民族、氏族、宗教や言語であれ、ある特定のアイデンティティに基づく権力の追求を意味する」戦争であった。

第2の特徴は、戦争行為の変化についてである。つまり、従来の領土目的を目指した軍事的手段に基づく正規戦とは異なり、「交戦の回避と住民の政治的コントロール」を背景にしたゲリラ戦を利用した。換言すれば、「異なるアイデンティティの人々や、異なる意見を持つ人々を排除することにより住民をコントロールすること」を目指したのだ。

第3の特徴は、新しい「グローバル化された」戦争経済である。過去二つの世界大戦が集権的、全体的、自給的な性格を有するのと異なり、「新しい戦争」は分権的であり、外部経済に依存する。また、戦闘集団は略奪や闇市場、さらには「国外離散民からの送金、人道援助への『課税』、周辺諸国政府からの支援、武器、麻薬、石油やダイヤモンドといった高価な物品の不法取引」など外部からの支援によって資金を調達している。換言すれば、「戦争の論理が経済の機能の中に組み込まれてしまう」戦争であるという。

以上の特徴を備えた冷戦後の「新しい戦争」は「異なる言語、宗教、部族集団間の戦争のように見えるが、自集団中心的アイデンティティ・ポリティクスを標榜している集団が協力し合って、市民性や多文化主義といった諸価値を抑圧している戦争」を指す。

上記冷戦後の「新しい戦争」の勃発で、国民を第一義的に保護する義務があるはずの国家が脆弱国家であったり、さらには破綻国家や崩壊国家になったりすることで、多くの人々が紛争で難民化したのである。

2 アフリカにおける民族自決と紛争難民の激増

アフリカでは1960年12月に「植民地諸国、諸人民に対する独立付与に関する宣言」(植民地独立付与宣言)が採択され、「全ての人民は、自決の権利を有する」という人民の自決が決議され、これが国際規範になっていく。

しかしながら、「政治的地位を自由に決定し、そして経済的、社会的、文化的発展を自由に追求してよいということの国際政治上の含意は、事実上、政府は自国を好き勝手に統治してよい」(吉川元『民族自決の果てに』149頁)ということに繋がった。実際は「絶望的に低い教育水準と経済的貧困、そして人材不足の中で国家建設に取り組まなければならない」(同上)という深刻な現実に直面した。

1960年は「アフリカの年」と言われ、西アフリカと中部アフリカを中心に17植民地が一挙に独立した。このような新興独立国家にとって国民国家建設そのものが大変困難な道のりであった。特にアフリカの難民問題は1951年の難民条約で提起された政治難民とは異なる紛争難民を多数発生することになった。たとえば、ソマリアでは60年に独立を果たしたものの、支配権をめぐる民族や部族間の闘争が激しく、かつ隣国のエチオピアとの戦闘が加わり、多くの難民を発生している。

ソマリアとエチオピアの紛争はインド洋と紅海に面する「アフリカの角」と呼ばれ、特にソマリアは民族分断状況が続き、破綻国家として現在においても紛争が継続している。フランスからの壮絶な独立闘争を展開したアルジェリアは62年に独立を果たした。しかし、90年および91年の地方選挙と総選挙後にはイスラム救国戦線（ＦＩＳ）の圧勝に対する軍部のイスラム原理主義化を恐れたクーデターが起こり、ＦＩＳと軍部間の武力対立が発生して、２０００年までに約10万人の犠牲者を出したと言われている。

このように、国民国家の裏づけが乏しい諸国では多くの難民を流出した。その結果、69年には「アフリカ難民条約」(OAU Convention Relating to the Specific Aspects of Refugee Problems in Africa) が採択された（発効は74年）。同条約の目的は、第1条第1項が51年の「難民条約」第1条1Ａ（２）の定義を踏襲し、第2項で『難民』とはまた、外部からの侵略、占領、外国の支配または出身国もしくは国籍国の一部もしくは全体における公の秩序を著しく乱す事件のため常居所地を去ることを余儀なくされた者に適用される」（『世界難民白書』１９９４年版、１６５頁）となっている。

難民に関する保護を議論した同様の会議が84年11月にコロンビアのカルタヘナで開催された。いわゆる「中米、メキシコおよびパナマにおける難民の国際保護に関する専門家会議――法的・人道的問題」と題する会議であった。同会議では「難民に関するカルタヘナ宣言」が採択された。アフリカ難民条約もカルタヘナ宣言も「一般化された暴力、外国からの侵略、国内紛争、大規模な人権侵害または公の秩序を著しく乱すその他の事情」が理由で、「生命、安全または自由を脅かされたために自国から逃れた人々」を難民に含めた（同上166頁）。
これが51年の難民条約および67年の議定書の狭義の条約難民に対する広義の難民条約とされる。このように「新しい戦争」を背景に「政治難民」から「紛争難民」へと難民の範疇が変化していく。

3　1990年代の国内紛争の激化と国内避難民

1990年代のユーゴスラビア紛争とルワンダ紛争は国際社会に大きな衝撃を与えた。前者は難民が60万人、国内避難民が300万人、後者はフツ族約200万人が難民化する大規模な国内紛争であったからだ。

ユーゴスラビアは「七つの国境、六つの共和国、五つの民族、四つの言語、三つの宗教、二つの文字、一つの国家」という多民族国家の典型として、国家統合が困難な象徴的存在であった。実際、冷戦後の東欧の民主化でこの多民族国家に大きな亀裂が入った。最初にクロアチア戦争が起きる。この戦争でクロアチア軍によってセルビア人は追い出された。この間の民族浄化で2万人が殺害され、20万以上の難民と約35万人の国内避難民が発生した。

しかしもっとも大きな被害はボスニア・ヘルツェゴビナ紛争で生じた。同共和国の人口比率は、ムスリム人44%、セルビア系31%、クロアチア系17%で互いに近接していた。この紛争の民族浄化で25万人の死者が出、国内避難民は推定130万人、難民として周辺諸国に50万人、西ヨーロッパ諸国に約70万人が逃れている。また、ボスニア東部のスレブレニツァでは、国連軍が安全地帯を宣言していたにもかかわらず、大多数のムスリム男性、推定約7000人が虐殺された。旧ユーゴスラビア国際法廷ではジェノサイドとして認定されている（吉川元『国際安全保障』205～207頁、『世界難民白書』2000年版、218～224頁）。

他方ルワンダでは、94年当時のハビャリマナ大統領の搭乗機撃墜を契機に、少なくとも50万人以上のツチ族が虐殺されるというルワンダ内戦が起きた。ルワンダは8割強のフツ族と1割強のツチ族、1割弱のトワ族からなる人口構成であり、19世紀以降のドイツやベルギーの植民地支配のもとでマイノリティのツチ族が圧倒的多数のフツ族を支配する統治システムが形成されていた。62年の独立後はフツ族が支配していたが、90年に反政府武装組織ルワンダ愛国戦線（RPF）のルワンダ侵攻で内戦化した。

内戦を制したRPFの存在によって今度はフツ族の大量脱出が起きた。フツ族指導者の指示で100万人以上の人々が国境を越えてザイール（現コンゴ民主共和国）東部とタンザニアにある難民キャンプに移動した。フツ族指導者は「単純で、新しく統治することになるツチ族支配の人口を減らし、行政権を弱めること、母国ルワンダ国境沿いに亡命者の巨大な集積地を作ること、そしてそこからルワンダのツチ族政権に攻撃を仕掛け、政情を不安定化することであった」と難民キャンプの役割を述べた（『グローバル化時代の難民』22頁、『世界難民白書』2000年版、248～249頁）。

さて、本章ではすでに難民とは異なる「国内避難民」（Internally Displaced Persons：IDP）という立場の避難民に言及している。UNHCRの「国内避難民」の定義によると、「迫害や武力紛争、暴力のために、家や住みなれた土地を追われながらも、自分の国の中に留まっている人たち」（『世界難民白書』1997／98、99頁）を指す[1]。

90年代に国内避難民問題が国際社会で注目されたのは91年の湾岸戦争直後のイラク北部でのクルド人問題であった。米国主導の多国籍軍がクウェートを侵略したイラク軍に対して武力行使を行い、同年3月にはイラク軍が撃退されてクウェートが解放されたと同時に、イラク北部のクルド人居住区でも弱体化したサダム・フセイン政権を倒すべく反政府勢力が蜂起した。しかし結果的に、イラク軍に制圧されて、迫害を恐れた大量のクルド人避難民が発生した。

同年2月に国連難民高等弁務官に着任した緒方貞子は「あんなにも膨大な難民が一挙に発生したのは前例のないことでした。130万人がイランとの国境に、45万人がトルコの国境に押し寄せました」（『聞き書　緒方貞子回顧録』127頁）と当時のクルド人避難民の膨大な数を語っている。緒方は結局トルコへ逃れた避難民が同国への難民受け入れ拒否を受けたのを踏まえてイラク・トルコの国境地帯にキャンプを設営する決断をした。

緒方の決断は、「難民条約上の義務は、迫害のおそれがある状況で難民を送還しないことで、国内の庇護を与えることは義務ではない」。それゆえ「イラク国内でクルド人を保護する活動は、難民保護というUNHCRの本来の任務ではない」との批判を受ける。UNHCR自体でも「国境内の避難民に対する保護の任務は行わないのか」という議論が行われた。結果的に緒方は「国境を越えていようがいなかろうが、保護を必要とする人は保護する」という決断を下した（同上132〜133頁）。

緒方が国連難民高等弁務官に着任した91年は上記の通り、本章で扱ってきた「新しい紛争」の幕開けであった。エスニック戦争、さらにエスニシティを理由に伝播する地域紛争と、紛争の形態が国家対国家から、国家対非国家へと主体が非対称化することで、むしろ難民よりも国内避難民の数が増大していくことになった。

注

(1) 堀江正伸は著書『人道支援は誰のためか――スーダン・ダルフールの国内避難民に見る人道支援政策と実践の交差』(晃洋書房、二〇一八年)で、IDPの様々な側面をダルフールのIDPキャンプのフィールド調査から論じている。それによるとあえて自らの意思で国内に留まっている避難民もいるという。

参考文献一覧

カルドー、アリー(山本武彦/渡部正樹訳)『新戦争論』岩波書店、二〇〇三年
吉川元『国際安全保障論――戦争と平和、そして人間の安全保障の軌跡』有斐閣、二〇〇七年
吉川元『民族自決の果てに――マイノリティをめぐる国際安全保障』有信堂高文社、二〇〇九年
小泉康一『グローバル時代の難民』ナカニシヤ出版、二〇一五年
国連難民高等弁務官事務所編『世界難民白書――難民保護へのチャレンジ』読売新聞社、一九九四年
国連難民高等弁務官事務所編『世界難民白書1997/98――人道行動の課題』読売新聞社、一九九七年
国連難民高等弁務官事務所編『世界難民白書2000――人道行動の50年史』読売新聞社、二〇〇一年
野林健・納屋政嗣編『聞き書 緒方貞子回顧録』岩波書店、二〇一五年
堀江正伸『人道支援は誰のためか――スーダン・ダルフールの国内避難民に見る人道支援政策と実践の交差』晃洋書房、二〇一八年

第3章

難民問題の政治経済学

山田　満

第1章で引用したドイッチの「国民統合論」は現代の移民・難民問題を考えるうえで重要な示唆を与えてくれる。それは、同化と社会的動員が進むスピードの差という問題に着目し、「同化のスピードの方が早く進行しない限り、均質な国民の創出が阻害される」だけではなく、却ってそのずれによって多くの摩擦や紛争を引き起こしてしまう点である（『国際政治の分析枠組』14頁）。

つまり、国民形成がまだなされていないのに、先に国家の枠組みがあり、いくつかのエスニック・グループが国民として統合されることなく、分かれたままの状態で存在しているのだ。このような状況下で「難民」を受け入れることが、いっそう国民統合を困難にさせると考える。しかし、「難民」受け入れは本来人道的観点から行われるべきである。にもかかわらず、「移民」同様に受け入れに慎重になり、あるいは明確に排斥を訴えることで純度の高い国民統合を維持しようとする主張が増大しているのだ。

たとえば、アメリカ大統領に選ばれたドナルド・トランプは「不法移民対策でメキシコ国境に壁を作る」こと、「イスラム教徒の米国入国を一時禁止」するという二つの移民政策を掲げている。アメリカをはじめとして、ヨーロッパでも反移民政策を掲げる右派政党が高い支持率を獲得し始めている。日本においてもヘイト・スピーチが事実上の移民排斥を訴えている。

それでは難民と移民はどのように違うのか。難民はすでに確認したように、51年の難民条約と、時間および地理的限界を外した67年の難民議定書を基本にしている。さらに、69年のアフリカ難民条約で対象になった紛争難民も含む。いずれにしても、迫害や紛争ゆえに安全を求めて国境を越えざるを得ない人々を指す。それに対して、移民は難民同様に国境を越えるが、「生業の本拠地を移動させる人およびその人に随伴する家族」を指す。要するに「移民は労働力の移動」を重視する（「移民・移動の国際社会学」69〜70頁）。

ここで重要な点は、移民先の国が「生業の本拠地」になり、そこに定着するようになることだ。その結果、「移民労働者の存在と急増が『国民国家』の虚構性を露呈させ、『一民族一国家』の神話の危機を一層深化」させることになった。各国家では支配民族が少数民族を同化させるために、言語・教育システムを画一化させてきた。他方で、同化政策を強いられた少数民族は自らのエスニック・アイデンティティを守るために抵抗する紛争を引き起こしてきた。敷衍化すれば、難民を含み移民が急増すれば、「国民国家」が揺らいでしまうという考え方が背景に存在している（同上81〜82頁）。

この指摘は、ドイッチが言う「同化と社会的動員が進むスピードの差」の問題に合致する。すでに難民と移民の相違については確認したものの、実は両者の明確な違いのない領域も存在し始めている。

破綻国家ではなくても脆弱国家であるがゆえに、政情不安を抱え経済が不安定になり、結局他国に生活の場を求める人々が急増しているからだ。換言すれば、自国にいると貧困が解消できない、あるいは貧困から抜け出せないとわかっているからこそ他国へ移動する人々が増大しているのである(「難民・強制移動研究の新たな課題」15頁)。

これらの人々は難民同様に他国で難民申請を行う。なぜならば、難民と認定されればそれ相応の手厚い保護が受けられるからだ。たとえば、日本の難民申請者数は年々増加している。2013年が3260名、14年が5000名、15年が7586名であった。しかしそれぞれ6名、11名、27名と限られた難民認定者の数に国際社会は「日本はカネを出すがヒトは(難民)は受け入れない」という「ジャパン・バッシング」を展開して日本の難民政策を批判している(「国連が取り組む人権、環境、難民問題」165頁)。

そもそも、上記難民申請者数の増大の背景には2010年の法改正がある。もし在留資格を得られれば申請後半年で就労が認められるようになったからだ。その結果、ネパール、ベトナムなどのアジア諸国出身の申請者が大量に増大したのである。これら殆どの申請者は「難民性が高いとは言えない人々である」という。また、難民認定者数の少ない背景には、日本の難民認定基準が条約難民のみに基づくためである。滝澤は紛争難民を条約難民に準じて庇護する「補完的保護」の導入の再検討を促している(滝澤三郎『日本経済新聞』2015年10月30日)。

日本の法務省は難民条約に照らした難民申請をする人自体が少ないと訴える。実際、紛争状態にあるようなシリアやアフガニスタン出身者の難民申請者は少数であり、15年の申請者を国籍別で見ると、ネパールが1768人、インドネシアが969人で全体の8割がアジア諸国出身者である一方、シリア人は5人であった。さらに、14年の申請者の8割が短期滞在や留学などの何らかの在留資格をすでに有しており、さらに、就労や定住目的などで難民申請をする人々が増大しているのである（『朝日新聞』2016年1月23日、詳しくは本書第8部を参照）。

伊豫谷登士翁は、グローバル化時代の人の国際移動を背景に「国際社会は政治的理由で逃げる人を難民、それ以外を移民と定義するが、厳密には分けられない。区別すること自体が政治的作業なのです」（『朝日新聞GLOBE』3頁）と述べる。ドイツは積極的に難民受け入れを行ったが、その背景には、難民の流入で人口減少に歯止めをかけ、それは同時に労働力不足の解消に繋がるという期待があった。ドイツをはじめ日本も含めて先進諸国における人口減少と労働力不足の問題は深刻さを増している。難民と移民の立場のグレーゾーンに属する人々の受け入れをめぐっては積極的に経済発展への起爆剤にしようとする動きと、彼らに対する生活支援や新たな言語・教育支援、具体的な職業訓練に向けたコストが大きすぎるという反対論とに二極化している。

とは言うものの、たとえばドイツの自動車大手のダイムラーや電機大手シーメンスなどはすでに難民に対するインターンシップを開始している。具体的には、難民向けの職業訓練と語学コースを合わせた取り組みを行っているという。ドイツ連邦諮問機関「ドイツ経済諮問委員会」の報告では、このような企業の取り組みで2020年までに50万人の難民が職に就く可能性を指摘する（『朝日新聞GLOBE』2頁）。

さらに、国際通貨基金（IMF）は、ドイツが難民受け入れ支援を行うことで、20年までに国内総生産（GDP）の年率0・5〜1・1％の上昇が見込めると試算する。しかし他方で、ドイツのシンクタンク「ZEW」では、難民対策への巨額な支出がもたらす財政悪化を指摘し、難民は移民同様に社会統合されるまでに多くの時間を要するという批判をしている（同上3頁）。

2009年版の『人間開発報告書』では、「障壁を越えて――人の移動と開発」を特集している。「人の移動に関する政府の政策を改善すれば、人間開発の状況を大きく促進できる」という。実際に「国内移住にせよ国外移住にせよ、移住者の多くは、所得が増えたり、教育や医療の環境が充実したり、子どもたちの未来への展望が開けるようになるなどの恩恵を手にしている」と訴える（18頁）。

本報告書の企図は「不平等な分配が人々の移動の大きな原動力になっている」という問題意識が背景にある。まず移動がもたらす非移住者への影響を明らかにした調査では、ヨーロッパが移住先の受け入れ率としてもっとも高く、最低であったのがアフリカであった。同調査ではまず出身地でもっとも影響を受けるのが移住した家族を持つ世帯であり、収入、消費、健康、保健の観点から非常に好ましい影響が見られたと評価する。

しかし他方で、家族に移住者がいる世帯の多くは最貧困から脱却する一方で、広範囲のコミュニティや国家に対して影響を及ぼすことが観察されている。検証された当時はリーマンショックで世界経済が最悪の時期であったにもかかわらず、経済、労働市場、財政面での顕著な悪影響の証拠が見られなかったという。むしろ社会の多様性や技術革新の可能性などの恩恵が反映され、移住者自身の将来のみならず、移住先の住民にも利益になるウィン・ウィンの関係が築けるのだと結論づける（同上117頁）。

上記『人間開発報告書』が指摘する移住者には、移入者と移出者のほか、「国境を越える、また自分の出自国内で移動することで他の地域、地区、行政区に移り、通常の居住地を変更した個人」である「移民」を含んでいる。この範疇には一部難民や国内避難民も含まれるはずだ。しかし、難民や国内避難民は原則的に弾圧や暴力によって居場所を移動せざるを得ない強制移住者である点で移住の影響が異なる場合も想定される。

また、世界銀行発行『世界開発報告』（２０１１年版）では、「紛争、安全保障と開発」を特集し、国家間の戦争や内戦などで生じる暴力がいかに開発に悪影響を及ぼしているのかを検証している。暴力のコストは生命を奪い、傷つけ、財産を破壊するなどの直接的なものから、暴力に対する防止政策、暴力で生起する不安定性、避難退去などの間接的なコストも含まれる。

同報告書は、具体的な調査に基づいて、「戦争・略奪・犯罪は貧困層の家計資産を破壊し、暴力的な攻撃の脅威は田畑の耕作、学校や診断所、職場、市場への往復を妨害する」「重大な暴力の影響を受けた諸国における貧困削減は、平均すると、暴力の影響を受けていない諸国との比較では約１％ポイント後れている」「１９８０年代を通じて暴力の影響を受けた諸国は、貧困削減の面で８％ポイントの後れをとっており、１９８０年代と90年代を通じて重大な暴力を経験した諸国は16％ポイントの後れになっている」（同書52～53頁）と述べ、暴力が開発に及ぼす悪影響を明らかにしている。このように難民問題を考えるうえで、世界銀行報告書は、紛争という暴力が引き起こす政治的側面、経済的側面、さらには社会的側面をも含む包括的な問題提起となっている。

ヨーロッパにおける包括的安全保障の核概念は「人権と基本的自由の尊重、民主主義、そして法の支配」である。それは、安全保障における政治・軍事的な側面に加えて、経済・環境的側面、さらには民族問題、民主主義、人権、法の支配といった領域を含む人的側面を網羅した三つの安全保障からなる、包括的アプローチの取り組みであった。欧州の共通の安全保障を国際規範まで高めるうえで、グッド・ガバナンスの実現が求められている（吉川元『国際安全保障』295頁）。

ドイツ首相メルケルの難民受け入れの決断は彼女自身が旧東ドイツ出身者であったことも影響したであろうが、なによりもEUが目指してきた包括的安全保障の範疇であったことは確かであろう。難民を発生させる武力紛争を予防することはもちろんであるが、他方で難民を含む移民政策の受け入れに向けた各国の対応が注目される。難民を政治経済的発展の原動力と考えることが、確かに難民支援の一つの方向性を提示していることは否定できないであろう。

参考文献一覧

朝日新聞記事、二〇一六年一月二三日

朝日新聞グローブ（The Asahi Shinbun GLOBE）二〇一六年二月二一日（通巻一七七号）

岡部達味『国際政治の分析枠組』東京大学出版会、一九九二年

小倉充夫「移民・移動の国際社会学」（梶田孝道編『国際社会学――国家を超える現象をどうとらえるか』（第2版）名古屋大学出版会、一九九六年）

S・カースルズ／M・J・ミラー（関根政美／関根薫訳）『国際移民の時代』（第4版）名古屋大学出版会、二〇一一年

吉川元『国際安全保障論――戦争と平和、そして人間の安全保障の軌跡』有斐閣、二〇〇七年

国連開発計画（ＵＮＤＰ）編『人間開発報告書――障壁を乗り越えて：人の移動と開発』（二〇〇九年版）阪急コミュニケーションズ、二〇一〇年
世界銀行編『世界開発報告――紛争、安全保障と開発』（二〇一一年版）一灯舎、二〇一一年
滝澤三郎「国連が取り組む人権、環境、難民問題」（山田満編『新しい国際協力論』明石書店、二〇一〇年）
滝澤三郎「難民にどう向き合う――シリア危機、『開国』の好機に」（経済教室）（『日本経済新聞』二〇一五年一〇月三〇日）
墓田桂「難民・強制移動研究の新たな課題」（墓田他編『難民・強制移動研究のフロンティア』現代人文社、二〇一四年）

COLUMN

「難民」として日本で暮らした経験から思うこと

[その1] 日本における「難民」受け入れの教育・社会問題

M&M Consulting Myanmar CEO　ミョウ・ミン・スウェ

日本では「難民」という立場の人と接点を持つことは殆どない。島国の日本は、陸続きの欧米諸国とは違って、難民への理解度も低いだろう。しかし、グローバル化社会を迎え、ボーダーレス時代が到来した現在では、豊かさを求めて多くの移民が移住をしている。また、紛争などの恐怖からの自由を求めて、自分の故郷を離れざるを得ない人々、つまり大勢の「難民」も発生している。最近世界各地で起きているテロリストの中には偽装難民と呼ばれる人たちが含まれることもある。

国際社会は「難民」の真偽を調べるために、難民の出所まで調べなければならない時代になっている。2010年に起きた「アラブの春」をはじめ、世界情勢は不安定化し、その結果政情不安定な国々が次々と紛争を起こし、大量の難民を発生させているのだ。昨年のシリア難民の大量発生で、イタリアなどの国に大量に難民が押し寄せたことも記憶に残っているはずだ。メディアの報道を見て人道上の観点から受け入れないと彼らの命が危ないと思った人も多いはずである。

概して難民と言えば、「危ない、汚い、貧しい、可哀想」などと想像する人も少なくないと思う。私が日本で難民として暮らした経験では、日本人は難民に対する同情心は強いが、他方で難民支援を直接行動に移すことはめったにない。日本の難民支援NPOやNGOの誕生は、入国管理局の難民認定基準と待遇問題に深く関わっている。私たちに何ができるだろう、私たちは何をすべきだろうと尋ねる日本人の友人も数え切れない程存在する。

茨城県では、「牛久の会」、大阪では、RAFIQ（在日難民との共生ネットワーク）、日本ビルマ救援センター、PASTEL（立命館大学難民支援研究団体）、J－FUNユース・関西、難民ナウ！（ラジオ番組）、RAFIQ（在日難民との共生ネットワーク）などが活動していて、関東では、JAR（難民支援協会）、公益社団法人アムネスティインターナショナル・日本全国難民弁護団連絡会議、特定非営利活動法人なんみんフォーラム（FRJ）、一般社団法人日本福音ルーテル社（JELA）、NPO法人、難民自立支援ネットワーク（REN）、社会福祉法人さぽうと21などの団体が難民支援を行っている。

これら団体は、小中学校や大学などに出向き、難民問題について講演し、難民の正しい理解を日本社会に広める啓蒙活動を行っている。なぜならば、日本人自身が難民になった経験がないので、依然として難民への理解が浅いからである。しかしながら、2011年の東日本大震災の経験などから、日本社会の中でも、お互いに支え合うという意識が高まって来たこともあり、難民を支援しようと考える人も増大してきている。つまり、最近は他人の立場を考えられる人が増え、これは正に良いことだと私は思う。

私は「難民」という言葉に非常に違和感を抱く。できれば別の表現にしたい。と言うのは、母国から出国を余儀なくされるも、亡命する難民はタフであり、精神的にも強い人が多くいるからだ。自分の置かれた状況を深く理解し、自分の人生の再チャレンジをいつも探って、日々頑張っている人が多いのだ。そこで、難民自身が自らの人生をもっと輝かせるために、難民受け入れ国の手厚い支援が必要不可欠になる。

皆さんもご存じだと思うが、「相対性理論」によって知られるドイツ出身の理論物理学者アルベルト・アインシュタインも難民の一人であった。ナチスドイツの迫害からアメリカに逃れた有名な科学者だ。また、南スーダン出身のモデル、アレック・ウェックは、18歳からランウェイモデルとして活躍している。彼女もスーダン内戦から逃れ、難民としてイギリスへ亡命した一人だ。さらに、2012年のロンドン・オリンピックでマラソン選手として出場したグオル・マリアルも同様に南スーダンからの難民であった。

日本社会で、今後難民を受け入れるには、まず難民に対する正しい知識と理解を深める教育が必要だ。日本人は平和で豊かな国に生まれ、何不自由なく安心感を持って生活できる。日本は1980年代にインドシナ難民を受け入れ、82年に難民条約に加盟した。欧米諸国では第二次世界大戦時から難民を受け入れてきた長い歴史を持っている。しかし今日の難民問題は国際世論を大きく揺さぶり、各国の社会問題にまで発展している。一つの理由として、難民受け入れには多額の財政問題が発生するからだ。そこで各国は国際社会の一員として互いに責任を分担している。

今は難民受け入れ制度も徐々に変わってきている。国連難民高等弁務官事務所や、難民支援協会などのNGOが積極的に難民支援と難民理解を社会に発信している。日本はアジアでいち早く民主化を実現し、経済発展をしてきたが、人道支援の面ではまだまだ途上の段階にあると私は思う。日本は人道支援を必要とする、あるいは支援を求める難民の人たちにもっと援助の手を差し伸べるべきだ。

ここで私の難民としての経験を述べたい。私は1990年に日本に亡命して、2015年に条約難民として認定された。認定後はハローワークが主催する職業訓練学校に行きIT技術を身につけ、一流企業に就職することができた。しかし、その1年後に、関西学院大学が日本で初めて難民特別奨学金制度を導入したため、私は奨学生として総合政策学部で4年間勉学に専念することになった。3年生のときに再び就職活動を行ったが、今度は私を採用する企業がなかった。難民にとって就職の壁は高いことを身をもって感じた。当時、私は38歳であったので、改めて研究者になろうと決心し、11年4月に東京大学大学院人間の安全保障プログラム修士課程に進学することになった。

しかし、修士課程在学中にミャンマーの政治動向に変化が見られ、民主化改革に舵を切ったのを契機に、修士号取得後の13年5月に母国へ帰還したのだ。私の場合、日本から難民認定され、高等教育を受ける機会を得られた。国連難民高等弁務官事務所、関西学院大学、東京大学、さらに難民支援NGO、日本人の友人たちに改めて感謝したい。現在、私はミャンマーで暮らしながら日本企業のミャンマー投資に関するアドバイザーをしている。ミャンマーへの進出を検討している日本企業に投資アドバイスをし、日本企業を支援したい。私は可能な限り日本との友好関係を維持していく決意だ。

2 難民と強制移動のダイナミズム

今日、「難民」という言葉を見聞きしない日はないほど、非常によく使われており、以前にも増して我々の身近な問題になりつつあると言えるだろう。一般的に「難民」という言葉を使った場合、紛争や迫害により、国外に脱出した人々を指す。しかし、国外に移動した人のみならず、自国内で強制移動、非自発的移動を強いられている「国内避難民」も、今日の難民問題を理解するうえでは重要な課題である。この第2部では、様々な切り口から「難民」を取り上げ、拡大する難民問題のダイナミズムを考えてみたい。

第4章 難民「問題」から難民「危機」へ

山本　剛

1　氾濫する「難民」

２０２１年６月にＵＮＨＣＲが発表したグローバル・トレンズ（年間統計報告書）によれば、非自発的な移動を強いられ支援を必要としている人の数は過去最多となり、２０２０年末時点で８２４０万人を記録した（本書初刷２０１５年末時点では６５３０万人）。ＵＮＨＣＲによればこれは世界の人口の１％にあたり、４０００万人以下だった２０１１年の約２倍にまで達した。

難民とは狭義には難民条約の定義に該当する政治的迫害に瀕する人々である「条約難民」や「政治難民」を指し、その他の理由で移動を余儀なくされる人々を広義の難民と位置づけることができる。それに加え戦火から逃れてきた「戦災難民」や飢餓から逃れてきた「飢餓難民」、貧困状況から脱し、豊かな生活を求めるため逃れてきた「経済難民」という名称もある。(1) つまり、「難民」と一言で言っても、その背景には様々な理由があるのだ[2]。

グローバリゼーションが進み人々の移動が活発化、常態化している現代において移動する理由も後述するように多面的になっている。そのため法的または学術的な定義の必要性を除いて、上記のような○○難民という言葉の使い分けや、そもそも難民と移民という用語を一般的に使い分けることの意義は薄まりつつあるのではないかと考えられる。移動の理由を自発的または強制的、非自発的と判断する際の基準に客観的なものはなく、ケースバイケースの判断になっているのではないだろうか[3]。

実態として各地では難民の定義や保護の認定は申請する側ではなく申請を受理し認定（庇護）する側に委ねられている。つまり同一人物を対象としても国家や国際機関によって難民と認定するか、移民と認定するかなど付与されるステータスや物理的な保護・救済措置は異なる。欧州をはじめ国際社会を二分する難民・移民をめぐる現在の議論において定住や定着のための支援方策が議論の本質となっているのではなく、支援が必要な人は誰かを厳選し本来であれば保護・救済されるべき社会的弱者を数的に抑制するための議論となっていないかが懸念されるところである。

様々な境遇にある人々に対し「難民」というラベルを貼ることが誤った印象を抱かせることもあるが、訓読みでは難（むずか）しい、難（かた）いという文字が想起させる厳しさ、困難、不安は見聞きする者にインパクトを与え、社会現象として理解や共感を呼ぶことに一役買っている一面もあるだろう。

たとえば、日本国内における経済的または社会的貧困層として定住する住居を持たない（持てない）、または住居に帰らず24時間営業のインターネットカフェや漫画喫茶で寝泊まりする人々は「ネットカフェ難民」と呼ばれる場合も見られる。「ネットカフェ難民」と呼ばれる人々の中には自発的に仮住まいとして選ぶ人もいるため必ずしも強いられた状態ではない場合もあるが、不安定な生活を送っていることには変わらず社会問題の一つと認識できる。

そして居住空間の問題ではないが、生活圏として不自由な状態を強いられる人々に対しても○○難民という造語を当てはめる事例も散見される。たとえば商店街などの商業施設の衰退（閉店）により、生活行動範囲内で日常生活に必要な買い物ができない「買い物難民」（特に高齢者）や、子どもを保育園に入れられない「保育園難民」が、社会問題として認知されている。居住地の移動はないものの社会的に不自由な課題に直面する人々に対して「難民」というラベルを貼り、不自由な状態を強いられていることを強調しているのだろう。(4)

2　難民数

難民数に関するデータは様々な国連機関や国際機関が発表しており、組織によって定義やデータ収集方法が異なることから各データには差異が見られる。本節では、いくつかの統計を示すことを通じて今日の難民問題の把握を試みる。

迫害、紛争、暴力、人権侵害などにより故郷を追われた人の数は増加の一途をたどる中で、ロシアによるウクライナ侵略を受けてウクライナから近隣国に避難する人の数も急増し、今年（２０２２年）の難民数がどこまで増加してしまうか心配は募るばかりである。前出のＵＮＨＣＲグローバル・トレンズによれば、2020年に避難を余儀なくされた1120万人の内訳は国内避難民980万人、難民140万人、残りは庇護申請者となっている。メディアによる報道から受ける印象では国境を越えたり、海を越えて避難したりする人々が多いように感じるが、それにも増してもともとの居住地の国内で避難している国内避難民の方が圧倒的に多かったのである。(5) 本書でも国境を越えた難民に関する論述が多いものの、今日の難民危機を知るうえでは国内避難民に対する理解が不可欠なことを指摘しておきたい。

たとえば、2011年から10年以上も続くシリア難民問題でもシリア近隣国の国外避難民(約571万人)に比べて、国内避難民(約620万人)の方が多いのである。さらにシリア近隣国で生活する難民のうち難民キャンプで生活する難民は約5%のみに留まっており、残り約95%は都市部で生活していることも、これまでの難民問題とは異なる特徴と言える。

UNHCRとUNRWAの統計(2020年)を合算し、出身国別に難民数(含むベネズエラ国外に逃れた人々)を比べた場合、もっとも多いのは近年注目度が非常に高いシリアで、次にパレスチナ、ベネズエラ、アフガニスタン、南スーダンの順である。また難民受け入れ国別では、やはりそれらの近隣国が上位に並ぶ。シリアの近隣国であるトルコが世界最大の難民受入国で、それに次いでシリア難民のみならずパレスチナ難民も受け入れているヨルダン、ベネズエラの隣国コロンビアの順となっている。

なお2022年5月の出入国在留管理庁による発表によれば、日本で2021年に難民認定申請を行った者は2413名だった。このうち難民として認定された者は74名であり、それに加えて難民とは認定されなかったものの人道的な配慮が必要なものとして580名が在留を認められている。申請者の国籍は50か国にわたり、ミャンマー、トルコ、カンボジア、スリランカ、パキスタンが多かった。[6]

国内避難民モニタリングセンター（ＩＤＭＣ）が発行している国内避難民グローバル・レポート２０２２では、２０２１年に国内移動を強いられた人の数は世界１４１ヶ国で３８００万人だった（本書初刷２０１５年は２８１０万人）。３８００万人のうち大半は紛争や暴力によって故郷を追われたかと想像される読者が多いかもしれないが、実際には自然災害に起因する移動の方が多く２３７０万人で、２０２０年は（直近10年間で最大の）３０７０万人に達した。２３７０万人の内訳は２２３０万人が暴風雨や洪水など気象災害、１４０万人が地震や火山による災害となっている。自然災害の発生国は前述の難民出身国とは分布傾向が大きく異なり東南アジア・大洋州地域が突出して多く、南アジア地域を合わせればアジアで8割を占めている。国別でも多い順に中国、フィリピン、インド、コンゴ民主共和国、ベトナムだった。非自発的な移動と言えば紛争や暴力の犠牲者を連想されがちだが、ここ10年間の傾向をみても自然災害に起因する国内避難民の方が多いことは特徴と言えるだろう。また自然災害にともなう非自発的移動は低所得国に限定されるものではなく、２０２１年の第7位が米国だったように高所得国も甚大な影響を受けている。アジアをはじめ災害の多い地域では急速な経済開発、都市化、人口増加等の特徴が見られ、これら人為的要因の結果、災害による避難民が増加しているとＩＤＭＣは指摘している。

3　難民支援

読者の方々が難民支援と聞いてまずイメージするのは、国連難民高等弁務官事務所（UNHCR）や国連パレスチナ難民救済事業機関（UNRWA）など国連機関だろう。UNHCRは1950年、UNRWAは1949年に国際連合により設置が承認された機関であり、今日までその活動は継続されている。第二次世界大戦前にも国際連盟によりロシア難民やユダヤ難民等を支援するための機関が設置されていたが、対象地域や対象難民、活動期間が限定されていた。

第二次世界大戦直後の難民問題は戦後処理の一環と位置づけられ、戦禍をこうむったヨーロッパ人を主たる支援の対象としていた。その後、東西冷戦が深刻化するにつれて難民問題をめぐる議論は西側諸国から東側諸国に対する政治的攻勢という意味合いも含まれるようになった[7]。たとえば、ハンガリーでは革命を起こした民衆とソビエト連邦（当時）軍の間で1956年に衝突が発生し、多くの難民の救済に国際社会の注目が集まると共に同革命の評価自体も議論の的となった。

戦後の難民支援の担い手は国家あるいは国連機関、国際機関が担うことが多かったが、今日ではNGOやNPOなど市民社会も重要な担い手の一つである。欧米諸国や日本から多くのNGOが難民キャンプなど最前線で活動しているのみならず、欧州では難民・移民を受け入れている地方自治体において行政と共に市民社会もその支援に当たっている。日本国内でも1995年の阪神・淡路大震災の際に多くの市民がボランティアとして被災者（震災難民）に対する支援に参加した。そのため日本では1995年が「ボランティア元年」と位置づけられており支援の担い手は各方面で多様化しているのだ。

難民受け入れに関し負担や不安など負の側面ばかり強調されることが多いが、難民受け入れに伴い公共支出が増大し、国内総生産（GDP）を押し上げる可能性も指摘されている。また移民のみならず難民も潜在的な人材として捉え、将来的な経済成長の担い手として社会統合のための支援を投資と考えるべきという指摘もある。[8]

難民が移転先で定住に成功した場合は祖国に残る住民に経済的恩恵がもたらされる事例もある。世界銀行によれば2021年の国際移民による母国や家族への送金額は過去最多となり7731億ドルに達したと推計されている。そのうち6052億ドルは低所得国や中所得国など開発途上国に対して送金されており、先進諸国から開発途上国に対して供与される政府開発援助（ODA）の3倍以上の金額に相当する。そのため出稼ぎ者による送金は、一国の経済活動、特に開発途上国において重要な役割を担っている。国際移民には難民も含まれており、たとえば、（パレスチナ難民が多く住む）ガザ地区およびヨルダン川西岸地区が受領した送金額は35億ドル（2021年推計値）でGDPの2割近くに相当する規模だった。

一方で短期的には難民支援には多くの予算が必要となり、戦後最大の難民数を記録する現在のダイナミズムを支援額から把握することができる。経済協力開発機構（OECD）が2016年に発表した加盟各国の政府開発援助（ODA）実績（2015年）によれば、シリア危機を受けてODAのうち難民支援の占めた割合は前年度比で4・8％から9・1％に倍増し金額ベースでも約120億ドルに達した。[9] 2022年もロシアによるウクライナ侵攻を受けてODAのうち難民支援の占める割合が高まっていくことは必至である。

難民支援の検討に当たっては、受け入れ先や支援内容など対処療法のみならず、現在起きている、そして潜在的な難民危機の複合的な要因、背景にも注目し、真に実効性ある国際的な取り組みに着手することが課題と考えられる。さらに難民や移民の社会統合は、経済成長のみならず、社会の安定化にも寄与するだろう。外部から移住・避難してきた者を疎外または差別して場合によっては過激派思想へ傾倒するような環境に追い込むのではなく、共生できるよう信頼関係を構築し、様々な境遇の人々を社会的に包摂していく必要性も明らかではないだろうか。

次に第5章では、難民発生の要因として真っ先に想起される、紛争による難民発生の事例を概観する。

注

(1) 本間浩『難民問題とは何か』岩波書店、1990年、24〜35頁を参照。
(2) 難民条約国による判断と区別するため、国連難民高等弁務官（UNHCR）が、人道的な見地から難民として保護すべきと判断した難民は「マンデート難民」と呼ばれる。詳しくは、UNHCR駐日事務所『UNHCR任務遂行上の難民認定手続基準』2009年を参照。
(3) 滝澤三郎「世界の難民の現状と我が国の難民問題」『法律のひろば』ぎょうせい、vol. 69/No.6、2016年6月、21頁でも、「難民と移民を区別するのは理論的にも実務的にも困難である」と指摘されている。
(4) 国策により移転・移住し、国家や社会から棄てられた人々を「棄民」と呼称する場合もある。

（５）ＩＤＭＣによれば、２０２１年末時点で世界全体で国内避難民は５９１０万人にのぼり過去最多だった。自然災害に起因する国内避難民は短期間で帰還が可能なため５９１０万人のうち５９０万人にすぎず、紛争や暴力を原因とする移動は長期化する傾向にあることから２０２１年末時点の国内避難民のうち９割を占めている。IDMC, *Global Report on Internal Displacement 2022*, May 2022を参照。

（６）出入国在留管理庁プレスリリース「令和３年における難民認定者数等について」２０２２年５月１３日を参照。

（７）本間浩「移民・亡命者・強制移動・難民」『20世紀の定義第４巻：越境と難民の世紀』岩波書店、２００１年を参照。

（８）たとえばAlexander Betts and Paul Collier, Help Refugees Help Themselves: Let Displaced Syrians Join the Labor Market, *Foreign Affairs*, Volume 94, Number 6, November/December 2015; European Commission, *European Economic Forecast Winter 2016*, Institutional Paper 020, February 2016（http://ec.europa.eu/economy_finance/publications/eeip/pdf/ip020_en.pdf）（２０１６年４月16日閲覧）；OECD, *Migration Policy Debates: Is migration good for the economy?*, May 2014（https://www.oecd.org/migration/OECD%20Migration%20Policy%20Debates%20Numero%202.pdf）（２０１６年４月16日閲覧）を参照。

（９）OECD, *Development aid rises again in 2015, spending on refugees doubles*, 13 April 2016（http://www.oecd.org/development/development-aid-rises-again-in-2015-spending-on-refugees-doubles.htm）（２０１６年４月15日閲覧）

参考文献

【和文】
滝澤三郎「世界の難民の現状と我が国の難民問題」（『法律のひろば』ぎょうせい、二〇一六年六月）
本間浩『難民問題とは何か』岩波書店、一九九〇年

本間浩「移民・亡命者・強制移動・難民」（『20世紀の定義第4巻――越境と難民の世紀』岩波書店、二〇〇一年）

ＵＮＨＣＲ駐日事務所『ＵＮＨＣＲ任務遂行上の難民認定手続基準』二〇〇九年

【英文】

Alexander Betts and Paul Collier, *Help Refugees Help Themselves: Let Displaced Syrians Join the Labor Market*, Foreign Affairs, Volume 94, Number 6, November/December 2015.

European Commission, *European Economic Forecast Winter 2016*, Institutional Paper 020, February 2016.

OECD, *Migration Policy Debates: Is migration good for the economy?*, May 2014.

OECD, *Development aid rises again in 2015, spending on refugees doubles*, 13 April 2016.

IDMC, *Global Report on Internal Displacement 2022*, May 2022.

UNHCR, *Global Trends: Forced Displacement in 2020*, June 2021.

World Bank, *Migration and Development Brief 36*, May 2022.

【参考ホームページ】

ＩＤＭＣ（http://internal-displacement.org/）

ＵＮＲＷＡ（http://www.unrwa.org/）

ＵＮＨＣＲ（http://www.unhcr.org/）

ＵＮＨＣＲ駐日事務所（http://www.unhcr.or.jp/html/index.html）

第5章

紛争と難民

山本　剛

第二次世界大戦後の難民問題を歴史的に振り返れば、やはり紛争に伴う難民発生が多かった。本章で全ての紛争と、それに付随する難民問題を示すことは紙数の制限から難しいが、そのうちのいくつかを年代を追って見ていきたい。

まず第二次世界大戦直後の代表的紛争はイスラエル建国（1948年）をきっかけに勃発した中東戦争である。1948年、1956年、1967年と三次にわたる中東戦争により、多くのパレスチナ難民が発生し570万人（2020年末時点）が周辺国やヨルダン川西岸地区およびガザ地区で避難生活を余儀なくされている。

1950年代後半から1960年代にかけてはアルジェリア独立運動を皮切りとしたアフリカ諸国の独立戦争と独立時の混乱により、アフリカ大陸で多くの難民が発生した。特にフランスからの独立を目指したアルジェリアでの戦争により、約20万人も難民が発生した。

1970年代はキプロスで発生したギリシア人とトルコ人の衝突により約40万人の難民が発生したほか、アジアでは、バングラデシュ独立戦争やベトナム戦争、カンボジア内戦など紛争が続き、多くの難民が発生した。インドシナ3国（ベトナム、ラオス、カンボジア）から発生した難民の総称である「インドシナ難民」は、当時の日本国内でも広く知られるところとなった。1975年の旧南ベトナム政権崩壊によるボート・ピープルの流出急増により、インドシナ難民が日本国内にも上陸したことは日本が難民問題を直視し、難民条約への加入を後押しするきっかけとなった（同条約の発効は1982年）。

1980年代にはグアテマラやニカラグアなどラテンアメリカでも多くの難民が発生した。ニカラグアでは1979年のニカラグア革命以降内戦が続き、1988年に政府と反政府勢力との間で暫定停戦合意が成立するまで多くの人々が近隣諸国に避難した。グアテマラの内戦はさらに長期間にわたり1960年の開始から1987年の中米和平合意を経て、1996年に和平合意に至るまで35年間も続き多くの犠牲者が出た。南米では約半世紀も続いた内戦の和平合意に尽力したコロンビアのサントス大統領が、2016年のノーベル平和賞を受賞したもののコロンビアでは内戦により世界最多の国内避難民（約700万人）が発生しており早期の和平実現が期待されている。

アフガニスタンでも1979年にソビエト連邦（当時）によるアフガニスタン侵攻が開始され、ソビエト連邦と反政府勢力による内戦が続き多くの難民が発生した。さらに1992年には親ソビエト連邦政権が崩壊し1993年に新政権が発足すると内戦が再度勃発し、難民発生の第二波に繋がった。

各地域・各国における紛争による難民問題の詳細は他章を参照してもらいたいが、第二次世界大戦後の難民発生を伴う紛争の多くは、非常に大雑把に二つに分類すれば一つ目は植民地による旧宗主国からの独立戦争、二つ目は片方をアメリカが、もう片方をソビエト連邦が支援するという東西冷戦の代理戦争だった(1)。

1989年のマルタ会談をもって東西冷戦が終結し国際社会はポスト冷戦時代を迎え、21世紀に入ったが、それでも難民問題が縮小することはなかった。たとえばコンゴ民主共和国では1990年代に入って暴動や武装蜂起が相次いで発生し、1998年頃には紛争状態に陥り、ウガンダやルワンダなど近隣諸国も巻き込んだ国際紛争に発展し、多くの難民が発生した。またソマリアでは1991年に当時の政権が崩壊して以降、無政府に近い状態に陥り、治安状況の悪化に加え、干ばつの深刻化等により、難民や国内避難民の発生など重大な人道危機に直面している。また、1990年代初めの旧ユーゴスラビア紛争も深刻な民族対立をもたらし、難民と国内避難民の発生のみならず、多数の市民が虐殺される悲劇も起きた。そして近年ではシリアをはじめとした「アラブの春」に関連した中東諸国での内戦、さらに南スーダンでの内戦、ロシアによるウクライナ侵略により百万人単位の難民や国内避難民が発生している。

2015年に開催された国連気候変動会議（COP21）において、議長国フランスのオランド大統領が地球温暖化とテロの関連性を指摘したように、難民問題が拡大した背景には各国内の複数の要因があると考えられる。たとえば、「アラブの春」の発端となったチュニジアで起きた「ジャスミン革命」は長期独裁政権に対する不満や若者の失業問題を原因とし、同様に長期独裁政権下にあったエジプトやリビア、イエメンでも政権交代を求めるデモが起きたが、このような反政府デモや抗議活動の理由として小麦など食糧価格の高騰も一因と見られており異常気象と食糧安全保障も背景にあると考えられる。

上記の通り紛争による難民問題の諸相は時代と共に変化しており、難民問題の根源と難民支援のあり方、ニーズも変化してきている。また紛争の長期化や紛争後も不安定な治安が続いていることも難民問題を長期化に至らせている。第6章以降では紛争以外の難民発生要因として、近年注目を集めつつある地球温暖化に伴う気候変動そして地震やサイクロンなど環境の激変による非自発的移動を取り上げる。

注

(1) UNHCR設立時から2000年までの難民問題と国際社会の対応の変遷については、UNHCR『世界難民白書2000――人道行動の50年史』時事通信社、2001年が詳しい。

参考文献

【和文】
川田侃／大畠英樹編『国際政治経済辞典改訂版』東京書籍、二〇〇三年
UNHCR『世界難民白書2000――人道行動の50年史』時事通信社、二〇〇一年
【参考ホームページ】
IDMC (http://internal-displacement.org/)
UNRWA (http://www.unrwa.org/)

ＵＮＨＣＲ（http://www.unhcr.org/）
ＵＮＨＣＲ駐日事務所（http://www.unhcr.or.jp/html/index.html）

第6章 環境と難民

山本 剛

1 気候変動

気候変動とは、大気など地球の気候の変化を示す言葉である。世界各地で発生する高温や熱波、多雨、洪水、雪崩、地すべり、干ばつなどの異常気象、さらに台風や地震、津波、火山爆発など自然災害は、人々の生活にも甚大な被害を与え、避難という形の強制移動を引き起こすケースもある。UNHCRでも2009年に気候変動による強制移動に関する報告書を発表し、気候変動が難民発生要因となる過程を示した。このような人々は「気候変動難民」または「温暖化難民」と呼ばれ、ニュージーランドではキリバス人男性が海面上昇による居住地域の将来的な水没の可能性を深刻な危機として捉え、「気候変動難民」として難民認定を裁判所に訴える事例も発生している。(1)

南太平洋の地震国であるソロモン諸島の一つであるタロ島では将来的な津波や海面上昇の高い危険

性に鑑みて、島の全住民を対岸のチョイスル島に丸ごと移す計画、つまり全島避難まで浮上しているようだ。(2) 移転先の開発計画や、それを実行に移すための予算見通しは立っていないことから、実現の目途は不透明なものの、気候変動に起因するリスクの顕在化の一例と言えるだろう。

気候変動の要因は大きく分けて自然的なものと人為的なものの二つに区分され、近年、我々に身近な議論として認識が広まりつつあるのが後者の人為的な要因である。特に石油や石炭など化石燃料の大量消費により、大気中の二酸化炭素濃度が増加し、地球温暖化を招いていることは周知の事実である。また、森林破壊など植生変化は水の循環や地表の日射に影響を与えている。国連環境計画（UNEP）によれば、世界的な気温と海水位の上昇、海洋の酸性化等は、全て温室効果ガス、特に二酸化炭素やメタンの排出量の増加に関係している。

しかし、これらの問題は今世紀に入ってから警鐘が鳴らされたものではなく、ローマ・クラブは、『成長の限界――ローマ・クラブ「人類の危機」レポート』の中で、すでに1972年に「世界人口、工業化、汚染、食糧生産、および資源の使用の現在の成長率が不変のまま続くならば、来たるべき100年以内に地球上の成長は限界点に到達するであろう」と現在我々が直面する問題を指摘していた。

ワールドウォッチ研究所は、1989年に「環境難民」という言葉を『地球白書'89―'90』の中で取り上げ、地球環境の悪化により、生地を捨てなければならない人々が増えていると指摘した。世界の様々な地域で、人間の居住地域として適さない土地が増えつつあり、「環境難民」が増大することで紛争や迫害に起因する従来の難民問題は新しい局面を迎えたと分析している。さらに同白書では環境難民を、①雪崩や地震などの地域的災害によって一時的に避難する人々、②環境悪化によって生活基盤が切り崩されたり、健康面で受容し難い危険にさらされたために移住する人々、③土地劣化が進んで砂漠化に至ったり、居住が維持できないほどの恒久的変化が起こったために移住する人々、という三つのカテゴリーに分類している。(3)

気候変動に関する政府間パネル（IPCC）(4)は、気候変動に関する報告書を順次公表しており、2014年に発表した『気候変動2014――影響・適応・脆弱性』第5次評価報告書では気候変動によって人々の強制移動が増加すると予測している。特に低所得の開発途上国では、計画的移住のためのリソースに乏しいため、異常気象に直面した場合、強制移動を強いられるリスクがいっそう高くなり、さらに気候変動は紛争要因を増幅させて、内戦や民族紛争に陥るリスクを間接的に増大させると指摘している。

IDMCが2015年3月に発表した『災害による強制移動のリスク』では、今日の災害による強制移動のリスクは1970年代に比べて4倍に達したと報告している。急速な人口増加や都市化、経済発展に応じて、災害リスクへの対策を行うことは不可欠であり、持続可能な発展と気候変動への対応の両立に向けて、国際的にも、国内的にも気候変動に対処するための戦略を立てる必要がある。

このような中で2015年12月にはパリ協定が採択され、2020年以降の温室効果ガス排出削減等のための新たな国際枠組みが形成された。今後具体的な取り組みが進み、低炭素、そして脱炭素社会に少しでも近づくことが期待されている。次に日本国内の国内避難民問題として、東日本大震災を取り上げたい。

2　東日本大震災

２０１１年3月に発生した東日本大震災と東京電力福島第一原子力発電所の事故（以下、原発事故）は被災地そして日本全体に大きな影響をもたらした。とりわけ原発事故が発生した福島県では、多くの国内避難民、または「震災難民」や「原発難民」とも呼ばれる人々が発生した[5]。また、原子力という科学技術を制御できなかったことが非自発的な移動を強いられた理由だとして、「技術難民」と呼称する場合も見られる。

このような状況に至った理由が自然災害に対する準備が不足していたのか、原発事故時の準備が不十分だったのか、原発事故発生後の対応が不十分だったのかという議論は専門家に稿を譲りたいが、２０１１年の大震災と原発事故は、日本のみならず世界的にも未曽有の大惨事だったことは明らかである。

震災発生直後から日本政府および福島県は原発周辺住民に対し避難指示を発令し、避難指示区域を設定した[6]。それによりいわゆる強制避難者が発生すると共に、避難指示区域外の住民も、放射能汚染を危惧して自主的に避難した。自主避難者という言葉は自らの意思で自主的に避難したと解されるが、実際には原発事故により予測不可能な悪影響を懸念し、避難せざるを得ない状況下で避難した住民も多く留意が必要である。

同じ市町村の住民でも震災当時の避難設定区域が異なれば得られる避難慰謝料や支援策等も異なった。また、避難という選択肢はとらなかったものの放射線被ばくを憂慮しながら生活している人々もいた。避難慰謝料等の支援においても強制避難者と自主避難者の格差が見られ、原発事故による放射線被ばくに対する恐怖や不安を含めて「被害」の定義は容易ではない。東京電力の賠償責任と賠償額に関して最高裁判所で初めて一部の判決が確定したのも2022年3月だった。

復興庁が2022年3月に発表した『令和3年度福島県の原子力災害による避難指示区域等の住民意向調査全体報告書』によれば、避難指示解除後の自治体への帰還意向について戻りたいと回答した世帯は約1割、まだ判断を決めていない世帯が約1割～2割の自治体が多かった。避難指示の一部解除された時期が自治体や地区によって異なり、南相馬市では6割を超える調査対象者が既に市内に戻っているように調査結果を一概に比較することは困難だが、移住か帰還かという選択肢の決定が10年経った時点でも容易ではない避難者が一定程度存在することを指摘しておきたい。同調査でまだ判断がつかないと回答した者が判断に必要な条件として挙げたのが医療や介護福祉施設、商業施設の再開や新設だった。行政としては被災者に寄り添いながら、住民が帰還か移住のどちらの選択肢もとれるよう支援策を維持・拡充する必要があるだろう。被災地の復興のために乗り越えなければならない壁は多い。

また、移転や移住を強いられたわけではないものの、東日本大震災では交通機関の混乱により、勤務先や学校などからの帰宅が困難となった人々が続出した。首都圏などで溢れた約500万人の帰宅困難者は「帰宅難民」と表現され、同年の新語・流行語大賞トップテンに選ばれるほど多用され、2011年を象徴する言葉の一つとなった。

次に第7章では、公共インフラ事業をはじめとして、経済開発や経済発展に伴い発生した強制移動の事例を取り上げる。

注

(1) 産経新聞「「気候変動難民」申請を却下　キリバス男性にNZ最高裁」、2015年7月21日

(2) 朝日新聞「(世界発2016) 津波に備え全島移転へ　ソロモン諸島・タロ島」2016年5月5日

(3)『地球を「売り物」にする人たち――異常気象がもたらす不都合な「現実」』第8章「「環境移民」という未来の課題」では、主にアフリカの環境移民や環境難民に関するルポルタージュがまとめられている。

(4) 国連環境計画（UNEP）と世界気象機関（WMO）により、1988年に設置された政府間組織。

(5) 福島第一原子力発電所の事故原因究明は本稿執筆時点も進行しており、①人為的なものだという分析と、②自然的なものだという分析があるが、便宜的に第6章（環境と難民）に分類した。ワールドウォッチ研究所『地球白書'89―'90』でも、チェルノブイリ原子力発電所事故の結果、旧ソ連政府により強制移転させられた人々を「環境難民」と位置づけている。

(6) 原発周辺地域では、帰還困難区域、居住制限区域、避難指示解除準備区域という三つの避難指示区域が設定されていた。

参考文献

【和文】
IPCC『気候変動2014――影響・適応・脆弱性』第五次評価報告書第二作業部会の報告、政策決定者向け要約、二〇一五年三月三一日版
関西学院大学災害復興制度研究所／東日本大震災支援全国ネットワーク（JCN）／福島の子どもたちを守る法律家

ネットワーク（ＳＡＦＬＡＮ）編『原発避難白書』人文書院、二〇一五年
国際環境技術移転研究センター『四日市公害・環境改善の歩み――地球環境への貢献を目指して』一九九二年
戴晴編『三峡ダム――建設の是非をめぐっての論争』築地書館、一九九六年
程曄『三峡ダム移住者の適応過程に関する社会学的分析――上海に移住した外遷住民を例として』富士ゼロックス小林節太郎記念基金、二〇〇七年
デニス・メドウズ『成長の限界――ローマ・クラブ「人類の危機」レポート』ダイヤモンド社、一九七二年
墓田桂「『国内強制移動に関する指導原則』の意義と東日本大震災への適用可能性」（『法律時報』二〇一一年六月号）
復興庁「令和3年度福島県の原子力災害による避難指示区域等の住民意向調査全体報告書」二〇二二年四三月
マッケンジー・ファンク『地球を「売り物」にする人たち――異常気象がもたらす不都合な「現実」』ダイヤモンド社、二〇一六年
レスター・R・ブラウン『地球白書'89―'90』ダイヤモンド社、一九八九年
山下祐介、開沼博『「原発避難」論――避難の実像からセカンドタウン、故郷再生まで』明石書店、二〇一二年

【英文】

IDMC, Disaster-related displacement risk: Measuring the risk and addressing its drivers, March 2015.
UNHCR, In Search of Shelter: Mapping the Effects of Climate Change on Human Migration and Displacement, May 2009.

【新聞】

朝日新聞
産経新聞
日本経済新聞

【参考ホームページ】

環境省（http://www.env.go.jp/）
福島県（https://www.pref.fukushima.lg.jp/）
ＩＤＭＣ（http://internal-displacement.org/）
ＵＮＨＣＲ（http://www.unhcr.org/）

第7章

経済開発と難民

山本　剛

1　公共事業

世界各地では政府や自治体による開発プロジェクトなど公共事業により、非自発的住民移転が発生し、そのような強制移動を強いられた人々を「開発難民」と称する場合がある。

かつてインドネシアやフィリピンなどでは開発独裁と呼ばれる政治体制により経済発展が最優先され、国民の権利が軽視されてきた時代もあり、強制移動を伴う事業も散見された。開発途上国による公共事業の場合、それらの検討を適切に実行するための行政能力や財政力に欠ける場合も多く、住民等の関係者との協議も不十分なまま事業が進められる事例も見られる。つまり、公権力による強権行使に至らないよう適正な行政手続きや司法手続きに基づき公共の利益となる事業を計画・実施することが求められる。

しかし、このような「開発難民」の事例は開発途上国に限定されたものではなく、日本国内でも第二次世界大戦後から今日までの間に全国津々浦々で公共事業により住民移転が発生している。たとえば、戦後の都内区画整理計画や羽田空港の拡張計画において強制移動が発生しており、最近でも土地収用を含むダム建設に反対している事例も発生している。[1][2]また成田空港建設に伴い自宅を強制収用されたケースでは補償問題の解決に40年以上費やした。[3]また大阪空港でも移転合意まで長い年月を要しておりダムや空港など広い用地を必要とする公共インフラ事業では用地確保が懸案の一つとなる。[4][5]

世界で見れば近年では世界最大の水力発電所である中国の三峡ダム水力発電所開発に伴う住民移転が代表的な事例と言える。三峡ダムは長江中流に位置し、1993年に着工し2006年に完工した。目的は電力供給のみならず、下流域での洪水抑制や内陸部への水運改善も目指したものである。しかし、大規模ダムがゆえに多くの地域が水底に沈み、強制移動を強いられた住民数は約140万人に達したと推定されている。[6]

中国は電力開発のため三峡ダムのほかにも各地に大規模ダムと水力発電所を建設しており、近年では近隣国に中国企業が進出し、中国に送電するためのダムと水力発電所の建設を計画している。ミャンマーでは中国によるミッソンダムの建設が進行する中で住民移転は数千人単位に達すると報じられている。[7]またその他にもミャンマーではサルウィン川流域におけるダム開発のため数万人が住民移転を強いられた。[8]

また中国では生態環境の保全・回復を目的とした「生態移民」政策が実施された。重要な生態環境を有する地域や生態環境が脆弱な地域の住民は移転させられた。このような地域の多くは貧困地域や少数民族居住地域に当たり、移民政策は生活レベルの向上と正当化されたようである。しかし、移住先において社会環境や生活環境が変化した結果、却って生活を一から出直すために環境負荷（破壊）が高まるケースもある。伝統的に焼畑や遊牧で生活していた人々にとって生業の変更は容易ではなく、居住地域の変更により伝統的な社会組織が崩壊したと指摘されている[9]。

公共事業において非自発的な住民移転は可能な限り避けられるよう計画されるべきと考えられ住民移転を回避できない場合は移転による影響を最小限とする努力が必要不可欠となる。移転前には政府や自治体が説明責任を果たすべく、対象住民等のステークホルダーに対し生活再建計画や補償計画等に関する説明を十分行う必要がある。そして、移転後も生活基盤の回復と確立に関する進捗をモニタリングする必要があるだろう。また、透明性の確保も重要な枠組みであり、情報の透明性に加え公共事業の実施を決定するまで用地収用や住民移転の実施を決定するまでの過程を透明化することが求められている[10]。

2　公害

経済発展、特に重化学工業などの工場進出が進行した結果、周辺住民の雇用機会創出や自治体の税収増に寄与するものの、住民の生活に深刻な影響を与え移転を余儀なくされる事例もある。本節では、そのような日本の過去の事例を紹介したい。

日本では環境基本法の中で、大気汚染、水質汚濁、土壌汚染、騒音、振動、地盤沈下、悪臭の7項目を、いわゆる典型7公害として規定している。戦前の日本国内の公害問題といえば、明治時代の足尾銅山鉱毒事件が有名だろう。この事件では鉱物の採掘・精錬等に伴う鉱害が、周辺住民の生活や健康に重大な被害を与え、深刻になった地域では強制廃村、住民移転を余儀なくされた。

そして第二次世界大戦後から高度成長期に至るまで経済発展を優先した結果、日本各地で公害の被害が甚大となった。当初は産業活動に起因する公害が多かったものの都市・生活型公害が増加していった。たとえば、自動車の急増と交通渋滞の頻発などの結果、有害な自動車排気ガスが多量に排出され、大気汚染を招いた。また、生活スタイルの変化に伴い、水質汚濁や廃棄物量の増加も環境問題の一部として顕在化していった。

現在では日本でも中国から海を渡って越境する黄砂やPM2・5（微小粒子状物質）等の大気汚染がニュースの天気予報でも取り上げられることがあるように環境問題は一地域のみならず越境するものもあり、今日では地球規模の環境問題と認識されている。それらは人々の健康や社会活動や経済活動にも害を及ぼすことから環境問題は自然環境（生態系）のみならず社会環境にも悪影響を及ぼすと言うことができる。

また、経済活動により、土地利用や水域利用が変化し、住民の生活にも悪影響を与えることもある。さらに、工場などから排出される汚泥等の廃棄物から発生する浸出水により、土壌や地下水が汚染されることもある。工業地帯のみならず住宅地帯においても超高層ビルや大型商業施設等の建設により居住地域周辺の景観が損なわれたり、騒音が発生したりすることもあるだろう。これらの要因において強制移動まで至らずとも周辺住民が環境悪化を原因に移転を選択するケースもあるだろう。

近年の日本で環境問題といえば四大公害として知られる水俣病、新潟水俣病、イタイイタイ病、四日市ぜんそくが有名である。産業公害による健康被害が特に大きかったことから大きな社会的関心が払われ、政府は急速に環境規制を強化しつつ企業の公害防止投資や技術開発を促していった。

その中でも三重県四日市市は全国有数の石油化学工業都市として成長し、工場群から排出される煙も当初は経済復興のシンボルと言われた。しかし、硫黄酸化物（SOx）による大気汚染をはじめ水質汚濁、悪臭等の公害が発生し、大きな社会問題を引き起こしていったのである。その結果、1966年には工場と住宅地の分離を目指す都市改造計画（マスタープラン）が策定された。この計画では四日市市を工業都市として発展させつつ、重化学工業地域や、公害の及ぶ地域の住民の大規模な集団移転が目指されたが、移転条件も含めて住民の合意は得られず、最終的に平和町（67戸）と雨池町（44戸）の住民のみ1966~1968年にかけて集団移転した。また、市教育委員会の決定により四日市市立塩浜中学校の移転も1968年に行われた。

かつての日本のように、今、開発途上国では急速な工業化や都市化の進展に伴い、環境負荷が高まり、環境汚染ひいては公害発生のリスクが顕在化している。本節では日本国内の公害と非自発的移動の例を挙げたが、今後も日本国内外を問わず環境問題を原因とした非自発的移動、そして自発的移動であったとしても（潜在的な）健康上の被害を回避するために止むを得ず移転（引っ越し）を選択する事例が出て来るだろう。環境的にも持続可能な社会を構築していく必要性は各方面で認識されており、具体的かつ着実な取り組みが進んでいくことが求められている。

おわりに

「難民問題」と聞くと最近起きた海の向こうの話、とりわけ中東やアフリカの人々の話だと思われる読者が多いかもしれない。しかし、実態としてはつい最近発生した問題ではなく、かつ開発途上国に限定された問題でもなく、日本をはじめ世界どこにおいても直面する可能性がある課題であることを本稿では概観した。この第2部を通じて、読者の方々がそのような視点や問題意識を持ち、国内避難民を含む難民問題の全体像を理解する一助になれば幸いである。

なお本稿は、筆者の個人的な見解を示したもので、筆者が所属する国際協力機構としての公式見解ではないことを申し添えておきたい。

注

(1) 毎日新聞「地方行政 東京都：新宿、池袋など二千軒強制移転へ」1950年10月15日、朝日新聞「都市計画街路づくり 強制収用を答申 公共用地審議会 630世帯立退き」1964年10月10日

(2) 朝日新聞「65年前、我が家は米軍に奪われた 東京・大田の羽田周辺地 区の買収日程は未定」2010年9月21日

(3) 朝日新聞「石木ダム反対、提訴 地権者ら『水源足りている』」2015年12月1日

(4) 朝日新聞「成田強制収用、44年目の決着 小泉さん宅、NAAと遺族が補償合意」2015年5月22日

(5) 毎日新聞「大阪空港住民移転問題：全面解決へ、事業所移転にめど」2005年1月20日

(6) 毎日新聞「中国：三峡ダム建設で移住…家も資金も知人もなく、出戻り続出」2007年2月6日朝刊。三峡ダ

ム開発に伴う強制移動によるコミュニティの再編と変容については、程曄『三峡ダム移住者の適応過程に関する社会学的分析――上海に移住した外遷住民を例として』富士ゼロックス小林節太郎記念基金、2007年が詳しい。
(7) 日本経済新聞「始動スーチー氏のミャンマー（上）軍の利権、経済改革に壁――政商との癒着強固」2016年3月31日
(8) 詳細は、カレンニー開発調査グループ『ビルマ軍政下のダム開発――カレンニーの教訓、バルーチャウンからサルウィンへ』2009年を参照。
(9) 上田信『大河失調――直面する環境リスク（叢書中国的問題群9）』岩波書店、2009年、82~89頁を参照。
(10) 公共事業には当たらないが、類似する政府主管の問題として、今日まで続く沖縄の基地問題も、日本国内では大きな課題である。2012年3月時点で、約2・3万ヘクタールの米軍基地が、沖縄県内に所在しており、そのうち3分の1は民有地である。1950年代には米軍武装兵によって、銃剣とブルドーザーによる強制的な土地接収が行われ、基地建設に反対・抵抗する集落住民をはじめとした沖縄県民の運動は、「島ぐるみ闘争」として知られている。

参考文献

【和文】
上田信『大河失調――直面する環境リスク（叢書中国的問題群9）』岩波書店、二〇〇九年
沖縄県知事公室基地対策課『沖縄の米軍基地』二〇一三年
カレンニー開発調査グループ『ビルマ軍政下のダム開発――カレンニーの教訓、バルーチャウンからサルウィンへ』二〇〇九年
川田侃／大畠英樹編『国際政治経済辞典改訂版』東京書籍、二〇〇三年
程曄『三峡ダム移住者の適応過程に関する社会学的分析――上海に移住した外遷住民を例として』富士ゼロックス小林節太郎記念基金、二〇〇七年
【新聞】

朝日新聞
毎日新聞
日本経済新聞
【参考ホームページ】
沖縄県（http://www.pref.okinawa.jp/）
環境省（http://www.env.go.jp/）
経済産業省（http://www.meti.go.jp/）
三重県四日市市（http://www5.city.yokkaichi.mie.jp/menu1.html）

COLUMN

「難民」として日本で暮らした経験から思うこと

[その2] 難民との共存・共生を目指した日本社会を求めたい

M&M Consulting Myanmar CEO　ミョウ・ミン・スウェ

私は難民奨学生として大学に在籍中、タイ・ミャンマー国境地域にある難民キャンプに日本人学生を引率するスタディー・ツアーを企画した。その目的は、日本人学生が安全で何不自由ない生活を送り、その後就職していくという人生設計を描けるのに対して、政情不安定な国の人々は難民として母国を逃れ、近隣諸国で暮らし、自分らの人生設計を描けないという現実を難民の生活を直接見ることで理解して欲しかったのだ。また、日本という恵まれた環境を国外から見て、学んで欲しかった。私はそのツアーを通じて、難民に対する偏見をなくし、他方で世界中で危機に瀕しているたくさんの人々の存在を理解し、国際人になって欲しいという期待を持っていた。

難民を単に受け入れるだけでは難民支援とは言えない。国として難民を受け入れるからには難民の生活を保障する必要がある。たとえ、国家の財政危機への懸念があろうとも、受け入れ難民が日本社会で生きていくうえでの支援体制を作っていくことが重要だ。つまり、衣食住の基本的な生活を保障するうえで、彼らが収入を得られるような技術がもっとも重要になる。

たとえば公益財団法人アジア福祉教育財団の難民事業本部では様々な難民支援事業を行ってい

る。2011年からは欧米諸国で実施されている第三国定住制度のパイロットプロジェクトが導入された。タイ・ミャンマー国境沿いのメラ難民キャンプから、毎年30人ほどの難民家族を受け入れ始めた。第1陣が11年秋に来日し、最初の3ヶ月間は難民事業本部所轄の訓練センターで、日本社会の中で暮らすための基礎知識と自立支援の職業訓練などが行われた。しかし、第三国定住事業による自立支援で様々な限界が露呈した。それは就職の斡旋を行っても難民がなかなか仕事に定着しないという問題だった。

難民事業本部定住事業担当者は、難民を受け入れる前に実態調査をしている。難民の多くは自身の生活していたメラキャンプ内で、家庭栽培をしたり周辺の農地で日雇労働に従事したりしていた。したがって、担当者は彼らの経験が活きる農業分野での就職が馴染みやすいのではないかと考えたが、実際は異なっていたのだ。その結果、懸命に探した就職斡旋であったものの、残念にも転職するケースが相次いだ。しかし第三国定住難民事業は、初めて導入されたパイロット・プロジェクトであり、様々な課題も見えてきた点で決して無駄ではなかったはずだ。

つまり、難民受け入れとは単に受け入れの問題だけではなく、それに付随して定住と就労が重要であることを第三国定住難民事業で理解できたはずだ。今回の問題を通じて、難民自身が自らの将来設計にどのような選択肢があるのかを知ること、考えることで、彼らの能力開発支援を行う方法があることを学んだのではないか。難民受け入れの問題に難民の将来に関わる難しい事柄が含まれているのだ。

しかしながら、難民支援は難民受け入れ国にとって財政負担を強いる一方で、むしろ経済発展にも繋がると私は考える。なぜならば、難民は日本経済を支える人材を提供する可能性を有しているからだ。日本で保護された難民が本国帰還後に当該政府の重要なポストに就き、日本の企業誘致などを促し、日本経済を支えてくれる貴重な人材になることも考えられる。もちろん、日本国内で就職して日本経済を支える人材にもなり得る。

昨今のシリア、アフガニスタンの政治情勢の悪化で大量の難民がヨーロッパに流入した。国連統計局の発表によると15年にヨーロッパへ流入した難民は75万人を超えると推計される。これに対して、EU加盟諸国では難民受け入れによる財政危機を訴える国もある一方で、むしろ難民受け入れをすることで国の経済成長が加速し、GDPの成長に繋がると発表する国もあった。その前提には、受け入れた難民が受け入れ国内ですぐにでも仕事に従事できる能力があることを想定している。しかし、難民受け入れで高度な技能を有する人材だけを選別するとなると、それは人権に関わる問題を発生させることになる。各国はむしろ、難民に対し高度な技術を有する人材を育成するような教育を徹底させ、積極的に人材開発をしていくことが受け入れ国の経済成長に繋がるという政策を導入するべきであろう。

難民として日本の社会で暮らしていくことはそう簡単ではない。肌の色も違い、文化も違い、言葉も違う難民と直接話したことがあるという日本人は1%に満たないかもしれない。でも、彼らは日本の文化と言葉を一生懸命学ぼうとしているのだ。日本人と共生していくことを望んでいる。彼らは仕事をして日本経済を支えている。また、日本人が困っているときには「お互い様」として助け合う難民もいる。一例として、東日本大震災のときに難民が被災地に入り救援活動をした。それは正に日本人との共生を求める難民側からのメッセージであると言えよう。
私が亡命した当時は難民という言葉さえ聞いたことがない日本人がたくさんいた。難民支援を行っているところも殆どなかった。大学に行くことも、生計を立てる手段として仕事を探すことも難しい時代だった。私の場合はミャンマーからすでに亡命していた同胞の助けで仕事に就くことができたのだ。そして、彼らの家に居候しながら次の生活の基盤を築こうとしたが、当時は日本での滞在資格がなく家を借りることができなかった。後に国会図書館に勤務する日本人が保証人になってくれ、やっと自分で家を借りて暮らすことができた。その後も、友人になっていく日本人が、様々な支援をしてくれたのだ。

私は難民として様々な辛苦を経験したが、多くの人々の支援のお陰で日本の高等教育を受ける機会にも恵まれた。しかし、今日日本では人種差別が頻繁に起きており、難民との共生社会作りが消極的になっているのではないかと懸念している。難民との共生社会作りには地方自治体の協力が必要だ。なぜならば、もっとも重要なことは近隣住民との理解と交流、さらに難民を地域社会の一員として迎え入れる必要があるからだ。その場合、難民は可哀想だからという先入観からではなく、難民との共生に基づくべきだ。彼らは将来、きっと地域社会に貢献するはずだ。

現在、私は日本で支援を受けた恩返しとして日本企業のミャンマー進出の支援を行っている。私のような同胞の難民が日本人と共生しながら日本の経済発展や地域発展に貢献している。私は、彼らが今後いっそう貴重な人材として日本社会で活躍し、日本人との共存・共生をしていく時代がそう遠くないと感じている。

3 国際機関と難民

第一次世界大戦による難民の大量発生は、難民問題が国際的な課題であるとの認識が共有される契機となり、難民保護の制度発展に繋がった。また、難民と同様に避難を強いられるが国内に留まる人々に関しても、冷戦終結後に急増したことから、保護、支援の方法が模索されてきた。このような難民・国内避難民を支援、保護しようとする国際社会の努力は、今日の人道支援システムの基礎の一部ともなっている。それればかりか、難民・国内避難民問題は主権国家のあり方や国際社会の介入といった国際関係の根幹にも影響を与えてきた。そこで第3部では、国際的な難民・国内避難民の支援、保護の発展を、時代的背景に注目しつつ紐解いてみたい。

第8章

難民救援機関としてのUNHCR

堀江正伸

第1部、第2部で紹介されてきた難民であるが、彼らの苦境に対して国際社会はどのように保護、支援の手を差し伸べてきたのであろうか。国際的な人道支援において、難民保護、支援の分野でもっとも大きな役割を担っているのは、国際連合難民高等弁務官事務所（The Office of the United Nations High Commissioner for Refugees：ＵＮＨＣＲ）である[1]。２０１４年、その保護、支援の対象は全世界で6０００万人に迫っている。そのうちＵＮＨＣＲが実際に何らかの保護、支援を行った人々は、４５００万人を超えている。

ＵＮＨＣＲは１９５０年に設立されたが、設立当初における保護対象や活動地域はごく限られていた。しかし今日、ＵＮＨＣＲの活動の場は世界各所に広がり、その保護、支援対象もいわゆる難民だけに留まらない。表1に示した通り、ＵＮＨＣＲが保護／支援を行っている人々には、国内避難民（Internally Displaced Persons：ＩＤＰ）や無国籍者なども含まれている。ＵＮＨＣＲは、設立以来、世界

表1　UNHCRが保護/支援している人々（2014年末時点）

種　別	UNHCR保護/支援対象総数	UNHCRが保護/支援する人数
難民	14,380,094	10,974,497
庇護希望者	1,804,465	505,587
国内避難民	38,207,193	32,274,619
無国籍者	3,492,263	491,560
その他	1,052,767	940,673
合計	58,936,782	45,186,936

出所：UNHCR 2014、Internal Displacement Monitoring Center 2015を参照し筆者作成

情勢の変化に伴う国際社会からの要請に応じ、その活動領域を広げてきたのである。

そこで本章においては、UNHCRの設立の背景と、その活動が拡大した経緯について概観してみたい。それは、単にいち人道支援機関の歴史に留まらず、国際社会の難民問題への認識の変遷を反映するものでもあるからである。

まず、設立の背景を見てみる。UNHCR発足以前にも難民は存在していた。また、彼らの保護を専門的に扱う国際機関も設立され、活動を行っていた。そもそも、難民保護の基礎的概念であり、収容、避難、庇護等と訳されることの多いアサイラム（Asylum）という概念は、神聖な場所（寺院）へ逃げるという意味で古代ギリシア時代より存在していた。

このアサイラムという概念は、近世ヨーロッパにおいてより政治性を帯びたものとなった。近代国家制度が整備されるにつれて、教会が行っていた慈悲に基づく保護に変わり、国家が別の国家にいられなくなった者を保護するようになったのである。とはいえ、難民保護に関して国際的な協力が行われるようになったのは、第一次世界大戦（1914〜1918年）とそれを契機としたロシア革命（1917年）から

であった。

難民研究に関する文献も、ここを起点としているものが多い。というのも、それ以降の難民問題においては、単に人の移動ということだけではなく、二つの要素が絡むようになったからである。それらは、第一に国家や国際機関の対応、第二に逃避の理由が問われることとなったことである。

第一次世界大戦後の1921年に発足した国際連盟は、ロシア革命による難民を保護するため、ノルウェー人探検家でありノルウェー駐英大使も務めたナンセン（Fridtjof Nansen）を難民高等弁務官として任命した。その際、難民が国境を越えられるよう発行された難民身分証は、ナンセン・パスポートとして知られている。彼の死後も、ロシア難民保護に関する業務は、ナンセン国際難民事務所（Nansen International Office for Refugees）により引き継がれていった。

1930年代には、ナチスドイツの台頭に伴いドイツから大量のユダヤ人が流出、彼らの保護を目的としたドイツ難民高等弁務官が1933年に設置された。さらに、1939年には、ナンセン国際難民事務所とドイツ難民高等弁務官の機能は、国際連盟難民高等弁務官へと統合された。

第二次世界大戦（1939〜1945年）は、それ以前とは比較にならないほど多くの難民を生んだ。連合国は1944年、それら難民やその他の戦争犠牲者の保護、支援を行うために連合国救済復興機関（The United Nations Relief and Reconstruction Agency：UNRRA）を設立した。[2] しかし、同機関は冷戦の緊張が高まる中、アメリカを中心とする西側諸国がソ連の影響力を嫌い十分に機能せず、1947年にその役目を終える。

UNRRA閉鎖以後、難民の保護事業は、1948年に設立された国際難民機関（The International

Refugee Organization：ＩＲＯ）へと引き継がれた。しかしながら、ＩＲＯは欧米主導で設立されており、その保護対象もＵＮＲＡＡから引き継いだナチス政権による犠牲者か、東欧諸国から西側諸国へ脱出した難民と限定的であった。

その後、１９４８年に国連総会にて世界人権宣言が採択されたことなどを背景に、難民問題は国際社会が引き続き取り組むべき問題であるとの認識が広がり、１９５０年には国連総会決議３１９（Ⅳ）によりＵＮＨＣＲの設立が決定された。

ＵＮＨＣＲの遂行する業務については、同年に決議された国連総会決議４２８（Ｖ）付録「国際連合難民高等弁務官事務所規程（事務所規程）」に明記されている。事務所規程によると、難民高等弁務官の権限が及ぶ範囲は、

１９５１年1月1日前に生じた事件の結果として、かつ、人種、宗教、国籍もしくは政治的意見を理由に迫害を受けるおそれがあるという十分に理由のある恐怖を有するために、国籍国の外にいる者であって、その国籍国の保護を受けることができない者またはそのような恐怖を有するためもしくは個人的便宜以外の理由のために国籍国の保護を受けることを望まない者。または、無国籍者であって、かつ、常居所を有していた国の外にいる者であって、当該常居所国に帰ることができない者または個人的意便宜以外の理由のために当該常居所に帰ることを望まない者。

と定められている。これは、1951年7月に開催された外交会議[3]で採択された「難民の地位に関する条約」が定義する難民と同様となっている。つまり、この時点で難民条約やUNHCRにより保護される人々には、「1951年1月1日前」という時間的な制限があった。また、活動地域も事実上限られたものとなっていた。「難民の地位に関する条約」では、対象とする地域をヨーロッパに限定するか、その他の地域も含めるかを締結国が選択できることとなっていたのである。

また、事務所規程が定めるUNHCRの業務は、難民条約の批准の促進、適用を監視することや、任意の帰国や新しい国の社会内での同化を促進しようとする政府や民間の努力を援助することなどであった。

1960年代に入るとヨーロッパ以外の地域、特にアフリカで反植民地闘争と祖国解放闘争を原因とする難民が大量に発生した。そのような状況を受けUNHCR計画執行委員会は、「難民の地位に関する条約」における「1951年1月1日前に生じた事件の結果として」という文言を取り除く、つまり難民の定義から時間的制約を除去するための議定書を1966年国連総会へ付託した。また同議定書は、地域的な限定なく適用されると規定されており、地域的制限についても同時に取り除くものであった。同議定書は、国連総会議長、国連事務総長の署名を経て1967年1月31日に加入のために開放され、10月4日に発効することとなった。これら「難民の地位に関する条約（1951）」と「難民の地位に関する議定書（1967）」は、合わせて「難民条約」と呼ばれている。

さらに1960年代には、UNHCRの活動面でも変化が見られた。それは、アフリカにおける難民救済において、従前の法的保護という役割に加え、物質的な支援にもその活動を広げていったことである。また、1954年に締結された「無国籍者の地位に関する条約」、1961年に締結された「無国籍者の削減に関する条約」を受けて、国連総会は1961年よりUNHCRに個別案件ベースで無国籍者の保護を依頼するようになった。

1970年代に入り、東パキスタン、ウガンダ、インドや、東西冷戦の主戦場の一つであったチリ、ブラジル、アルゼンチンといった南米の国々においても多くの人々が流出した。さらに、UNHCRの究極的な目的である難民問題の恒久的解決に向けて、当時のスーダン南部（今日の南スーダン）における難民および国内にて避難していた人々の帰還を支援する事業も増大した。このような背景の中、援助が支援国との友好関係を深めることを狙った西側資金提供国の政治的目的の影響を受けつつも、UNHCRは地理的にも、活動面においてもその範囲を拡大していったのである。

拡大の傾向は、1980年代になっても継続した。1980年代になると、東南アジア、中央アメリカやメキシコ、南アジア、アフリカの角、南部アフリカにおいて、難民キャンプにて長期にわたって難民状態のまま生活することを強いられる人々が増加した。このことは、UNHCRの難民キャンプにおける物質的な支援業務の割合を増幅していった。物質的な支援は、他の支援機関が専門的に扱っている場合もあるが、その場合においても難民の支援全般はUNHCRが調整を行っている。

このように、設立以来その対象者、活動地域、活動内容を国際社会のニーズに応える形で拡大してきたUNHCRであるが、1990年代に入ってもますます複雑化、複合化する強制移動問題に対応すべく変革を迫られることとなった。冷戦の終結は、UNHCRもその影響とは無縁ではなかったイデオロギーの戦いの被害者としての難民をいったん減少させた。しかしながら、イデオロギーの相違にかわり宗教、言語、エスニシティといったアイデンティティの相違による戦いが増大した。アイデンティティの相違による戦いは、避難はするが自国内に留まるというＩＤＰを急速に増加させたのである。

ＩＤＰは自国に留まっているため、難民条約で定義された難民ではない。しかし、彼らが経験する苦境は、難民と同様のもの、あるいは国際的な支援制度がないため難民以上であることもある。このＩＤＰ問題は、やがて国際連合がリードする国際人道システム全体の問題へと発展していくが、「強制移動」という側面で難民と共通項があるため、ＵＮＨＣＲも無関係ではなかったのである。[4]

最後に、ＵＮＨＣＲが目指す難民問題の恒久的解決について触れておきたい。それらは、自主帰還、庇護国社会への統合、第三国定住の三つである。ＵＮＨＣＲによれば、それらに優先順位はなく、包括的なアプローチが有効であるとしている。自主帰還とは、難民が安全に、そして尊厳を持って自らの出身国に戻り、国からの保護を再び享受することを指す。庇護国社会への統合とは、難民が、受け入れ国社会に法的・経済的・社会的に統合して、受け入れ国政府からの保護を享受することである。第三国定住とは、難民が、彼らに定住の資格を与えることに同意した第三国へ再定住することである。つまり、ＵＮＨＣＲの活動は単に人々が難民となったときのみならず、統合や帰還といった将来的な支援にまで及ぶのである。

本章においては、ＵＮＨＣＲの設立の背景や業務の拡大について見てきた。ＵＮＨＣＲが保護、支援する人々は、難民条約で難民と定義された人々に留まらず、難民の地位は与えられていないが申請中である庇護希望者、ＩＤＰや無国籍者を含んでいる。[5]これらに加えＵＮＨＣＲは、帰還や定住をした難民およびＩＤＰ、難民キャンプなどの周辺に住む人々も支援している。しかしこうしたＵＮＨＣＲの活動の拡大は、どこまでがＵＮＨＣＲの保護、支援対象者であるのかという問題を提起する。次章においては、今日では数値的に難民を凌ぎＵＮＨＣＲの最大の保護、支援対象者となっているＩＤＰについて検討することとしたい。

注

(1) ＵＮＨＣＲのほか、国際連合システムにはパレスチナ難民の保護、支援を専門に担当する国際連合パレスチナ難民救済支援事業機関（United Nations Relief and Works Agency：ＵＮＲＷＡ）もあるし、他の人道支援機関、国際赤十字委員会、ＮＧＯなども難民支援、保護に携わっている。

(2) 同じ「The United Nations」という言葉が使われているが、今日の国際連合とは別組織であることに注意が必要である。

(3) 全権委員会と呼ばれている。全権委員会は国連総会決議により設立されたが、難民条約を国連に非加盟の国々とも採択するための措置であった。

(4) ＩＤＰに関しては、第9章「難民と国内避難民」を参照。

(5) 表1は、２０１４年末の数値であり、２０１４年中にＵＮＨＣＲが保護、支援した人々には、期間中に帰還した人々は含まれていない。

参考文献

外務省人道支援室編『難民条約』外務省国内広報課、二〇〇四年
小泉康一『グローバリゼーションと国際強制移動』勁草書房、二〇〇九年

国際連合難民高等弁務官事務所駐日事務所『恒久的解決策（究極の目標）』www.unhcr.or.jp/html/durablesolutions.html（２０１６年４月８日アクセス）

国際連合難民高等弁務官事務所駐日事務所『難民条約とは』www.unhcr.or.jp/html/protct/treaty/（２０１６年４月８日アクセス）

国際連合難民高等弁務官事務所駐日事務所『無国籍――ＵＮＨＣＲの活動』www.unhcr.or.jp/html/unhcraction.html（２０１６年４月８日アクセス）

千田悦子「国連難民高等弁務官事務所（ＵＮＨＣＲ）」（内海成治／中村安秀／勝間靖編『国際緊急人道支援』ナカニシヤ出版、二〇〇八）

墓田桂『国内避難民の国際的保護――越境する人道行動の可能性と限界』勁草書房、二〇一五

E. Price, Matthew. "Politics or Humanitarianism? Recovering the Political Roots of Asylum." In *Georgetown Immigration Law Journal Vol. 19*, Issue 2 (Winter 2005): 277-310.

Elie, Jérôme. "History of Refugee and Forced Migration Studies." In *The Oxford Handbook of Refugee & Forced Migration Studies*, edited by Fiddian-Qasmiyeh, Elena. Loescher, Gil. Long, Katy and Sigona, Nando. Oxford: Oxford University Press, 2014.

Internal Displacement Monitoring Center (IDMC). *Global Figures*. 2015 www.internal-displacement.org/global-figures (Accessed April 8, 2016)

Loecher, Gil. "UNHCR and Forced Migration." In *The Oxford Handbook of Refugee & Forced Migration Studies*, edited by Fiddian-Qasmiyeh, Elena. Loescher, Gil. Long, Katy and Sigona, Nando. Oxford: Oxford University Press, 2014.

UNHCR. *Statistical Yearbook 2014, 14th Edition*. 2014. www.unhcr.org/566584fc9.html (Accessed April 29, 2016)

第9章

難民と国内避難民

堀江正伸

前章で説明したようにＵＮＨＣＲが保護、支援を行っている人々は、難民だけに留まらない。中でも国内避難民（ＩＤＰ）は、難民以外でＵＮＨＣＲが援助している人々のうち、大きな割合を占めている。

ＩＤＰ問題は、難民問題と同様に「強制移動問題」として取り扱われることが多い。そのことは、難民問題の解説を意図している本書に本章が含まれていることからもわかる。ＩＤＰ問題は、１９９０年代以降、「新しい」国際問題として注目されるようになった。そこで本章においては、ＩＤＰ問題が１９９０年代に国際問題として浮上した背景、および国際社会はその問題にどのように対応しようとしたのかを中心に、強制移動問題の一端を紹介してみたい。

図１は、１９８９年以降の難民とＩＤＰの数の推移を示している。ＩＤＰ数は１９９０年に難民数を超え、２０１４年現在、国連などが把握できるだけでも３８００万人いる。[1] 昨今政情が悪化する中

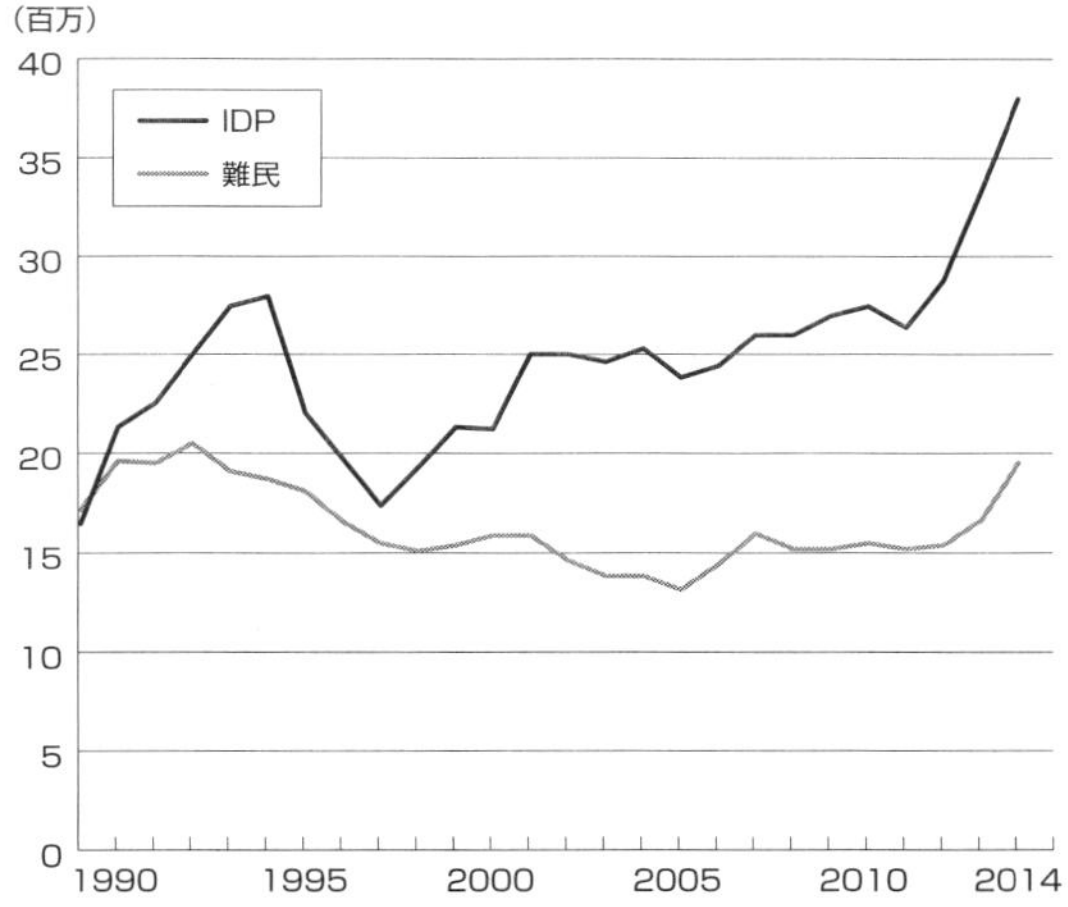

図１　難民とIDP数の推移

出所：IDMCのデータを基に筆者作成

東よりヨーロッパへ逃れようとする難民が大きな問題となっているが、２０１４年、難民の総数は１９５０万人であった。つまり世界中にＩＤＰは、難民のざっと2倍いることになるのである。

１９８９年末、米ソ両首脳により冷戦の終結が宣言された。この冷戦の終結が、ＩＤＰの急増と関係している。冷戦の終結は、国際的な対立に解決をもたらしたと共に、超大国による支配の緩みということに繋がり、その支配に覆い隠されていた内戦や地域紛争が急増した。東西というイデオロギーの対立にかわり、宗教、言語、文化、エスニシティといったアイデンティティの対立が台頭したのである。

ＩＤＰ問題が国際的に注目を集めた発端は、１９９１年サダム・フセイン（Saddam Hussein）政権下にあったイラクにおいて、同国北部に居住するクルド人がＩＤＰ化したことである。湾岸戦争後フセイン政権により迫害を受けてきたクルド人が蜂起したが、イラク軍の反撃によって多くの住民が避難を強いられたのである。つまりクルド人たちは、自分が国籍を有する国家の攻撃により移動を強いられたということになる。

避難したクルド人たちは、イラク北部が国境を接するイランとトルコにそれぞれ庇護を求めようとした。ところが、もともとトルコ側に住むクルド人との間に問題を抱えていたトルコ政府は、国境を封鎖してしまった。北大西洋条約機構（NATO）がトルコ領内の軍事基地使用権を保有しておりこの問題への関与に消極的であったこと、米国がイラク国内に安全地域を設置しクルド人難民の帰還を促したこともあり、UNHCRやその他の国連人道支援機関はイラク国内でイラク人であるIDPの保護、支援を行うこととなったのである。

避難する人々を国内で保護、支援することは、UNHCRにとって新たな課題でもあり、それ以降の活動に向けての試金石となった。というのも、本来UNHCRが保護、支援を担当しているのは、国籍国の外にいる難民であり、自国内にいる人々ではないからであった。しかし、当時のUNHCRの最高責任者、国連難民高等弁務官を務めていた緒方貞子は、UNHCRは難民の生命を守るという基本原則に則って人道的立場から援助することを決定したと回想している。

このクルド人のケースは、IDPが越境を希望していたにもかかわらずそれがかなわなかった点、厳しい自然環境の中、早急に人道支援が必要であった点などから見ても、多くの生命を救った難民高等弁務官の判断は賞賛されるべきである。筆者を含む国連人道支援機関に勤務する日本人職員の中には、同じ日本人として誇らしく思う者も多いのではないだろうか。

しかし、クルド人のケースから離れてこの問題、つまりUNHCRがIDPを保護、支援することをあえて考察すると、難しい問題が浮かび上がる。前章で紹介した通りＵＮＨＣＲの任務は、難民条約の批准の促進、適用を監視することや、任意の帰国や新しい国の社会における同化を促進しようとする政府や民間の努力を援助することである。このＵＮＨＣＲの任務と、ＩＤＰを国内で保護、支援することの間に整合性は見られるだろうか。

まず、既述の通りＩＤＰは難民の定義から外れているので、国際法上は難民条約による保護やＵＮＨＣＲの権限から外れる人々である。過去にＵＮＨＣＲはＩＤＰの保護、支援をこの理由から断ったケースもある。たとえば、１９６７年ナイジェリアで発生したビアフラ紛争において、他の国連人道支援機関がＩＤＰへの支援を行う一方、ＵＮＨＣＲは事務所規程による制限を理由に援助を断ったのである。

第二は、国内でＩＤＰを保護、支援することへの懸念である。難民条約を批准している国々は、他国からの難民を保護する義務を負っている。しかし、ＩＤＰを国内で保護することは、紛争などから避難する人々を国内に足止めしてしまうことに繋がらないだろうか。つまり、ＩＤＰが難民として他国に庇護を求める権利を阻害することになるのではないかという懸念である。さらに、国際社会がＩＤＰを国内で保護することにも困難が伴う場合がある。なぜなら国際社会が、国内の事情により領域内で避難する人々に保護、支援の手を差し伸べることは、主権国家体制の根幹とも言える内政不干渉原則に抵触するおそれがあるからである。

さらに、先述のクルド人のケースは明白であろうが、そもそもＩＤＰが他国に庇護を求めることを希望しているか否かということを見分けるのは、案外難しいのではないだろうか。ともあれ、国際社会のＩＤＰ保護、支援のための取り組みにおいて行われた難民とＩＤＰの比較は、両者の差異は国境を越えたか否かだけであるという理解や、ＩＤＰは移動者ゆえ脆弱性に直面しているという懸念へと結びついた。

こうした理解や懸念を背景に、ＩＤＰ問題は１９９０年代初頭には国連に代表される国際社会においても、特に人権という側面から議論、検討されていくこととなり、[2] 国際的な規範文書も生み出されていった。その代表とも言える存在が、次に紹介する「国内強制移動に関する指導原則（ＩＤＰ指導原則）」[3] である。

１９９２年２月、人権委員会は国連事務総長に対しＩＤＰ問題を専門に扱う事務総長代表[4]の任命と、事務総長代表がＩＤＰ保護、支援に関するガイドラインを作成することをさらに要請した。こうして、スーダン人外交官[5]のフランシス・デン（Francis Deng）が、事務総長によりＩＤＰ問題事務総長代表に任命された。

デンはＩＤＰが発生していたブルンディ、ルワンダ、スーダンなどの国々を精力的に訪問すると同時に、国際法の専門家、ＮＧＯなどからも協力も得てＩＤＰ問題の解決策を模索した。また、民間のシンクタンクであるブルッキングス研究所は、デンのこうした努力をサポートした。国連が、外部のシンクタンクとの協働によって国際規範形成を図ったことは、従前の国家間の話し合いによる国際規範形成のプロセスとは異なっており、ＩＤＰ問題における特徴の一つとなっている。

デンに加えて、ブルッキングス研究所でガイドライン策定に携わった研究者たちは、難民条約、国際人権法、国際人道法を参照しながら作業を進めていった。先に説明した通り、難民条約は越境した難民が対象となるが、全ての国際法がＩＤＰの人権・人道状態に適応できないというわけでもない。たとえば、１９４９年に締結されたジュネーブ諸条約が共有する第三条や、１９７７年に追加された第二追加議定書は、非国際的な紛争に特化したものである。また、国際人権法においても、１９４８年に国連総会で採択された世界人権宣言、１９６６年に採択された経済的、社会的および文化的権利に関する国際規約（通称、社会権規約）や市民的および政治的権利に関する国際規約（通称、自由権規約）だけでも移動および居住の自由に関する権利をはじめとして、ＩＤＰ問題に適用できるものが多くある。

しかし、国際人権法、国際人道法といった国際法のＩＤＰへの適用にも問題はあった。たとえば、各国の批准の度合いがまちまちであることが挙げられる。また、既存の国際法は、国家が国民を保護するうえで第一義的な責任を負うとするが、国民を保護するどころかＩＤＰが強制移動させられた原因に加担しているような国家が果たしてＩＤＰを保護するであろうかということには疑問が残る。デンも、この問題意識からガイドライン策定において、国家主権は国民を守ることを前提として成り立っているとする「責任としての主権」という基本的考え方を提唱している。詳しくは後章に譲るが、「責任としての主権」論は、その後国際社会の介入の是非が議論された際に登場する「保護する責任」という概念の基礎ともなっている。

多くの主体との協力、国際法をベースとした考察より作業が進められたガイドライン作成は、１９９８年２月に人権委員会へ「ＩＤＰ指導原則」が提出されたことにより結実した。その後、「ＩＤＰ指導原則」は、ＩＤＰ保護、支援の現場で働く国連機関、ＮＧＯの職員が参照する多くの冊子に盛り込まれるなどして、今日までIDP問題においてもっとも頻繁に参照されるガイドラインとなっている。また、「IDP指導原則」は、明文化され批准、調印された条約や議定書（ハード・ロー）ではない。しかし、2005年9月に開催された国連総会首脳会合（世界サミット）において重要性が確認されたり、地域内国際会議および国内における裁判などにおいても参照されたりすることを通じて、多くの主体により認識された規範（ソフト・ロー）としての地位が確立されていると言って差し障りないであろう。

最後に、こうしたIDP問題への国際的規範整備における懸念事項を数点挙げたい。まず、「移動」が、重要な要素と捉えられてきたことである。つまり、人権侵害や人道的な問題にさらされているのは、移動した者だけなのだろうかという問題である。国内紛争が展開されているような場所において、必ずしも全員が移動できたという保障はない。あるいは、何らかの理由で移動を希望しなかった人はいないだろうか。また、これは筆者がスーダンで実際に経験した事例であるが、2003年に勃発したダルフール紛争において、当初国際的支援は、多くがIDPとなった農耕民に集中した。その一方、農村を襲撃する民兵として一部が駆り出されたことから「農民の敵」とされた遊牧民に注目は向かず、支援対象とされなかった。しかし、紛争下においては遊牧民の生活も困窮していたのである。つまりIDP問題を難民問題と同様に「移動」を基準として考察することは、同じように苦境に直面している人々の間に区別を設定してしまうことに繋がりかねないということである。

また、「IDP指導原則」では、紛争、人権侵害などという難民の場合と共通する避難事由に加えて、自然災害や人為的災害が加わっている。確かに、フィリピンなどでは都市貧困層が他と比較して自然災害に対してより脆弱であるといった場合もあるため、彼らの人権、人道状態には特別な配慮が必要である。しかし、そこまでＩＤＰの範囲を拡大してしまうと、実は食糧、仮設住宅などの提供といった伝統的な人道支援の受益者の殆どがＩＤＰとなってしまい、冷戦以降のＩＤＰ問題、つまり内戦の増加などに起因したＩＤＰを支援、保護するという当初の目的が希薄になってしまいはしないだろうか。

本章においては、難民とＩＤＰの比較および１９９０年代初頭からの国際社会におけるＩＤＰ問題に関する議論、規範の整備について概観してきた。しかし、議論や規範の整備だけでは、ＩＤＰに保護、支援を提供することはできない。実際に、保護、支援を実施することに繋がらねばならないのである。次章においては、国際社会は実際にＩＤＰを保護、支援するためにどのようなシステムを構築してきたのかということについて検討することとする。

注

（1）この数は、紛争、闘争などによるＩＤＰの数であり、自然災害等の理由で避難した人々は含まれていない。また、難民は登録、申請などの手続きがありその数を比較的把握しやすいが、ＩＤＰの数は把握が難しい場合がある。避難の原因が当該国家にある場合は、なおさらである。
（2）それ以前にも、南部アフリカにおけるＩＤＰの苦境がアフリカ連合や国連で議論されたことなどがあった。
（3）英語名称は、"Guiding Principle on Internal Displacement"。
（4）Representative of the United Nations Secretary General on Internally Displaced Persons.

（5）デンは南スーダンの出身であるが、１９９２年当時南スーダンはスーダンの一部分であった。

参考文献

赤星聖「ＵＮＨＣＲと国内避難民支援の開始」（墓田桂／杉木明子／池田丈佑／小澤藍編『難民・強制移動研究のフロンティア』現代人文社、二〇一四年）

緒方貞子『紛争と難民——緒方貞子の回想』集英社、二〇〇五年

副島知哉「国内避難民の保護とＵＮＨＣＲ——クラスター・アプローチにみる政策決定過程」（墓田桂／杉木明子／池田丈佑／小澤藍編『難民・強制移動研究のフロンティア』現代人文社、二〇一四年）

永田高英／島田征夫「国内避難民の保護と不干渉原則」（早稲田大学法学会編『早稲田法学』第七四巻一号、一九九八年）

永田高英「ＩＬＡ「国内避難民に関する国際法原則宣言」の成立」（島田征夫編『国内避難民と国際法』信山社、二〇〇五年）

墓田桂「国内避難民（ＩＤＰ）と国連」（外務省編『外務省調査月報』二〇〇三 No.1、二〇〇三年）

墓田桂『国内避難民の国際的保護——越境する人道行動の可能性と限界』勁草書房、二〇一五年

Cohen, Roberta. and Deng, M. Francis. *Masses in Flight: The Global Crisis of Internal Displacement*. Washington D.C.: Brookings Institution Press, 1998.

Kälin, Walter. "Internal Displacement." In *The Oxford Handbook of Refugee & Forced Migration Studies*, edited by Fiddian-Qasmiyeh, Elena. Loescher, Gil. Long, Katy and Sigona, Nando. Oxford: Oxford University Press, 2014.

Loescher, Gil. *The UNHCR and World Politics: A Perilous Path*. New York: Oxford University Press, 2001.

Phuong, Catherine. *The International Protection of Internally Displaced Persons*. Cambridge: Cambridge University Press, 2004.

第10章

国内避難民救援機関とは何か

堀江正伸

前章では、冷戦終結後の1990年代初頭よりの国内避難民（IDP）急増が、どのように新たな国際社会の問題となったか、またIDP支援、保護の国際的な規範の誕生の過程を概観した。

しかしながら、国際場裡での議論や規範の整備だけでは実際にIDPを保護、支援することはできない。IDPを保護、支援する制度的枠組みが必要なのだ。そこで、国際社会は、規範整備に関する議論と並行して、実際の保護、支援のための制度作りにも取り組んできた。しかしその取り組みは、当初目指したIDPの保護、支援という議題から離れ、国際的な人道支援のあり方全般に影響を及ぼすこととなっていった。そこで本章では、IDPへの保護、支援の仕組み作りの過程を振り返り、それがどのように人道支援全体の議論となっていったのかを考察してみたい。

1990年代初頭にIDP問題が国際社会で注目を集めるようになって以降、現在までに1992年、1997年そして2005年と三回の人道支援改革が行われてきた。

１９９２年の改革は、前年12月19日に採択された総会決議46/182によるものである。具体的にどのような改革が含まれていたかには後ほど触れるが、一言で表せば決議の題名にもあるように、人道支援を担当する各機関が協働（調整、共同作業）[1]することを促進することが主眼であった。[2]国際社会がクルド人の苦境をめぐって「国内にいる難民」をどのように保護、支援するかが問題になったことはすでに紹介したが、その際「国境」という概念をその事務所規程に色濃く含むＵＮＨＣＲが、どのように彼らに手を差し伸べるかが問題になったのであった。

この状況は、ＩＤＰの保護、支援は国内問題であり、そもそも国際的な問題に対処するために設立された国連による人道支援が想定していなかった問題であったということを示している。しかし、クルド人のケースは、避難していた人々が国外へ越境する意志を持っていたこと、また政治的な理由で彼らを国境の内側で支援することが決まったことからＵＮＨＣＲが保護、支援を主導するものと考えられたのかもしれない。しかし、根本的な問題は、冷戦期間中の国際政治の構造において抑えられていた人道危機が冷戦終結と共に噴出し、どうにか東西両陣営が独自の支援を行っていたような危機においても従前の支援メカニズムが作用しなくなってしまったということである。

国連は、後にこのような人道的危機を「複合的で複雑化した人道危機」と呼ぶようになるが、想定していなかった危機に対処するためには、独自に活動をしていた国連各人道支援機関や、各赤十字機関、ＮＧＯなどの国連外の人道支援機関との協働が必須であると考えたのである。

１９９２年の改革においては、まず自然災害への国連の対応において支援機関間の調整役を担っていた国連災害調整官（Disaster Relief Coordinator）の職務に、複合的な災害における業務を追加する形で国連緊急調整官（Emergency Relief Coordinator：ＥＲＣ）が任命された。ＥＲＣの業務には、ＩＤＰの保護、支援のようにそれを主管とし対応する支援機関が不在の場合において、各支援機関の協働を調整する役割が加えられた。さらに、ＥＲＣの業務を補佐する事務所である国連人道問題局（Department of Humanitarian Affairs：ＤＨＡ）が、従前自然災害のみを活動対象としていた国連災害調整官事務所（Office of the United Nations Disaster Relief Coordinator）に紛争などへの対応業務を付け足す形で改組された。

さらに、国連システム内外の支援機関間の連携を図るために、様々な人道的問題を多くの主体が話し合い、問題意識を共有し、共通の意思決定を行うために常設機関間委員会（Inter-Agency Standing Committee：ＩＡＳＣ）が設立された。ＩＡＳＣのメンバーとしては、国連人道支援機関のほか、世界銀行、国際赤十字委員会、国際ＮＧＯが構成するグループ二つが招聘された。

また、この改革以前、支援機関は人道危機が発生する都度、個別に出資国へ資金要請を行っていたが、出資国への情報提供を一括して行おうとする総合アピールプロセスが発足した。人道危機が発生した時点で、『フラッシュ・アピール（Flash Appeal）』と呼ばれる文書、長期に及ぶ人道危機においては『人道活動年間計画（Humanitarian Action Plan）』を発行する。それらは、特定分野における情報だけではなく、人道危機が発生した原因の分析なども含め多岐にわたる分野の情報を網羅し、国際社会の注目を促すことを目的としている。

さらに、複合的人道危機においては、各支援機関が人道危機発生後、迅速に活動を開始することが求められた。そこで、出資国からの資金に頼る支援機関が、出資を待たずに活動が開始できるよう、

国連内に支援機関が使用できる基金が設置されることとなった。中央緊急貸与基金と呼ばれるものである。(3)

これらが1992年の改革で新たに導入された制度であり今日まで継続されているが、最後に一点指摘しておきたい。1992年改革の主目的は、急増するIDPの保護、支援と人道支援全般との関係である。1992年改革により整備された制度は、自然災害の被害者など人道的問題を広く網羅している。IDP問題への対処を、従前の人道支援の枠組みを改革することで行おうとしたのであるから、当然のことなのかもしれない。しかしIDPへの国際的な保護、支援への取り組みは、他の人道支援制度と統合されて検討されたことにより「難民と同じような支援、保護がIDPに対しては行えない」という当初の問題意識を超越した広い範囲で検討されるようになっていったのである。

1997年、国連はさらなる人道支援改革を開始した。その発端となったのが、同年7月に事務総長が国連総会議長に提出した『国連の見直し――改革計画(Reviewing The United Nations: A Programme for Reform)』という文書である。この1997年改革にて、それまでの四分野であった国連の主要な役割に人道支援が加えられ五分野となった。(4) このことからもわかるように、人道支援は1992年改革後も国際社会の問題としてその重要性を増し続けていた。その背景としては、旧ユーゴスラビア解体の過程で発生した紛争(1991年〜)やルワンダにおける虐殺の発生(1994年)があり、IDPの増加に歯止めがかかっていなかったことがあったことが挙げられる。

1997年改革は、ERC設置から5年が経ち、より強固な協働調整能力を発揮できる環境を整備することを含んでいた。そのため、1992年改革で設立されたDHAにより強い権限、人員、予算を付与し、ERCを長とする新しい事務所を設立することが推進された。しかし、このプロセスは難航した。それまで長きにわたって独立性を持って業務を行っていた各支援機関の賛同を得られなかったのである。

1992年改革後も、IDPの支援、保護のための制度整備に関する議論は続いていた。検討された案には、戦争の被害者支援を全般にわたって行う新しい機関をUNHCR、国連児童基金（United Nations Children's Fund：UNICEF）、DHAが関わっていた緊急支援業務を統合する形で設立する案や、UNHCRを改組し戦争被害者全般を扱えるようにする案などもあった。しかし、それら新機関の保護対象者にはIDPのみならず移動していない人々を含んでいたため、内政介入を危惧する国々からの賛同を得ることができなかったのである。

反対する国々の問題に加えて、国連内部でも新機関設立ということについて意見がまとまらなかった。国連内で平和維持活動局（Department of Peace Keeping Operations：PKO）に次いで二位の予算規模で活動する国連世界食糧計画（World Food Programme：WFP）は、新機関がWFPの対抗機関になりかねないとして不支持を表明した。また、UNICEFも、子どもの代弁者としての独自の役割が新機関に奪われることに危惧を抱き、新機関設立に反対した。UNHCR以外の機関の支援対象者の多くは、IDP問題が1990年代初頭に国際問題として取り上げられる以前より実はIDPだったのである。さらにIDPの保護、支援の主管機関として最有力候補として検討されることの多かったUNHCRも、IDP支援には慎重であった。それは、出資国の国益に繋がらない場所でのIDPの保護、支援活動への予算が集まる見込みが立たなかったからである。

これらの議論の結果、当初１９９７年改革で計画された、より強い権限を持ったＥＲＣやその実働を担うＥＲＣ事務所設立では妥協が繰り返され、結局、人道問題調整局（Office for the Coordination of Humanitarian Affairs：ＯＣＨＡ）の設立ということで決着を見たのである。(5) しかしＯＣＨＡの業務は、当初予定されていた政策決定、アドボカシー、協働の調整といった業務から、実質情報収集といった限定的なものとなった。

本章では１９９０年にＩＤＰ問題に対処するために行われた人道支援改革のうち、１９９２年改革と１９９７年改革について見てきた。改革の過程においては、ＩＤＰへの人道支援を自然災害等の被害者への人道支援と合わせて対応するという試みや、紛争に起因するＩＤＰだけを扱う機関を新設すべきだという意見、ＵＮＨＣＲの保護、支援対象者にＩＤＰも追加するべきだという見解など、様々な選択肢が議論された。また、国連人道支援各機関は、それまで保持してきた独立性が侵されることや、出資国との関係をはじめとするすでに構築されている業務システムを変更することを余儀なくされるといったことに懸念を抱いた。このように議論が広がりを見せたことは、ＩＤＰ問題が単にＩＤＰをどのように支援、保護するかという問題に留まらず、国際的な人道支援のあり方そのものにまで影響を与える議論となっていったことを示している。

さらに重要な点は、ここまで見てきた二度の制度改革を経ても、国際社会はＩＤＰへの支援、保護に対して十分な結果を残せなかったということである。１９９７年以降もＩＤＰは世界各所で増え続け、その保護、支援はより困難さを増していった。特に２００４年に発生したスーダン西部ダルフール地方におけるＩＤＰの大量発生、彼らの保護、支援が直面した困難は、人道支援制度に再び改革を迫ることとなったのである。

三回目の改革は、２００５年に国連、出資国、赤十字関係者など複数の関連機関が共同で行った調査結果である『人道的対応の見直し（Humanitarian Response Review）』[6]がＥＲＣより国連総会へ提出されたことを契機に行われることとなった。改革の最大の成果は、クラスター・アプローチと呼ばれるシステムの導入であり、今日まで国際的人道支援の主要なメカニズムとなっている。そこで、次章においては、クラスター・アプローチを少し詳しく検証することで、今日の国際人道支援がどのように行われているかを見てみることとする。

注

（1）英語のCoordinationは、整合、共同作業と訳されることが多いが、ここでは異なる機関間が連携して活動を行うという意味で使われているため、「協働」という語を使用することとする。
（2）国連総会決議46/182は、「国連の人道緊急支援の調整強化（Strengthening the coordination of humanitarian emergency assistance of the United Nations）」と題されている。
（3）英語名は、Central Emergency Revolving Fund（CERF）である。１９９７年には貸付から譲渡に変更され、名称も中央緊急対応基金Central Emergency Respond Fund（CERF）と変更された。
（4）従前より主活動分野とされていたのは、国際平和、経済社会、国際法、人権の4分野であった。
（5）ＯＣＨＡの出版物、ホームページでは、１９９２年のＤＨＡ設立をもってＯＣＨＡの設立としている。
（6）日本語による題名は、筆者の翻訳による。

参考文献

赤星聖「国連人道システムの発展と国際連合——国内避難民支援における機関間調整を事例として」（日本国際連合学会編『国連研究』第一五号（グローバル・コモンズと国連）国際書院、二〇一四年）

副島知哉「国内避難民の保護とＵＮＨＣＲ——クラスター・アプローチにみる政策決定過程」（墓田桂／杉木明子／池田丈佑／小澤藍編『難民・強制移動研究のフロンティア』現代人文社、二〇一四年）

中満泉「国連人道問題調整室（ＯＣＨＡ）」（内海成治／中村安秀／勝間靖編『国際緊急人道支援』ナカニシヤ出版、二〇〇八年）

Humanitarian Response Review Team of Consultants, *Humanitarian Response Review: Commissioned by the United Nations Emergency Coordinator and Under-Secretary-General for Humanitarian Affairs*. UN, 2005.

OCHA. *OCHA on Message: General Assembly Resolution 46/182*, 2011.

Russell, Simon. and Tennant, Vicky. "Humanitarian Reform: From Coordination to Clusters." In *The Oxford Handbook of Refugee & Forced Migration Studies*, edited by Fiddian-Qasmiyeh, Elena. Loescher, Gil. Long, Katy and Sigona, Nando. Oxford: Oxford University Press, 2014.

UN General Assembly. *Reviewing the United Nations: Programme for Reform (A/51/950)*. UN, 1997.

Weiss, G. Thomas. and Korn, A. David. *Internal Displacement: Conceptualization and its Consequences*. Oxford: Routledge, 2006.

第11章

保護クラスターをめぐる国際人道支援機関

堀江正伸

2003年に発生したスーダンのダルフール紛争、2004年に発生したスマトラ島沖地震においては、人道支援の遅延が指摘された。そこでERCは、4人の異なる機関での勤務経験を持つ人道支援専門家に国際的な人道支援システムを調査、評価することを依頼した。背景には、各人道支援機関が一丸となって対応するということにいっそうの努力が必要なこと、ケースにより支援にばらつきがあるという指摘があった。

調査の結果は、『人道的対応の見直し』[1]という文書にまとめられた。文書にて指摘、推奨されていることは多数にのぼるが、ここでは三点に整理しておきたい。

一点目は、国連機関と赤十字、NGOといった国連以外の機関との協働をさらに促進させることである。そのためまず、各々の対応能力を把握することの必要性が指摘された。

第二点目は、各人道支援分野を主導する機関の責任を明白にするということである。2005年以前にも主導機関が分野ごとに定められていたが、その責任が必ずしも明確ではなかった。また、特に国内避難民（ＩＤＰ）の保護、支援に関しては分野横断的な懸念が多いため、各分野の責任を再確認することが促されている。

第三点目は、保護の分野の強化である。文書は、ダルフールの例を挙げ、各人道支援機関の保護の捉え方、その対応に格差があることを指摘している。そのうえで、ＩＳＡＣに対して、特にＩＤＰの保護に関して主導機関を定めるよう勧告している。

これらの指摘を受けて、ＩＡＳＣは新たな人道支援メカニズム作成を開始した。その結果は、今日の国際的な人道支援のもっとも基本的な枠組みとなっているクラスター・アプローチとして体現されることとなった。クラスター・アプローチの主な目的は、今まで必ずしも責任分担が明らかでなかった分野も含めて人道支援全体を見直し、それをクラスターと呼ばれる業務区分に再編、さらに各業務区分の最終責任機関を明確にすることであった。従前、人道支援が必要な事態が発生した際、機関間の協議に時間を要したり、資金状況や支援の困難さによっては保護、支援をためらったりする機関もあったことを解消しようとするものであった。特にＩＤＰの保護、支援においては、その発生原因が様々なこともあり、責任の所在が曖昧にされがちであったのである。

図1は、クラスター・アプローチによって再編された人道支援分野と、その主導機関である。クラスターには世界レベルと国レベルが置かれている。[2] 世界レベルでのクラスター間調整はＥＲＣが、国レベルにおいては国ごとに任命されている人道調整官（Humanitarian Coordinator：ＨＣ）がその任務を行うこととなった。そのため、２００５年改革には、このＨＣの調整権限を広げることも盛り込まれ

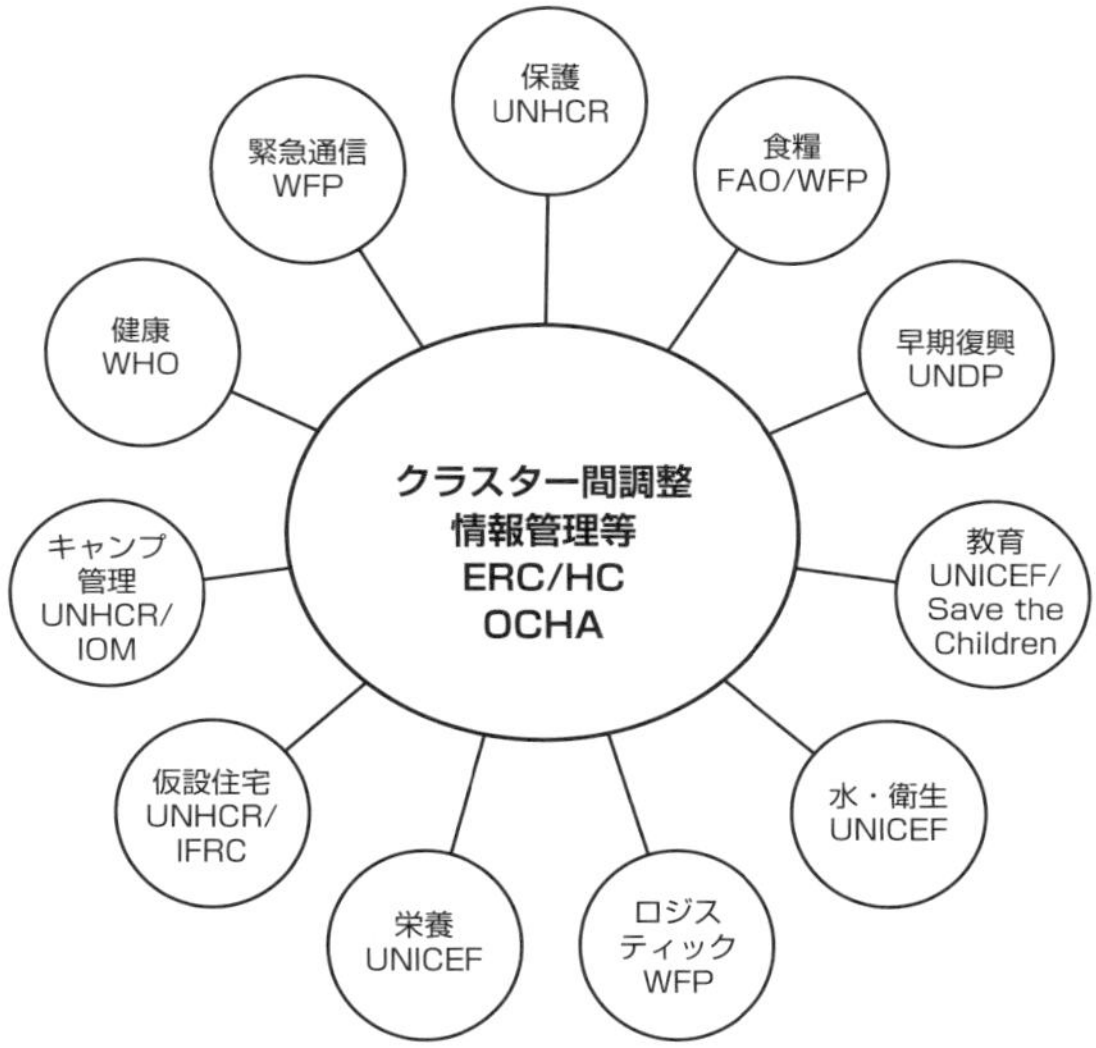

図1　クラスター・アプローチ

出所：OCHAウェブサイトを参考に筆者作成

ていた。

このクラスター・アプローチに基づいて、各クラスターは主導機関のもと、各種調査結果、活動予定、結果報告などの情報共有を強化していった。また、国レベルや実際に活動が行われている現場レベルではクラスター間会議も行われ、HCの監督のもとOCHAがその調整役を担っている。また、世界レベルでも、各国の危機状況や支援に関する情報、政策文書や研究結果もクラスター内で共有されるようになった。

このクラスター・アプローチであるが、現在までに二回の評価が行われている。評価では、クラスター内での情報管理や、類似支援の重複防止などに成果が挙がっていることが報告された。このことは、人道支援従事者として筆者も実感するところである。その一方、全クラスターが共通で使用する統一様式や、報告システムの遅れが指摘された。さらに、地元にて人道支援を必要とする事態が発生する以前より活動しているNGOや市民レベルの活動団体は、国際的な人道支援の制度に馴染みが薄く、当該国や現地でクラスター・アプローチが始動されても取り残されるケースがあるといったことも今後の課題であろう。

さて、図1からわかるように、クラスター・アプローチでは保護という業務分野が設定されている。保護クラスターの主導機関は、UNHCRである。第8章表1「UNHCRが保護／支援している人々」で紹介した通り、今日UNHCRが保護／支援するIDPの数は、その本来の保護／支援対象者である難民を上回っている。UNHCRのIDP保護への関わりは2005年に急増するが、それは同機関がクラスター・アプローチで保護クラスターの主導をすることになったことによる。

それでは、保護クラスターの業務とはどのようなものだろうか。食糧、健康などクラスターの業務と比してイメージが湧きにくいのではないだろうか。そもそも、人道支援関係の文書などでも、何の説明もなく突然「保護と支援」という語句がセットで使われることが多い。しかし、別々に標記されているということは、保護と支援は違うということを意味している。

保護と支援を、「恐怖からの自由、欠乏からの自由」と表現される人間の安全保障に当てはめて説明する研究者もいる。つまり、保護は恐怖から人々を守ることで、支援は欠乏、つまり物資や基本的なサービスの欠如を補うものであるという説明である。

また、1990年代当初その増加が顕著となったIDPと比較されることが多い難民の保護を難民条約の中に見てみると、難民が保護を求めた国つまり庇護国の国民と同じ待遇を与える事項と、他の外国人と同等の待遇を与える事項がある。[3] 前者には配給、初等教育などの権利の保障があり、後者には賃金労働、財産保有等に関する権利の保障がある。その他、身分証や旅行証明の発行なども難民の保護に含まれる。これらの保護は、難民条約前文にも記されている通り1948年に国連総会にて承認された世界人権宣言に基づくものである。つまり、簡単に言えば、「難民の人権保護」ということになる。保護の主体は難民を受け入れた庇護国家であり、UNHCRは他の人道支援機関と連携し庇護国家をサポートする。

これをクラスター・アプローチに当てはめると、その中心で調整や協働を促す機関としては、難民の保護、支援の場合におけるUNHCRにかわりOCHAがある。そのため、UNHCR主導の保護クラスターが何を業務としているのかがわかりにくくなっているのである。また、保護を担当する支援機関に勤務する者の間でさえ、場所やケースにより保護に対する見解が相違していることも指摘されている。

保護の定義で一般的にもっとも広く用いられているのは、1999年に赤十字国際委員会主催のワークショップで合意されたものである。それは「保護の概念は、関連する法（つまり人権法、国際人道法および難民法）の文言と精神に従い、個人の権利の十分な尊重を確保するための全ての活動を含む」というものである。ワークショップにはIASCメンバーも参加しており、また保護クラスターもこの定義を使用している。

関連する法のうち、難民法（条約）はすでに見た通り庇護国の国家主権をもって個人（難民）の人権を保護しようとするものである。また、国際人道法は基本的には、紛争主体による特定の行為を禁止する規程を含むものである。よってこの文脈で言う保護とは、人権の保護を主眼としていることとなる。

しかしながら、保護を「権利に基づく全ての活動」とすると、その活動は広大である。食糧、教育、健康などは全て人権の問題でもあり、保護の範疇に入ることとなる。すると、それぞれの分野を専門的に扱う食糧、教育等のクラスターと保護クラスターとの業務分担が曖昧になってしまう。と同時に保護クラスターの業務が多くのクラスターと関係することは、全体調整の二重化、つまりOCHAによる調整との重複を起こす懸念がある。さらに、国連内には人権に関する事項を専門に扱う、人権高等弁務官事務所（Office of the United Nations High Commissioner for Human Rights：OHCHR）もある。IDPの保護、支援に関する議論の対象が、IDPだけではなく全人道支援対象者に拡大したのであれば、そもそもその保護対象者に「移動」という縛りのないOHCHRが担当するのが適当だという見方もできよう。

2016年、IASCは保護を説明する新たなパンフレットを発行した。その名称は『保護——結局何なのか（*Protection: What Is It Anyway*）』であり、保護が意味するところはクラスター・アプローチが発足して10年余りを経た今日においてもいまだに曖昧であることを窺わせる。[4] このパンフレット他で説明されているIASCによる説明や、現在保護クラスターが行っている業務を分類すると、保護業務は次の二点に要約できよう。

まず一点目としては、保護を人道支援の目的とするというものである。前出のパンフレットは、「保護は、人道支援の中心的な目的である」とする。つまり人道支援は、人々の権利が脅かされている分野に対して支援を行うことで、人々の脆弱性の軽減を図り保護を確保するとするものであるという説明である。たとえば、ある暴力の行使、政治弾圧などの被害に遭った人々の安全を確保したり、そのような状況から復興するのを援助したりする際、人々のどのような権利が脅かされているのかを分析し、その分野における人道支援を展開するというものである。つまり、人道支援の立案段階において、保護の視点を用いるということである。

二点目は、保護の主流化（Protection Main Streaming）と呼ばれているものである。これは人道支援を行うに当たって、活動中に弱者に対する配慮がされているかなどの保護的要素を取り入れるというものである。さらに、人道支援が危機的状況を却って増幅させていないか、保護的視点で確認する。つまり、人道支援の実施段階における保護の視点の適用とすることができる。

確かに保護や権利の視点は、人道支援が必要とされている分野を明らかにし、また人道支援がより人々の脆弱性を改善するための努力において基準となり得るであろう。今後は、保護の概念をよりいっそう明確化、標準化すること、それを他のクラスターとの協力のもとどのように実際の人道支援活動に反映させていくかを明確化することが必要となるのではなかろうか。

最後に、クラスター・アプローチにより、ＩＤＰの保護、支援において改善された点を二つ挙げておきたい。

まず、クラスター・アプローチが採用されたことで、各支援機関が担う役割つまり存在意義が、実情に沿った形で一斉に認識し直されたということである。ＩＤＰの保護、支援に関する規範、制度構築のプロセスにおいては、支援機関の間で競り合いのようなことが生じたことを述べた。その根底には、支援各機関は、人道支援が必要である分野を考慮したうえで一斉に設立されたわけではないということがある。各支援機関は、必要性に応じてではあるものの、その時々の国際政治情勢を背景として個々に設立されてきた。そのような各支援機関の設立の経緯の相違が、支援機関同士の協働の妨げとなっていた面は否めなかったのである。クラスター・アプローチは、この各支援機関の間にあった壁を低めたと言えるであろう。

もう一点は、クラスター・アプローチがＩＤＰだけに採用されるわけではなく、広く人道支援一般に適応されるという点である。ＩＤＰだけを対象にするということは、つまり「移動」したという事実をもって支援の対象か非対象かを選別することである。クラスター・アプローチが保護、支援対象を限定しないことは、何らかの理由で移動を希望しない、または移動できない人々が人道支援から除外されるというリスクの低下に繋がっているのである。それは、同時に保護、支援を受けるために移動を強いてしまうという懸念を軽減したとも言えよう。

第３部（第８章から第11章）においては、１９９０年代初頭より国際社会の課題となったＩＤＰの保護、支援に向けた規範や制度の整備がどのように進展してきたかを説明した。しかし、その過程で人権、保護といった概念が注目されたことにより、問題は単にＩＤＰの保護、支援に留まらず、人道支援全体の改革へと発展していった。そればかりか、ＩＤＰの支援、保護に関する国際的な議論は、主権国家のあり方や、国際社会の主権国家への介入の是非を問い直すものとなった。つまり、ＩＤＰ問題は、それに対処しようとする国際的な取り組みを通して単に、人道支援の一分野として留まることなく、国際関係の基礎となってきた概念を揺さぶる議論にまでなっていったのである。

注

（1）'Humanitarian Response Review'という文書。日本語題名は、筆者の翻訳による。

（2）一国内で複数のクラスター・アプローチが実施されている場所もある。

（3）外国人と同等の権利には、最恵国待遇と一般外国人に与える権利の二種類がある。

（4）同パンフレットにおいても、保護の定義は１９９９年に赤十字国際委員会のワークショップで合意されたものが使われている。

参考文献

上野友也『戦争と人道支援――戦争の被災をめぐる人道の政治』東北大学出版会、二〇一二年

副島知哉「国内避難民の保護とＵＮＨＣＲ――クラスター・アプローチにみる政策決定過程」（墓田桂／杉木明子／池田丈佑／小澤藍編『難民・強制移動研究のフロンティア』現代人文社、二〇一四年）

中満泉「国連人道問題調整室（ＯＣＨＡ）」（内海成治／中村安秀／勝間靖編『国際緊急人道支援』ナカニシヤ出版、二〇〇八年）

墓田桂『国内避難民の国際的保護――越境する人道行動の可能性と限界』勁草書房、二〇一五年

Global Protection Cluster, *Protection: What Is It Anyway*. 2016.

Humanitarian Response Review Team of Consultants, *Humanitarian Response Review: Commissioned by the United Nations Emergency Coordinator and Under-Secretary-General for Humanitarian Affairs*. UN, 2005.

OCHA. *Annual Report 2016*. http://www.unocha.org/annualreport/2006/html/part1_humanitarian.html（Accessed on April 19）

OCHA. *Cluster Approach*. http://www.unocha.org/what-we-do/coordination-tools/cluster-coordination（Accessed on April 18, 2016）

4 難民の社会統合

祖国から離脱することになった難民は、どのように移住先の国で新たな生活を送ることになるのだろうか。第４部では、難民の社会統合にまつわる課題を見る。難民は、受け入れ国の様々な社会制度を通じて、受け入れ社会に統合していくことになる。ここでは社会統合を法的局面（法的地位）、経済的局面（就労）、教育的局面（教育達成）、社会文化的局面（ジェンダー規範）に区分しつつ、それぞれの局面ごとに、難民がどのように社会統合を達成していくのか、またその際の課題とは何かを探り出す。社会統合を多面的に捉えつつ、難民受け入れのあり方を考えてみたい。

第12章

難民受け入れと法的保護
法的地位の多様化と階層化

人見泰弘

難民とは、自らの安全、自由、尊厳が脅かされたために、他国に逃れざるを得なかった人々だ。では、難民はどのように移住先の国で新たな生活を送ることになるのだろうか。

第4部のテーマは、難民の社会統合である。UNHCRは、難民問題の恒久的解決（durable solution）として、難民の本国帰還、第一次庇護国での定住、第三国への再定住を提示している。しかし、難民出身国の政治情勢は容易に改善しないことから難民の本国帰還が実現することは稀であり、多くの難民は異国での滞在を余儀なくされている。難民の大半は発展途上国で受け入れられており、厳しい入国管理を経て、一部の難民のみが欧米諸国などの先進国で受け入れられている。難民は、様々な社会制度を通じて、受け入れ国で生活していくことになる。

本論に入る前に、まずは社会統合という用語を確認しておこう。移民や難民の社会統合をめぐる研究では、社会統合は幅広い内容を指す概念として用いられている。さしあたり本章は、ディヴィッド・バートラム（David Bartram）らの定義を参照しつつ、次のように社会統合を定義づける。すなわち社会統合とは、受け入れ国において難民が社会的メンバーシップ（social membership）を獲得し、重要な社会制度に参加する能力を高める過程と考える（Bartram et al 2014：83-87）。たとえば、経済局面においては、難民がネイティブと対等の条件で労働市場に参入できるのならば、社会統合は進んだと捉えられよう。政治局面においては、ネイティブと同様に政治制度に参加できるのならば、難民の統合が進んだと言える。このように難民が受け入れ社会の諸局面において、難民という地位から派生する排除を経験しないとき、社会統合が進展したと捉えることになる。

こうした定義を踏まえつつ、受け入れ国の法的局面、経済的局面、教育的局面、社会文化的局面という四つの局面に注目し、難民の社会統合の現状と課題を見ていくことにしよう。

難民の社会統合を捉えるうえで、まずは法的局面に焦点を当てる。他国にたどり着いた難民は受け入れ国で法的保護を求めることになる。ここで言う法的保護とは、難民が受け入れ国で滞在可能となる法的地位を享受することを指す。多くの場合、難民は受け入れ国政府に対して難民としての保護を申請し、認定審査を受けることになる。難民申請という制度を通じて、難民は法的地位の享受の可否を決定される。

ところで、法的地位は、在留の可否を示す「法的資格」を意味するだけのものではない。同時に、「権利の集合体」としての機能も併せ持つ。すなわち、法的地位には様々な権利が付随する。言論や宗教の自由などを含む公民的権利、投票権や被選挙権などを含む政治的権利、教育や社会保障などを含む社会的権利などはその代表例である。法的地位を享受するということは、その地位に付随する権利を享受することでもある。

冷戦崩壊後はとりわけ顕著なことだが、受け入れ国政府は難民に対してより厳格な対応をとりがちになっている。そこには、受け入れ国政府が難民に寛容な対応をとることで、さらなる難民流入を引き起こすのではないか、テロリストが難民を装って入国し、自国の安全が脅かされるのではないかといった懸念がある。さらに、世界各地で拡大しつつある極右政党の活動や、移民や難民に対するヘイトスピーチも、受け入れ国政府が難民の受け入れをためらう原因の一つだ。社会の安全や文化摩擦などを背景に、受け入れ国政府は難民受け入れに慎重な姿勢を示している。

難民受け入れが厳格化する中で、難民に対する法的処遇は、冷戦崩壊後に大きく様変わりした。難民たちの法的地位を見ると、彼らが享受する法的地位の多様化が進んでいるのである。すなわち、国際法に基づく難民の地位だけではなく、人道配慮に基づく人道的地位、そして難民申請者という地位の人々が目立つようになってきた。

まず、国際法に基づく難民としての地位である。これは1951年の「難民の地位に関する条約」（難民条約）に基づいて付与される法的地位であり、条約上の難民と認定されることで国際法に基づく国際保護を受けることができる。難民旅行証明書が付与されるほかに、難民は就労や社会保障、家族呼び寄せなどに関して受け入れ国の人々と同等の法的待遇を受けられる。

ところが、近年は難民としての地位とは別に、人道的配慮などをもとに各国政府が独自に法的地位を付与することが目立つ。欧州で実施されてきた一時保護（temporally protection）や日本の人道的配慮に基づく法的地位がこれに該当する。これらは難民条約という国際法に基づく保護ではなく、受け入れ国が独自に基準を設けて付与する法的地位である。それゆえに国家の裁量によって、法的地位の付与基準や権利内容が決定できる。実際には、難民という法的地位よりも享受できる権利が縮小されることが多く、滞在期間に期限が課せられたり、社会保障の受給権や家族呼び寄せなどが制限されたりしてしまうのである。難民が疾病や失業などで生活に困窮したり、海外に残した家族と再会できないなどの問題が生じることとなる。

さらに今日、難民申請者の処遇にも焦点が当たる。難民として保護を求める人々は増えつつも、実際に保護を受けられる人々は限られる。彼女/彼らは本国に帰還することはできず、保護が受けられるまで受け入れ国に滞在し続けざるを得ない。国内で保護を待ち続ける人々の社会的な存在が顕著となり、本来は「難民認定結果を待つ者」という難民申請者の身分が、今日では一つの法的地位であるかのように機能するようになった。しかし、難民申請者は、あくまでも正規の法的地位を享受する以前のプロセスに留め置かれた人々だ。難民申請者は就労許可がなかったり、社会保障が受給できなかったりするなど、待機中に行使可能な権利は大幅に制限されている。難民申請者という法的地位は決して安定したものではなく、偽装難民対策といった名目で、難民申請者の生活基盤がさらに揺るがされることもある。常に彼らが享受できる権利は縮小・削減の圧力を受けている。

このように難民として保護を求める人々は、国際条約に基づく難民の地位、国際条約に基づく保護は享受できない人道的地位、そして難民申請者に類別されることになった。もちろん、これらの類型は、あくまで理念型である。受け入れ国によっては、人道的地位や難民申請者の法的地位は、より細分化されている。日本の難民政策において、人道的配慮による法的地位として「定住者」と「特定活動」の二種類の在留資格が導入されており、享受できる権利内容に差がつけられていること（人見 2008：115）、難民申請者についても、申請理由に基づいて審査過程を区分し、難民申請者の法的地位を多様化するようになったことは、その実例である。それぞれの法的地位は、さらなる地位の細分化と多様化が進む可能性を常に秘めている。そしてまた、これらの法的地位それぞれが内包する権利の「厚み」が異なることを見逃してはならない。難民という法的地位を基準に見れば、人道的地位や難民申請者が享受できる権利は、それぞれさらに縮小されている。法的地位が多様化することは同時に、難民の間での権利の階層化が進んでいることを物語っている。

ではなぜ、こうした法的措置が進んでいるのだろうか。一つには、強制移動の複雑化がある（Zetter 2007）。以前よりも強制移動の原因やパターンが多様化しており、難民条約が想定してきた事態に必ずしも当てはまらなくなっている。強制移動の多様化を反映する形で、法的地位のカテゴリーの多様化が進んだ。二つ目に、法的地位の多様化は、とりわけ先進国の利害を反映している。難民条約に基づく保護ではなく、国家裁量で法的地位を付与するようになったことは、国家が難民条約という国際条約の法的影響力を抑制する意味合いがある（Zetter 2007, 人見 2008）。人々を難民として認定することは、受け入れ国政府に対して国際条約が規定する条件や水準を遵守する義務が発生することでもある。しかし、国家裁量に基づく処遇であれば、こうした国際的な拘束力はひとまず回避できる。誰をどのように受け入れるのかを決定する国家主権を保持するために、多くの受け入れ国政府は法的地位の多様化を進め、国際法上の難民とは異なる法的地位での処遇を拡大しているのだ。

さらに、法的地位は、難民の受け入れ国での入国の可否を決定するだけのものではなく、受け入れ国におけるその後の難民の移住過程をも規定する（人見2008）。確かに、難民としての法的地位を享受できたならば、国際法に基づいた諸権利の享受が可能となる。家族呼び寄せや社会保障の受給資格なども得られるだろう。ところが、一時保護や人道配慮といった難民の地位よりも権利が「薄い」法的地位が付与されてしまえば、難民の社会生活は様々な法的制約を受ける。家族呼び寄せの権利が付与されなければ、難民家族は離散したままとなり、家族の精神的苦痛が消え去ることはない。就労の権利を付与されなければ、生計を立てることができず、難民はたちまち生活に困窮する。教育の権利が保障されなければ、難民の子どもの将来は不安定なものになってしまう。難民の受け入れ国における移住戦略はどのような権利を伴う法的地位を享受できたかによって大きく左右されてしまう（人見2008）。難民が諸権利を制約されたまま受け入れられたとすれば、彼らの社会統合は構造的に阻害され続けてしまうだろう。

難民の法的地位は、難民受け入れの入国局面のみならず、受け入れ国でのその後の居住局面をも左右する。難民が受け入れ国の社会に参加する能力を高められるのかどうかは、彼らに付与される法的地位に大きく依存することになる。近年の難民に対する制限的な対応は、難民の社会生活を今後も制約するおそれがある。迫害のおそれから逃れてきた難民の人権を保障し、受け入れ国における難民の社会統合を進めるうえで、長期的な視野に立った法的処遇が求められる。

参考文献

人見泰弘「難民化という戦略——ベトナム系難民とビルマ系難民の比較研究」（『年報社会学論集』第二一号、一〇七〜一一八、二〇〇八年）

Bartram, David, Maritsa V. Poros and Pierre Monforte, *Key Concepts in Migration*. Sage, 2014.

Zetter, Roger, "More Labels, Fewer Refugees: Remaking the Refugee Label in an Era of Globalization." *Journal of Refugee Studies*: 20 (2): 172-92, 2007.

第13章

難民受け入れと就労

エスニック・コミュニティと経済的自立への道

人見泰弘

難民が迫害のおそれから逃れてきた人々と捉えられる理由の一つは、経済目的で移住する労働移民とは理念的に区別するためでもあった。しかし、難民もまた、労働移民と同じように移民労働力として受け入れ国に滞在することになる。難民は、どのように受け入れ国で生計を立てるのだろうか。難民の就労をめぐっては、彼らが受け入れ国において劣悪な労働環境に置かれ、低賃金の仕事につき、社会的下層に位置づけられてしまうのか。それとも、技術や能力を習得し、社会的な上昇移動を遂げることができるのかが問われてきた。

確かに難民は、受け入れ国で就労するときに様々な障害に直面してしまう。受け入れ国で人種差別を受けてしまえば、求める仕事に就けなくなってしまう。また一定の言語力を保持していなければ、就労可能な職種は限定される。そもそも受け入れ国に滞在するための法的地位を享受できなければ、就労自体が困難になってしまう。難民が入国前に正規の在留資格を持って移住することは稀であるため、難民申請によって法的地位を享受するまでは、非合法移民として就労自体が法的に禁止されてしまうこともある。このように難民は、ネイティブとは異なる障害を乗り越えて就労していかねばならない。ゆえに多くの難民は、低賃金で競争が激しく、解雇の可能性が高い不安定な職種で就労することが目立ってしまう。

しかし、難民は劣悪な労働環境から離脱しようと試みてきた。そこでは、難民が個人の能力だけではなく、エスニック・コミュニティから得られる資源を活用しつつ、経済的苦境に対応してきたことが知られている。以下では、エスニック・コミュニティの機能に注目しつつ、難民の経済戦略について見ていこう。

先行研究によれば、難民はしばしば特定の産業に集中して就労している。オーストラリアでは、旧ユーゴスラビア系難民はクリーニング産業に、エリトリアやスーダンなどのアフリカ系難民は食品加工業や警備産業で就労している（Colic-Peisker and Tilbury 2006）。日本では、ビルマ系難民が飲食業などのサービス産業に集中して就労していることが知られている（人見 2008）。難民は特定の産業にニッチ（隙間）を見出し、その産業に集中して就労先を確保してきた。

ではなぜ、難民は特定の産業で就労しがちになるのだろうか。一つの理由は、難民が同胞や家族、親族らのネットワークを介して就労機会にアクセスしていることにある。ここで言うネットワークは、繋がりを持つ人々に情報や機会を提供する機能を持つ。難民はネットワークを介して、エスニック・コミュニティの同胞に雇用に関する情報を紹介し続ける。その結果、特定産業への就労機会が同胞にのみ開かれ、同胞たちが特定産業に集中して就労し、エスニック・ニッチが形成されていくのである。

また難民たちのエスニック・ネットワークは、民族や宗教などの移住背景を共有する人々の間で広まりやすい。ゆえに、一つの産業が同じ民族の出身者で占められるという現象も発生しやすくなる。この特性を踏まえれば、出身国や民族、宗教別にエスニック・ニッチがそれぞれ形成されることも、決して珍しいことではない。難民はエスニック・コミュニティからの支援を得ながら、文化や制度が異なる受け入れ国で生活の糧を得ていくのである。

また難民は、基本的には法的地位を享受された後になるのだが、前章でも触れた法的保護の一部として、受け入れ国政府が提供する定住支援プログラムを享受することができる。日本でも、難民と認定された人々に対しては日本語教育、社会適応訓練や就労先の斡旋などが難民政策の一環として実施されている。受け入れ国によって定住支援プログラムの期間や内容は異なりつつも、難民に対する支援プログラムが基本的には組まれている。

こうした政策的な支援も活用しつつ、難民の中には、さらなる経済的自立を模索するものもいた。彼らは、エスニック料理店や雑貨店などの中小企業（small business）を営む自営業者の道を選び始めたのである。多くの難民を受け入れてきたアメリカでは、インドシナ戦争で離脱してきたベトナム系難民や旧ソビエト連邦からのユダヤ系難民が、定住支援プログラムを活用しつつ、同時にエスニック・コミュニティの同胞から事業に必要な資金や労働力を調達し、自営業者として生計を立てている（Gold 1992）。またマイアミに目を向ければ、祖国キューバの社会革命から逃れてきたキューバ系難民が、より大規模な経済領域を構築している（Portes and Bash 1985）。キューバ系難民コミュニティでは、飲食業に限らず、貿易業や製造業、医療機関や教育機関など多様な産業がキューバ系難民によって営まれている。そこでは正に、同胞がエスニック・コミュニティ内部で生活を完結できるほどの幅広い経済活動が見られる。こうした経済領域は、エスニック・エンクレイブと呼ばれている。エスニック・エンクレイブは包括的な経済領域であり、受け入れ国の経済領域の中でも「飛び地」のように存在するものだ。キューバ系難民は、エンクレイブの内部で同胞たちに就労機会を生み出し、独自の経済的上昇機会を提供することに成功している。難民たちは、コミュニティの活動を拡大させ、経済的な上昇移動を可能にしてきたのである。

しかし、前章で見てきたように、近年の難民受け入れの厳格化を踏まえると、祖国を追われた難民が起業し、エスニック経済を発展させることは決して容易なことではない。一つは、法的地位の不安定化がある。難民として法的保護を求める人々は増えつつも、実際に法的保護を享受できる人々の数は限られている。またそもそも享受できた法的地位が不安定な難民も数多く見られるのが実情だ。英国では、法的地位の不安定さが、なにより難民の経済的地位を不安定化させていると問題視されている (Bloch 2000)。ベルギーでの難民起業家調査からも、法的制約や資本不足などが難民の起業を阻害しているとされた (Wauters and Lambrecht 2008)。

さらに、これまで受け入れ国で実施されてきた難民に対する定住支援プログラムも、次第に縮小の傾向が強まっている。すでに見たアメリカのベトナム系難民やキューバ系難民が独自の経済領域を構築できた背景には、アメリカ政府の反共産主義政策を名目とした難民に対する定住支援プログラムの充実があった。しかし冷戦はすでに終了し、むしろ受け入れ国は支援内容の縮小や期間の短縮化を進め、難民に早期の経済的自立を求めている。さらに、前章でも触れた通り、難民に対する法的地位の多様化が進んでおり、難民の中で定住支援プログラムを受けられる人数が実質的に減少することにもなった。

またベトナム系やキューバ系が示したような難民独自の経済領域が発達した背景には、一定規模の難民コミュニティが受け入れ国に存在していたという事実があったことも見逃せない。それは一つに、難民コミュニティ自体が、難民たちが起業した事業の顧客となっていたからだ。難民たちのビジネスが提供する財やサービスに対して一定数の需要が社会に存在しなければ、難民たちのエスニック・ビジネスはそもそも成立しなくなってしまう。受け入れ国に新規に難民コミュニティの同胞が入国し続けていれば、難民たちが提供する財やサービスに対する継続的な需要が存在する。しかし、難民受け入れ国は難民の流入を厳格に管理しており、難民コミュニティが受け入れ国で拡大し続けることは望みづらい。難民たちのビジネスが成長する余地は限定的なものに留まるだろう。

とはいえ、受け入れ国は、難民が失業や貧困状態に陥り、社会福祉に依存することには強い懸念を抱いている。難民が社会的負担とならず、経済的自立を達成することは、政策的に大きな課題なのだ。

難民を取り巻く現状を踏まえると、難民が置かれた実情に合わせた社会統合政策が求められるだろう。たとえば、日本では、難民に対する定住支援プログラムは受け入れの初期段階に半年間だけ実施されるものが中心だ。しかし、難民は定住支援を受けたのちにも、日本社会で生活を送ることになる。現行では難民の定住支援を長期的にフォローするプログラムは十分に用意されていない。難民の就労に関する能力開発や技能訓練など、難民の経済的な社会統合を進めるためのプログラムの整備が必要になるだろう。

難民とは、政治的な迫害を受けるおそれから他国への移動を余儀なくされた人々であり、就労を第一の目的として移住してきた労働移民とは異なる人々だ。彼らの実情に合わせた統合政策を整備しつつ、難民の受け入れに取り組む必要があるだろう。

参考文献

人見泰弘「ビルマ系難民の労働市場——社会的ネットワークの再編成と職業ニッチ」（『現代社会学研究』第二一号、一九～三八、二〇〇八年）

Bloch, Alice. "Refugee Settlement in Britain: The Impact of Policy on Participation." *Journal of Ethnic and Migration Studies*: 26 (1): 75-88, 2000.

Colic-Peisker, Val, and Farida Tilbury. "Employment Niches for Recent Refugees: Segmented Labour Market in Twenty-first Century Australia." *Journal of Refugee Studies*: 19 (2): 203-29, 2006.

Gold, Steven J. *Refugees Communities: A Comparative Field Study*. California: Sage, 1992.

Portes, Alejandro and Robert Bach. *Latin Journey: Cuban and Mexican Immigrants in the United States*. Berkeley and Los Angeles, Berkeley: University of California Press, 1985.

Wauters, Bram and Johan Lambrecht. "Barriers to Refugee Entrepreneurship in Belgium: Towards an Explanatory Model." *Journal of Ethnic and Migration Studies*: 34 (6): 895-915, 2008.

第14章

難民受け入れと難民二世の教育

教育達成経路の多様化

人見泰弘

難民の社会統合を長期的に捉えるとき、難民二世の教育達成が一つのテーマとなる。難民コミュニティでは、他国から呼び寄せられた子どもや受け入れ国で生まれた子どもなど、多様な移住背景を持つ難民二世に出会う。難民二世は、受け入れ国でどのように教育を受け、成長していくのだろうか。難民二世は、教育課程を通じて知識や技術を習得し、受け入れ国の社会に編入していく。難民二世の教育達成は、受け入れ国でのその後の地位達成にも繋がる課題だ。そして難民二世は同時に、家族やエスニック・コミュニティから、母国の文化や習慣に関する教育をも受ける。難民二世が継承した母語母文化の程度によって、難民コミュニティの維持ないしは解体も決まってくる。難民二世の教育は、難民コミュニティの行く末を考える課題でもある。このように難民二世は、一方で受け入れ国の文化や制度を、他方で出身国の文化や制度を学び、成長していく。複数の文化環境に置かれつつ成長していくことは、難民二世の教育を捉えるうえでの重要な視点の一つである。

さて、移民研究では従来、難民や移民二世が世代を重ねる中で、言語や文化を学び、受け入れ国の社会に同化して親世代よりも高い地位達成を遂げると想定されていた。ところが、実際には高等教育に進学し、高い教育達成を遂げる難民二世もいれば、教育課程の途中で学校から離れてしまい、ドロップアウトしてしまう難民二世も見られる。難民二世の教育達成の度合いは多様であり、この分岐点を明らかにすることが求められてきた。

難民二世の教育達成を捉えるとき、移民研究における分節化された同化論 (segmented assimilation) の理論枠組みが参考になる。アレハンドロ・ポルテス (Alejandro Portes) らは、移民二世の教育達成の度合いが多様化することに対して、以下のように説明する (Portes and Zhou 1993)。そこでは、移民二世が受け入れ国のどのような社会階層に同化していくのかは、人的資本という個人的な要因だけではなく、編入様式 (mode of incorporation) と呼ぶ受け入れ国における制度的要因、そしてエスニック・コミュニティに依存するものとされた。ここで言う編入様式とは、受け入れ国による移民政策や移民に対するネイティブの態度などを指している。移民や難民は、積極的な定住支援策がとられるなど肯定的な文脈で受け入れがなされたり、逆に厳しい入国規制がとられ、激しい人種差別が発生するなど否定的な文脈で受け入れがなされたりもする。編入様式は、こうした受け入れの文脈を捉えつつ、制度的要因として変数化したものである。

こうした要因から、ポルテスらは移民二世の教育達成に関する三つの経路を描き出す。一つは、いわゆる中流階層に向かう経路である。両親が高い人的資本や経済資本を持ち、受け入れ国で肯定的な編入様式のもとで受け入れられるとすれば、移民二世は社会的な上昇移動の経路をたどることができる。または、移民の親が持つ人的資本や経済的資本が十分ではないとしても、エスニック・コミュニティからの支援を受けられるとすれば、上昇移動を遂げる二つ目の経路をたどることができる。しかしながら、親が十分な人的資本を持たず、経済的にも困窮し、受け入れ国で差別的な対応を受け、さらにエスニック・コミュニティからの支援が期待できないとすれば、移民二世の社会的な上昇移動は困難となる。彼女／彼らは下流階層に留まるという第三の経路をたどることになってしまう。分節化された同化論は、移民二世が同化していく経路の多様化と、そこに至る経路の解明に焦点を当てた。以下では、この枠組みを踏まえつつ、家族とエスニック・コミュニティ、受け入れ国の制度的要因に焦点を当てつつ、難民二世の教育達成への影響を見ていこう。

まず、親が持つ人的資本や経済的資本が難民二世の教育達成に影響することは、多くの研究からも指摘されている。親が高い人的資本を有していれば、受け入れ国における教育制度を理解し、子どもが高い教育達成を遂げるために必要な情報や知識を提供することができる。親が学習に対する十分な指導ができないとしても、親が学習支援団体を紹介し、難民二世の教育を援助することもできる。また難民家族が十分な経済力を有していれば、金銭的に子どもの教育をサポートし、難民二世がより良い教育機会を得るようにすることもできよう。

親が子どもに与えるものは、受け入れ国の教育情報だけではない。親が子どもに継承する出身国文化も、子どもの教育達成の度合いを高めるという。アメリカのベトナム系家族では、出身国の伝統的文化規範のもと、特に娘に対しては親の意思に従って規律正しい生活を送るようにと厳しいしつけがなされていた。ベトナムのジェンダー規範に基づいた教育方針がなされ、娘たちは家族からの監視を受けつつ育て上げられたのである。しかしこのことが、向学校的態度を養い娘たちが息子たちよりも高い教育達成を遂げるという結果に繋がっていた。娘たちの教育達成は、ベトナムの伝統的なジェンダー規範からの解放ではなく、むしろその継承によってもたらされたのである（Zhou and Bankston III 2001）。

とはいえ、全ての親たちが、高い人的資本や経済的資本を有するわけではない。たとえば、親の人的資本が低ければ、親は受け入れ国の言語や習慣を理解できず、親が子どもの教育達成をサポートすることは難しくなる。親が子どもの手助けなしに生活を送ることすらままならないとなれば、親子間での権力関係は逆転し、子どもは親の権威や監視を無視してしまう。ときに子どもたちは、対抗文化に同化することで、家庭からも学業からも離れてしまうことになる。

難民家族が人的資本や経済的資本を十分に保持していなくても、エスニック・コミュニティから適切な支援を引き出せれば、難民二世は高い教育達成を遂げることもできる。再び、アメリカに暮らすベトナム系コミュニティを見てみよう。とりわけベトナム系キリスト教徒は、同胞が集まる教会を中心とした緊密なクリスチャン・コミュニティを組織している。ベトナム系キリスト教徒は、ベトナム系二世に教会への参加を促し、教会活動を通じて二世に教育に関する価値づけを行い、高い教育達成を遂げるように手助けするのである。それは同時に、ベトナム系二世をアメリカ社会で起きる非行や逸脱などの危険から遠ざけるものでもある。ベトナム系のクリスチャン・コミュニティとしての連帯を創出しながら、彼らのコミュニティを通じて二世の成長を監督し、ベトナム系二世の社会的な上昇移動を促すのである（Bankston III and Zhou 1996）。二世たちは、エスニック・コミュニティから道徳的な資源を獲得しつつ、受け入れ国での社会統合を達成していく。エスニック・コミュニティは難民家族を補完し、子どもが学業を続けたり進学したりするうえで必要な支援や機能を提供するのである。

難民家族やコミュニティと共に、受け入れ国の制度的要因も難民二世の教育達成を左右する。アメリカに滞在するメキシコ系移民・中国系移民・ベトナム系移民二世の教育達成を比較検討したミン・チョウ（Min Zhou）らは、中国系移民が親の高い人的資本によって社会的に上昇移動が可能になっていた一方、メキシコ系は親の人的資本や経済的資本が高まらず、非合法移民としての法的地位の不安定さが、子どもの教育達成を阻害していると指摘した。他方で、ベトナム系は親が人的資本や経済的資本を十分に保持してはいなかったものの、難民として受け入れられて法的地位などが制度的に安定していたことが、ベトナム系二世の教育達成に肯定的な影響を与えたとしている（Zhou et al 2008）。

このように、制度的環境が不安定となれば、難民二世の教育達成の度合いは高まらない。日本に暮らすビルマ系難民のうち、かつて超過滞在者であった難民二世は、摘発のおそれから高等教育への進学を諦めざるを得なかった（人見 2013：252）。彼女はその後に法的地位を得ることはできたものの、すでに年齢を重ねていたため、結果的に進学機会を逸することになってしまった。制度的要因は、難民二世の生活環境を制約し、教育機会をも奪ってしまうのである。

難民二世は、家族やエスニック・コミュニティ、受け入れ国の制度的要因から影響を受けつつ教育達成を遂げる。難民二世が高い教育達成を遂げる経路は複数存在しており、今後も教育達成の経路やその仕組みを解明していく必要があるだろう。一方で、難民二世の中には、家庭やエスニック・コミュニティによる支援が受けられず、アンダークラスに留まってしまうことも目立つ。彼らに対する教育支援策を提供し、社会統合を促す必要もある。
　また冒頭でも示したように、難民二世の移住背景は多様である。家族構成や移住経緯、出身国の国籍の有無などで、難民二世の教育達成の度合いはどのように異なるのか。難民二世の多様性にも注目する必要があるだろう。難民の長期的な社会統合を進めるうえで、また同時に難民コミュニティの次世代の担い手を育てるうえで、難民二世の成長を見守る必要がある。

参考文献

人見泰弘「在日ビルマ系難民の移住過程——市民権・雇用・教育をめぐる諸問題」（吉原和男編『慶應義塾大学東アジア研究所叢書　現代における人の国際移動——アジアの中の日本』慶應義塾大学出版会、二四七〜二五九頁、二〇一三年）
Bankston III, Carl L., and Min Zhou. "The Ethnic Church, Ethnic Identification, and the Social Adjustment of Vietnamese Adolescents." *Review of Religious Research*: 38 (1): 18-37, 1996.
Portes, Alejandro and Min Zhou. "The New Second Generation: Segmented Assimilation and Its Variants." *The Annals of the American Academy of Political and Social Science*: 530: 74-96, 1993.
Zhou, Min and Carl L. Bankston III. "Family Pressure and the Educational Experience of the Daughters of Vietnamese Refugees." *International Migration*: 39 (4): 133-51, 2001.
Zhou, Min, Jennifer Lee, Jody Agius Vallejo, Rosaura Tafoya-Estrada and Yang Sao Xiong. "Success Attained, Deterred, and Denied: Divergent Pathways to Social Mobility in Los Angeles's New Second Generation." *The Annals of the American Academy of Political and Social Science*: 620: 37-61, 2008.

第15章

難民受け入れとジェンダー

ジェンダー規範への挑戦・強化・再生産

人見泰弘

ジェンダーとは、社会文化的に構築された性差を明らかにする視点だ。ジェンダーの視点から読み解くとき、難民としての国際移動は、ジェンダー規範を変容させる契機となるのだろうか。それとも、女性や性的マイノリティなどにさらなる抑圧を加えるものとなるのだろうか。

国境を越えて他国に移住する難民は、出身国と受け入れ国で異なるジェンダー規範や実践に直面する。パトリシア・ペッサー（Patricia Pessar）は、国際移動がジェンダー規範に与える影響を次の三つに整理する（Pessar 2005：6）。一つに、移住前に経験してきたジェンダー規範に挑戦すること。二つ目に、反覇権的（counter hegemonic）なジェンダー体制を受容すること。三つ目に、既存のジェンダー規範を再生産することである。難民化を通じて既存のジェンダー規範を変容させたり、ジェンダー的な不平等の解消を求めて活動したり、または既存のジェンダー規範を維持したりと、難民はジェンダー規範や実践を再編する契機に直面していくことになる。以下では、ジェンダーの視点から、難民の社会文化的な移住経験を見ていくことにしよう。

まず一つに、難民という国際移動は、女性がジェンダー規範から解放される契機をもたらし得る。マリータ・イーストモンド（Marita Eastmond）によれば、アメリカに暮らすチリ系難民は、生計を立てるために女性も男性と同様に就労し、共働き世帯となっている。このとき女性は、就労することで収入や技術を獲得して、家庭内での権威を高め、自己に対する自信を深める（Eastmond 1993：47）。そして難民女性は、出身国では得難い社会的地位や経験を得られたために、仮に帰国が可能となったとしても、せっかく獲得した社会経済的地位を失うことになる帰国という選択に否定的な反応を示していたという（Eastmond 1993：51）。

もちろん、全ての難民女性が受け入れ国で高い社会的地位を得るとは限らない。出身国で専門職に従事していた女性が移住先で単純労働に就くことになれば、むしろ彼女の社会的地位は下がってしまう。難民女性の出身国における就業背景によっては、難民化は社会的地位の喪失をもたらす契機となってしまう（Bermudez 2013）。

一方で、難民男性に目を向けると、男性もしばしば新たな環境に適応できず、公的役割の喪失や社会的地位の低下を経験する。欧米諸国に移住したエチオピア・エリトリア系難民男性は、失業や将来性のない単純労働に就くことに対して否定的な反応を見せた（McSpadden 1999）。難民男性は、就労して自立した生活を送ることができずに他人に依存するようになってしまうと、父親あるいは男性としての責任を果たすことができなくなる。男性性（masculinity）を顕示することができず、家族やコミュニティでの地位を失ってしまうのである。難民男性は、自立した生活を送ることに大きな価値を置き、それゆえに、彼らは教育や就労を通じて高い社会経済的地位を獲得することにこだわっていた。難民化によって失われた男性としてのプライドを、男性たちは再構築しようと模索するのである。

難民としての移住経験は、女性や男性のジェンダー関係や地位を再編する契機をもたらす。ロンドンに滞在するコロンビア系難民家族では、女性が英国で仕事を得て自信を深める一方、男性は望ましい職が得られずに家族における自由を失ったと感じている（Bermudez 2013）。そして、女性が就労することが「女性が家庭を担い、男性が外で働く」という出身国における性別役割分業とは齟齬をきたしてしまう。ジェンダー役割の再編に直面した男性がコロンビアでの生活と同様に、受け入れ国でも女性に家事や育児の負担を期待し続けるため、難民女性には家事と仕事の二重負担がかかりがちとなる。女性はこれまでのジェンダー役割の再編を期待する一方、男性はこれまでと同様にジェンダー役割の継続を求め、両者の期待は食い違いを見せる。こうした事態に対して、男性が家事や育児を分担し、ジェンダー役割の変化を受け入れることもあれば、男性が既存のジェンダー役割をこれまで通りに維持しようとし、経済的・社会的活動に関わって自信を深めた女性が家庭から独立してしまうこともある。

ジェンダー関係は、受け入れ国における家族のみならず、複数国家を跨いだ難民の家族戦略にも読み込むことができる。内戦から逃れたソマリア系難民女性は、近隣のアフリカ諸国、中東諸国、そして第三国定住政策により先進国に移住した家族や親族との越境的なネットワークを形成している（Al-Sharmani 2010）。難民女性たちは、世界各地に点在する家族や親族と協働し、難民として保護を受けやすい子どもを持つ母親や、家族や親族を援助できる若い女性が他国に移住できるように模索しており、特に先進国に居住して経済力を持つ年長の難民女性がスポンサー役を引き受けたり経済支援を実施したりしている。

しかし、この越境的な家族戦略は、送り出された女性が難民家族の中で家事や育児の担い手となることを期待されてのものでもあった（Al-Sharmani 2010 : 507）。送り出された女性は、自分自身の教育や地位達成を犠牲にして、援助を受けた見返りに子どもや病人、年長者などの世話を家庭内で担うのである。国家を越えた移住戦略の中で、女性が再生産労働を担い続ける構図が作られている。

同時に、このソマリア系難民の家族ネットワークは、女性が中心となって発達してきたものだ。それは一つに、若い女性を内戦や難民キャンプでの性的搾取から避難させるためでもあった。また男性よりも女性の方が他国で法的保護を享受しやすいと人々に考えられていることや、女性が家族に対するケアの担い手としてふさわしいと考えられたことも、女性たちのネットワーク化が進んだ理由であった。女性が受けやすい迫害、女性に対するジェンダー・イメージがネットワークの構築を促していたのである。

難民の国境を越えた結婚にも、ジェンダー化された家族戦略が読み取れる。スーダン内戦で居住地を追われ、その後に先進国に再定住の機会を得た少年たち、いわゆるロストボーイズ（Lost Boys）と難民キャンプや祖国スーダンに残った難民女性との関係を見ると、先進国に移住した男性が結婚を申し込む花嫁家族から多額の結婚資金の支払いを期待されていた（Grabska 2010）。高額な結婚資金の背景には、先進国に移住したロストボーイズの高い経済力に対する花嫁家族からの期待があった。そしてロストボーイズにとっても、スーダン系コミュニティにおいて成人男性としての権威や威厳を示すうえで、高額の結婚資金の支払いに応じることはふさわしいこととみなされていた。男性が経済的に家族を養うという伝統的な結婚様式は、人々が難民化した後も、越境的な関係の中で維持されているのである。

ソマリア系難民とスーダン系難民の事例は、ジェンダー規範や実践が越境的な家族戦略の中で再生産されていることを示す。これら二つの事例は、それぞれの家族構成員の間に、著しい格差が埋め込まれていることを示している。先進国への再定住の機会が限られる中、貴重な移住機会を得たソマリア系難民女性やロストボーイズは、家族ネットワークや婚姻戦略上で圧倒的に優位な地位にある。先進国と難民出身国との間に横たわる経済格差はそのまま、それぞれの国に暮らす難民たちの間の経済格差となって現れている。そこでは同時に、権力関係をも伴う。ソマリア系の家族ネットワークでは、先進国に暮らす難民女性と祖国や難民キャンプから呼び寄せられた難民女性との間に、経済力や法的身分、年齢などに基づいた支配関係が存在する。ロストボーイズと花嫁との結婚では、花嫁の意思とは別に、経済的援助を期待する花嫁家族やコミュニティからの圧力が見られ、ときには人身売買や人権侵害にも繋がるおそれもある。越境的な家族戦略は、難民コミュニティ内部の経済的・社会的格差をも浮き彫りにしている。

二つの事例に共通するもう一つの特徴は、家族ネットワークや結婚という家族戦略がどちらも、難民家族にとっては長期の難民状態（protracted refugee situation）からの離脱手段として位置づけられていたことだ。他国への移住機会が限られる今日、数多くの難民は出身国、難民キャンプや第三国に留め置かれたままである。国民国家による難民受け入れの厳格化に対して、難民は家族という社会的繋がりを用いて、その現状を打開しようとしている。

他国に移動することになった難民は、家族という文脈を中心にジェンダー規範の再編を経験してきた。それらは受け入れ国における難民家族の生活の中だけではなく、難民受け入れ国と難民送出国との間を取り結ぶ、越境的な家族戦略の中でも見出すことができる。

難民という国際移動は、今後も引き続き発生するだろう。難民化によってジェンダー的な不平等や支配関係は、どうなっていくのか。難民化によってジェンダー規範は変容し、人々は解放されていくのだろうか。難民の移住経験を読み解く視点として、難民とジェンダーという研究領域が発展していくことが望まれている。

参考文献

Al-Sharmani, Mulki. "Transnational Family Networks in the Somali Diaspora in Egypt: Women's Roles and Differentiated Experiences." *Gender, Place and Culture*: 17 (4): 499-518, 2010.

Bermudez, Anastasia. "A Gendered Perspective on the Arrival and Settlement of Colombian Refugees in the United Kingdom." *Journal of Ethnic and Migration Studies*, 39 (7): 1159-75, 2013.

Eastmond, Marita. "Reconstructing Life: Chilean Refugee Women and the Dilemmas of Exile." In *Migrant Women: Crossing Boundaries and Changing Identities*, edited by Gina Buijs Oxford: Berg, 35-53, 1993.

Grabska, Katarzyna. "Lost Boys, Invisible Girls: Stories of Sudanese Marriages across Borders." *Gender, Place and Culture*: 17 (4): 479-97, 2010.

McSpadden, Lucia Ann. "Negotiating Masculinity in the Reconstruction of Social Place: Eritrean and Ethiopian

Refugees in the United States and Sweden." In *Engendering Forced Migration: Theory and Practice*, edited by Doreen Indra - New York and Oxford: Berghahn, 242-60, 1999.

Pessar, Patricia R. "Women, Gender, and International Migration across and beyond the Americas: Inequalities and Limited Empowerment." New York: United Nations, *Expert Group Meeting on International Migration and Development in Latin America and the Caribbean*（http://www.un.org/esa/population/meetings/IttMigLAC/P08_PPessar.pdf), 2005.（２０１６年7月1日アクセス）

COLUMN

「ファンドレイザー」という職業について

特定非営利活動法人国連ＵＮＨＣＲ協会事業部　鳥井淳司

難民を救う職業というと、殆どの人はＵＮＨＣＲの職員を思い浮かべると思う。そこを目指すためには、大まかに三つの要件が必要だ。

①語学力（英語もしくはフランス語で業務遂行可能なレベル）
②修士号以上の学位
③関連した分野での職務経験

私個人としては、「④時に命を落とす危険を厭わない覚悟」を付け加えなければならないと思う。難民支援に職業として携わりたいと思ったときに、この四つの要件を満たせる人が果たしてどれだけいるだろうか。

だから私はこの場を借りて、「ファンドレイザーになる」という、もう一つの、難民を救う素晴らしい選択肢のことを伝えたいと思う。

ファンドレイザーとは、非営利組織における資金調達のプロフェッショナルのことである。個人、または企業・団体からご寄付を募る役割だが、厳密にはお金だけでなく、モノやサービスによるご協力を募ることもある。

「難民問題」という世界の緊急事態を、身近な緊急事態の一つである火事に例えると、UNHCRの役割はそこに行って火を消し止める消防士である。しかし、いかに勇猛果敢で正義感に溢れた消防士であっても、水がなければ火を消すことはできない。そこへ水を運んでくるのが、私たちファンドレイザーだ。

様々な方面から、様々な形で難民支援のご協力を募る役割だが、ここでは私たちが行っている「国連難民支援キャンペーン」のファンドレイザーに限定して話をしたいと思う。

「国連難民支援キャンペーン」とは、私たち国連UNHCR協会が日本全国の街頭や商業施設などで行っている、自動引き落としで毎月定額の難民支援をしてくださる方を募る、いわば「支援会員」になっていただける方を増やすキャンペーンである。上記の難民支援プログラムを「毎月倶楽部」と呼んでおり、クレジットカードや各種金融機関の口座から簡単に申し込みができるようになっている。

時に20年以上にも及ぶ難民の避難生活を支えるうえで、ある程度の一定の期間、いっしょに難民を支え続けてくださる方の存在はなくてはならないものである。また、毎月定額のご支援が増えれば、来月どの位の資金が支援に使えるか、来年はどうかという資金の見通しがついてくる。それによって、教育や職業訓練といった、より中長期的な方面の支援を行うことができるのだ。

このようなキャンペーンを通じていっしょに難民を支えてくださる方を増やすのは、とてつもなく地道な活動だ。難民問題があまり身近なものとは考えられていないこの国で、どこかの商業施設にお買い物に来ている方の中で、ファンドレイザーに声をかけられ、難民の話を聞いてくださる方というのはごく少数だが、毎月継続の支援を始めていただける方となると、その中でもほんの一握りになる。

それでも、お話を聞いてくださったお一人お一人の方に、持っている限りの知識と情熱を持って難民の話をさせていただくのは、話し終えるとフラフラになることがあるぐらい、ものすごいエネルギーを使う。

また、屋外の活動ともなると、倒れそうな日差しの下や、手足が凍えるような寒さの中で一日中ご支援を募ることになる。

しかし、どんなに暑い日も、寒い日も、難民の生活の方が確実に過酷だ。世界には6000万人以上の人々が紛争や迫害により、避難生活を余儀なくされている。誰かの命を救うこと、誰かの未来を切り開くことというのは、本来もっと労力のいることなのだ。

ファンドレイザーの醍醐味は、正に、自分の仕事が難民の命を救い、未来を切り開く手助けとなっていることである。

UNHCRの支援は非常に多岐にわたる。栄養失調の難民の子どもへの支援に例えると、50円のお金があれば500kcal分の栄養補助食品が1個買える。

1500円の支援があれば、1ヶ月間毎日それを届けられることになる。もし毎月1500円のご支援が1年続けば、栄養失調の難民の子どもの命を1年間支える手助けができることになる。

毎月倶楽部を通じて支援をしてくださる方が一人増えるだけで、これだけのことができる。

キャンペーンを通じて、毎日少しずつではあっても支援をしてくださる方が増えていけば、やがてそれが積み重なり、何千人、何万人という難民支援の巨大な輪を作っていくことに繋がっていく。

長年ファンドレイザーを続けて、何千人もの方からご支援をいただいた人間もいる。自分自身の仕事が何千人もの人の命を救うことに繋がるような仕事というのを、私はほかに数えるほどしか知らない。

また、このキャンペーンに携わるファンドレイザーは、20代の人もいれば、60代の人もいる。新卒の方からバリバリのビジネスマンだった方、昔は旅人だったという方まで、年代も経歴も様々である。日本語での十分なコミュニケーションができ、本気で難民を支えたい、世界を変えたいという思いがあれば、誰でも活躍できるフィールドなのである。

マーケティングの世界では、商品やサービスの普及率が16%を超えると爆発的なブームが起こると言われている。千里の道も一歩から。いつか何十万人、何百万人の人が難民支援をしていたら、いつか「難民支援がブーム」と言われる世の中が来るはずだ。一人の人が支援を始めることで、日本の寄付文化も少しずつ確実に変わっていっているのだ。日本がもっと難民支援にコミットすれば、世界の状況ももっと変わるはずだ。

日本中のあちこちのブースから、私たちファンドレイザーは難民の暮らしを支え、毎日少しずつ、世界を変えている。あなたも是非、難民支援を始めませんか?

5 第三世界の難民

テレビに映し出される地中海を渡る人で満載の船や、欧州諸国に押し寄せる人々の姿は、遠く離れた日本に暮らし、日常の生活で難民について知る機会が殆どない私たちに対しても、難民問題を「可視化」させる効果があった。しかし、欧州やその他の先進工業諸国に向かった一部の人々を除けば、難民の圧倒的多数は第三世界の国々で暮らしている。第５部では第三世界に暮らす難民たちを議論の中心に置く。特に自国内にも貧困や紛争の深刻な問題を抱えながら、近隣諸国からの難民の流入を経験してきた第三世界諸国は、難民の保護をめぐる国際的な責任にどのように向き合ってきたのであろうか。第三世界での難民問題の歴史とその展開をアジア太平洋地域とアフリカ中東地域を例に見ていく。

第16章

第三世界の国々での難民流入への対応

佐藤滋之

難民の第三世界への偏り

２０１５年12月に発表されたＵＮＨＣＲと国際移住機関（ＩＯＭ）の推計によると、この年に移民あるいは難民としての保護を求めてヨーロッパに向かった人々の数は１００万人に達した[1]。第二次世界大戦以降、未曽有の難民流入を目の当たりにしてヨーロッパ諸国は、ＥＵの存続すら脅かしかねない極度の混乱に陥っている。これと同時に、同じく多くの人々が難民としての保護を求めて目指す先である北米やオーストラリアでも、難民受け入れの今後をめぐって大きな議論が起こっている。しかしながら、難民としての保護を求めてヨーロッパや北米などの先進工業国を目指す人々は、世界中で紛争や迫害そして災害によって故郷を追われた状態にある６５３０万人にも及ぶ数の人々全体から見れば、ほんの少数である。このうち自国を離れ難民としての保護を受ける約２１３０万人の大多数が居住するのは、難民の出身国と直接に国境を接する国々である。大多数の難民が貧しい第三世界の国々の出身であることから明らかであるように、難民の受け入れ国の多くもまた経済的に豊かではない第三世界の国々である。UNHCRの統計によれば全世界の難民の86％が発展途上国あるいは中進国の領内で保護を受け、また全難民の約4分の1が世界の最貧国に滞在している(2)。

1950年、UNHCRの設立が国連総会によって承認され、そして翌1951年に現在もなお難民の国際保護の基本原則としての役割を果たす「難民の地位に関する条約」が採択された。これをもって、第二次世界大戦後の世界に難民を国際的に保護する仕組みが成立したと考えられている。しかし、この時点において、この仕組みの設立に関わった人々が前提としていた難民のイメージは現在我々がTV報道やインターネットの中に見る難民の姿とは大きく異なっていた。この時代の人々の思い描く難民とは、共産圏諸国から有刺鉄線を飛び越えて西側に政治的自由を求めてやってくる人々であった。しかし、こうした状況は1960年代に入るにつれ、大きな変化を迎える。植民地の独立をめぐる混乱、あるいは東西陣営の対立する冷戦は、そのまま植民地支配から独立したアジア・アフリカの新興諸国の間に持ち込まれ、しばしば超大国の代理戦争という形で多くの人々を犠牲とし、その移動を余儀なくした。これに伴い、難民の保護を目的とするUNHCRの活動の中心は、西側の受け入れ国を中心とした活動から、アフリカやアジアでの受け入れ国での活動に移り、また国内避難民に対する活動の拡大と共に、紛争状況下での活動に広がっていった。また難民条約に基づいた難民の法的保護の機関としての役割よりも、今日では難民や国内避難民が生存を確保するために欠くことのできない支援物資やサービスの提供、また難民キャンプの運営や帰還に関わる支援など、むしろその人道的援助活動においてより知られるようになっている。

難民の多くが第三世界の国々の出身であることを考えれば、彼らの出身国と国境を接し、あるいは同じ地域にある同じく第三世界の国々に多くの難民が集中していることは自明であろう。先進国と比べて脆弱な第三世界の国境管理体制は、国境を越えて難民としての保護を求める人々にとっては好都合である。また植民地支配時に列強によってひかれた国境線を跨いで同じ民族が居住していることも、第三世界での大量の難民が流出が起きやすい原因の一つである。もともと国境を跨いで言語や文化を共有する人々が生活しており、日頃から行き来が盛んである場合、国境の一方で問題が起こった場合に他方に居住する親族や知人に身を寄せることはごく自然なことである。

プリマ・ファシ手続きによる難民とキャンプ収容政策

第三世界の難民と先進工業国での難民は、その取り扱いに大きな違いがある。その違いを明確に特徴づけるものは第三世界での「プリマ・ファシ（*Prima Facie*）手続きによる難民認定」と「難民のキャンプ収容政策（encampment policy）」であると言っていいだろう。これに対して先進工業国での難民保護の一般的な特徴は、難民申請者一人一人に難民審査を必要とすることと、難民としての地位の認定を得てしまえば、収容されることなく（逆に言えば難民の自活を前提として）その国の市民の間での生活を送れることである。

まずは「プリマ・ファシ手続きによる難民認定」について見ていこう。冷戦後期からその崩壊の時代に至るにつれ、世界は限られた場所と期間に大量の難民が一度に流出する事態を頻繁に経験するようになった。そしてそうした大量流出の事態の多くはアフリカやアジアの経済的な発展度合いが後れた国々で起こった。そのため、大量に流出した難民の受け入れ国となった発展途上国では、難民条約の加入国であって難民の保護に国際法上の責任を負うことを引き受けていたとしても、現実には、このような難民の受け入れに伴う負担を全て担うことは困難であった。一般的に、条約による国の難民保護責任は、まず保護を求める人々を領内に受け入れ、これらの人々が難民であるか否かを判断する難民認定から始まる。しかし、先進国のような個々の難民申請者ごとに聞き取り調査をしながら進めていく難民認定手続きは、発展途上国では費用的にも人材的にもあまりにも大きな負担である。こうした負担の大きさや事態の緊急性を理由として、発展途上国の一部は今日なお難民認定に関わる審査業務の一部または全てをＵＮＨＣＲに委任しているが、ＵＮＨＣＲもまた時として数十万人規模で流入するような難民の資格審査を個人ベースで行うことは事実上不可能であり、また限られた活動資金を戦乱や迫害から逃れてきたばかりの難民の物質的要求に応えることに最大限確保する必要から、限られた資金や人材の多くを難民認定手続きだけに充てることは不可能である。そのため、このような事態において、通常手続きによる個人ごとの難民認定審査に代わってとられるのが、「プリマ・ファシ手続きによる難民認定」である。これは、難民申請者個々の事情を個別に審査することなく、国を逃れてきた状況や背景から難民性を判断し、集団あるいは個人を難民としての地位を認定する方法である。

この「プリマ・ファシ手続きによる難民」が採用された結果、迫害や戦乱を逃れた大量の人々が一度に国際的な難民保護に浴することが可能になった。原則的に、この手続きによって認定された難民（以下、プリマ・ファシ難民）は先進国で一般的である個人ベースの難民認定審査を経た難民と与えられる法的権利が異なるべきではない。「難民の地位に関する国際条約」（1951年）をはじめとする難民諸条約は難民認定の手法を明確に規定していないのである。したがって個人ベースの難民認定審査という手続きをとるか、プリマ・ファシ手続きをとるかは、それぞれの難民条約加盟国の判断に任される。しかし1951年条約が定めている難民である条件を満たすのには、どうしても個人レベルの審査（迫害の事実の証明や、個人的な恐れの説明）を必要とする。事実、UNHCRの発行している難民認定手続きガイドラインでは個人ごとの審査を前提とする。[3]その意味では、「プリマ・ファシ手続き」によって付与された難民の地位とは、一時的な仮の地位であり、難民条約に定められた全ての権利を享受するためには、改めて個人レベルでの難民認定審査が必要なのだと考えられることが多い。実際に、このプリマ・ファシ難民が個人ごとの難民審査を経ていないことは、多くの国において、彼らが難民でありながら難民としての条約上の権利を部分的にしか享受することのできないことを正当化するのに使われてきた。

現在、多くの難民の押し寄せるヨーロッパ諸国で、難民の存在はしばしば脅威として一般市民に受け取られる。この感情は第三世界の市民にとっても同じであろう。難民は安全に対する脅威であると考えられると同時に、経済的脅威としても受け取られる。限られた資源や雇用機会に対する競争に難民が加わることによって、自国民の雇用が奪われたり、賃金を押し下げると恐れるのだ。果たして難民が治安や経済にとって本当に脅威になるのかは別に検討されなければならないが、多くの難民受け入れ国では、難民に対する国民のこのような感情を和らげるために、難民をなるべく隔離して管理することを好む。この意図のもとでしばしばとられるのが難民を一般市民の生活圏からなるべく遠ざけ、キャンプに収容し援助機関からの支援によって難民の生活を確保する政策だ。難民キャンプは数千人程度の規模のものから、数十万人という規模のものまで様々である。

「難民の地位に関する条約」によれば、庇護国内での移動の自由と居住地の選択の自由は共に難民に保障された権利の一部をなす。しかしながら、現実においてこの二つの権利は、難民を特別に設置された難民キャンプに収容して管理するという、多くの第三世界諸国でとられている政策によって反故にされている場合が多い。そして難民キャンプに居住を義務づけられる難民の多くはプリマ・ファシ難民である。もちろん先進国でも難民を特定の場所や施設に居住せしめて管理する政策をとっているケースは数多く見られるが、殆どの場合そうした施設は難民審査の途中にある人々を収容するものか、あるいは難民審査によって難民と認められなかった人々を、出身国などへの送還の手配が整うまで収容しておく目的で置かれたものが多い。これに対して、発展途上国に見られる難民キャンプの特徴は、難民を特に期限の定めなく、庇護を必要としその国に滞在している限り居住せしめる場所として存在していることである。したがって、ここに住む難民にとって、難民キャンプに居続けることは、受け入れ国に滞在が許されることと、支援を受け続けることの条件とに多くの場合は結びついている。

しかしながら、いつ終わるとも知れない避難生活を難民キャンプで過ごし続けることは決して簡単なことではない。難民キャンプの位置する場所の多くは、国境地帯の僻地であることが多く、気候的にも治安的にも極めて厳しい場所であることが多い。また、キャンプに居住すれば最低限の社会サービスの提供は受けられるとはいえ、水・衛生・教育・医療いずれをとっても決して質の高いサービスではない。食糧配給も資金不足によって削減が相次ぎ、推奨栄養基準である成人1人当たり1日2100キロカロリーという基準を満たすことは困難になっているのが現状である。このような状況にかかわらず、難民は自らの労働で得た収入で生活のレベルを向上させることは難しい。難民のキャンプ収容政策がとられている場合、一般的には難民がキャンプを離れて就労の機会を得ることは許されていないからである。米国のアサイラム・アクセスというNGOが2014年にまとめた難民の労働の権利に関する報告書では、調査15ヶ国中、実に45％の国が難民の労働を完全に法的に禁止しているほか、ほかの国でも様々な制約を設けて、難民の労働を事実上不可能なものとしていることが多い[4]。また援助資金の先細りは、前述した食糧の配給だけでなく教育や医療のサービス低下にも大きく影響している。難民キャンプにおいて労働も許されず援助物資への依存を余儀なくされ、また教育や職業訓練の機会も極めて限られた難民たちは、その後に難民としての生活を終わらせたときに、社会の生産的一員としての生活を取り戻すことが困難になる。

危険にさらされる都市難民

このような状況を嫌って、難民キャンプでの居住を拒否し、都市部での生活を選ぶ難民も決して少なくない。しかし、受け入れ国政府が難民のキャンプ収容政策を採用している場合、難民にとって都市部に住む許可を得ることは容易なことではない。また難民として都市部に住むことが法律上許されている国においても、都市難民としての生活は困難が伴う。[5] 多くの場合、難民として受け取れる支援物資はキャンプにおいてのみ受け取ることが可能であり、都市難民はその対象とならない。さらに政府の許可なく都市部に非合法的に居住している難民は、法的な保護から恩恵を受けることが殆ど望めない。警察や入国管理局による摘発を恐れて隠れて暮らし、フォーマルな雇用機会もなく、しばしば様々な人権侵害の犠牲となる。もちろん、この中には極めて少数ながら、都市部でのビジネスに成功する難民もいる。しかしながらそのほかの圧倒的大多数の難民は、同じ都市部に住みながら全く別世界のスラムで、経済的には最底辺の暮らしを営んでいる。

注

（1）２０１５年12月22日発表のＵＮＨＣＲ発表による。（http://www.unhcr.org/567918556.html、２０１７年1月8日アクセス）

（2）UNHCR Global Trends: Force Displacement in 2015（http://www.unhcr.org/576408cd7、２０１７年1月8日アクセス）

（3）ＵＮＨＣＲ　難民認定基準ハンドブック――難民の地位の認定の基準及び手続きに関する手引き（改訂版）（http://www.unhcr.or.jp/html/protect/pdf/HB_web.pdf、２０１７年1月8日アクセス）44項にあるようにプリマ・ファシ認定手続きを「いちおうの」ものとしている。

（4）Asylum Access "Global Refugee Work Rights Report"（2014）http://asylumaccess.org/wp-content/uploads/2014/09/FINAL_Global-Refugee-Work-Rights-Report-2014_Interactive.pdf（２０１７年1月8日アクセス）

（5）都市部に居住する難民の特殊な保護ニーズを鑑みてＵＮＨＣＲは「都市部における難民保護と解決策に関する国連難民高等弁務官事務所（ＵＮＨＣＲ）のポリシー」（２００９年）を定めている。日本語仮訳：http://www.refworld.org/cgi-bin/texis/vtx/rwmain/opendocpdf.pdf?reldoc=y&docid=51b9b6a14（２０１７年１月８日アクセス）

参考文献

Albert, Matthew. Prima facie determination of refugee status: An overview of its legal foundation. Working Paper Series No. 55, Refugee Studies Centre, University of Oxford, January 2010.

Betts, Alexander, Gil Loescher, and James Milner. *UNHCR: The Politics and Practice of Refugee Protection*. 2nd Ed. Routledge Global Institutions Series. New York, Routledge. 2012.

Loescher, Gil. *The UNHCR and World Politics: A Perilous Path*, Oxford, Oxford University Press, 2001

Pavanello, Sara, Samir Elhawary, and Sara Pantuliano. “Hidden and exposed: Urban refugees in Nairobi, Kenya” *HPG Working Paper*, Humanitarian Policy Group, March 2010.

Rutinwa, Bonaventure. Prima facie status and refugee protection. New issues in Refugee Research, Working Paper No. 69. Geneva, UNHCR. October 2002.

UNHCR Guidelines on International Protection No. 11: Prima Facie Recognition of Refugee Status. HCR/GIP/15/11 24. Geneva, UNHCR June 2015.

UNHCR. Global Trends: Forced Displacement in 2015. Geneva, UNHCR. 2016.

第17章

第三世界における難民問題の現状

佐藤滋之

難民問題の「恒久的解決」

今日、多くの第三世界諸国で難民の置かれた状況を端的に言い表すならば、出口のない難民としての暮らしがどこまでも続いていく事態である。ＵＮＨＣＲはこのような状況を「長期化」(protracted) という言葉で表現しているが、実際には「膠着」と表現した方がより現実を表している。難民は恐らく誰一人として難民として暮らす状況が一生にわたって続くことは望まない。一刻も早く、難民としての避難生活を終わらせ普通の市民として制限のない生活を送りたいと考えるであろう。ＵＮＨＣＲに与えられたもっとも重要な任務の一つは難民に恒久的解決 (Durable Solutions) をもたらし、人々を難民である状態から普通の市民としての状態に回復させることである。ＵＮＨＣＲによれば恒久的解決には三つの選択肢があり、まずは現時点においてもっとも望ましいとされる難民の出身国への「自主的帰還」、そしてそれがかなわない場合の選択肢として、難民として暮らす国でその国の市民としての「現地統合」、そして最後に、定められた一定の基準に合致する難民においてのみ考慮される、難民として暮らすのとは別の国で新たな生活を始める「第三国定住」である。ここでは上の順番とは異なるが、恒久的解決として用いられてきた歴史に準じ「第三国定住」から説明する。

「第三国定住」は、祖国を逃れて保護を求めた国で滞在する難民を、その国とは別の第三国に移住させ、その国の永住者として新たに人生をスタートさせる恒久的解決の手段である。現時点で約15ヶ国が難民の定住受け入れ国となり、それぞれの国が受入数の上限を定め、その範囲内でアジアやアフリカですでに難民として暮らしている人々を移住させている。しかし現在のところ、この機会を手に入れることができる難民は、最近10年間の平均で全世界でも年間10万人に満たない(1)。そのためUNHCRは現居住国では生命や身体に危害を与えられる危険の高い難民や、特別な医療ニーズを満たすことのできない難民、そして離散した家族の一部がすでに第三国定住の受け入れ先となっている国ですでに難民として居住している場合など、一定の条件を満たした難民にのみ第三国定住を検討する。しかしこうした第三国定住の必要が検討される難民にとっても、複雑な手続きや審査のため実際にそれを実現できる難民は大変少ない。そのため「第三国定住」は恒久的解決の中でいちばんハードルが高いものであるように語られる。しかし、UNHCRの歴史を振り返ってみると、その活動の初期の時代は「第三国定住」こそが難民の恒久的解決の第一選択肢であった。当時の世界の難民は主に東西のイデオロギー対立を背景とした迫害の結果であり、またその数も今と比べればはるかに小さかったため、対立する側の陣営から迫害を逃れてきた難民を先進諸国が受け入れることは一般的に行われていた。これに対して、現在の第三国定住は移民政策としての性格を強く帯びてきた。もちろん、そこには第三世界の難民受け入れ諸国の抱える難民の一部を引き受け、その負担を軽減するという国際協力の目的もある。しかし、その受け入れに際しては、言語能力など受け入れ国での社会統合がより容易とするような要素への考慮や、専門的職業知識に対する評価など、先進諸国で高まる外国人の社会統合に対する懸念を考慮したものに変化している。

冷戦時代後期から90年代にかけて、難民の恒久的解決の第一選択肢は「自主帰還」にとってかわられる。先進工業諸国では経済成長が鈍化する一方で、難民として保護を求めてやってくる人々の数の増加を前に、それまでのような難民の寛容な受け入れはだんだん難しいものとなっていた。この状況を受けて、ドナー諸国は難民が出身国に自主的に帰還するという選択肢を、難民問題の恒久的解決の柱とするようにＵＮＨＣＲに迫った。また第三世界の難民受け入れ国側でも、難民の流入の増大を前に、なるべく早く難民を出身国に帰還させたいという意図からドナー国の動きと同調した。これを受けてＵＮＨＣＲは１９９０年代を「難民帰還のための10年」と位置づけ、難民の帰還プログラムに積極的に乗り出していくこととなる。[2] 今日、難民および国内避難民の帰還は紛争後の平和構築や、いわゆる失敗国家の再建に際して中心的な課題である。しかしながら、この自主帰還のプロセスに往々にして立ちはだかるのは、難民の帰還する先である出身国の受け入れ能力である。難民を受け入れ、彼らが難民として国を逃れる前に所持していた土地や財産を回復させ、また戦乱や迫害に関わった人々を正義の場に引き出し、被害者に対してその罪を償わせると同時に必要な補償を提供する。また民族対立が難民流出の背景であれば、民族間の和解を仲介し、未来においてそれが再燃されないような仕組みを作る。戦乱によって破壊されたインフラストラクチャーや教育・医療など社会機能を回復させ、帰還民を巻き込んだ経済発展を促す。こうしたことを帰還する難民に約束することは難しい。むしろ帰還する難民の受け入れ・社会統合の失敗が、対立や戦乱の再燃を招き、新たなる紛争へと繋がることも珍しくない。こうした困難を前に難民の自主帰還数は近年減り続け、自主的帰還を実現した難民の数は2015年には全世界で約20万人に留まるなど、この四半世紀で最低水準に落ち込んでいる(3)。

もう一つの恒久的解決は「現地統合」である。難民が現在その暮らしている国において、市民権あるいは永住権の付与によって、一般の市民と同じように暮らしていくことを受け入れ国側の政府によって法的に認められ、また政府や国際機関などの支援なども得て自活していくことが可能な状況となることをもって「現地統合」の実現とされる。UNHCRの優先順位に従えば、もし難民の出身国への自主帰還が実現可能でない場合に、次に検討されるべき持続的解決策であるとされる。ところが、この「現地統合」という恒久的解決は、他の二つの解決策に比べて非常に計算しにくい解決策である。限られた数ながらも毎年一定の数は受け入れることが国際的にコミットメントされている「第三国定住」、あるいは出身国の平和構築や政治状況の改善のプロセスで優先的に取り組まれることの多い難民の「自主的帰還」に対して、この「現地統合」は積極的に模索されることの極めて少ない解決策であるということができる。この理由の一つには難民の受け入れ国にさらなる負担をかけることに対する配慮を挙げることができる。難民受け入れ国の多くが第三世界の貧しい国々である。それらの国では自国民に十分な暮らしを確保するだけでも大変な困難を抱えているし、そのための資源も限られている。そこへさらに少なくない数の難民をさらに受け入れてもらうためには、政治的に大変に困難な決断が必要である。長きにわたる交渉と、それに見合うだけの援助の提供を難民に対してだけでなく、彼らの現地統合によって影響を受ける現地の人々に対しても与えることが必要となってくる。また難民自体もそれを受け入れるのか不透明だ。このため、現地統合は難民たちを出身国へ自主帰還させ、また帰れない者たちに可能な限り第三国定住という可能性を尽くした後で、それでも残ってしまった難民のために現地政府と交渉を始めるオプションというのが現実的である。難民を受け入れ国において現地統合させ開発や経済発展の力として使う。そのような積極的な方針はしばしば人道救援と開発との間にあるギャップに陥り実現されないままに終わってしまう。人道救援機関には開発のノウハウが乏しく、開発援助機関は紛争直後の状況での活動の展開力に欠ける。また現地政府の意向に基づいて策定される開発計画では、どうしても元からその国にいる国民に優先順位が置かれてしまう。このような困難の中で、現地統合は難民の解決策において十分にそのポテンシャルを発揮できていないというのが現状である。

膠着した難民状況

しかしながら現実の多くの難民状況において、このいずれかの恒久的解決を手にすることができないまま、難民として長い月日を過ごさねばならない人々の数は増えている。少し古いデータであるが、難民が出身国を逃れ難民となってから、前述の恒久的解決のいずれかを手にして難民でなくなるまでにかかる期間は1993年の時点では平均で9年とされたが、2003年の時点でそれは17年の期間を要するに至った。[4] 23ヶ国の膠着した難民状況を対象とした最近の調査では、難民となってからの期間の平均が26年に達している。世界的に見ると、2015年の例を挙げれば、自主的帰還を果たした難民の数は約20万人。第三国定住を果たした難民の数も約10万人であり、その両方を合わせても約1600万人を超えるとされる難民の約2％にすぎない。その他の約98％以上の難民は引き続き難民としての暮らしに耐えねば続けねばならない。そして難民は増え続ける一方である。2015年の1年間だけで難民の増加数は173万人を超えた。[5] この新たな難民を含めた難民全体の数と、恒久的解決を手にして難民でなくなる人々の数の極端な不均衡が、より多くの膠着した難民状況を世界各地に作り出している。

この膠着した難民状況が人道援助上の大きな問題として取り上げられるようになってきたのは、ここ15年程にすぎない。それ以前の90年代には、人道援助機関やそのドナーはまずは大量に流出する難民とその人道的危機に対応することに手一杯の状況であった。21世紀を迎えた頃から、ようやく受け入れ国に積みあがった難民の状況に、恒久的解決を与えることの困難さとその帰結を悟ったのである。膠着した難民状況は、難民の滞在国の政治や治安状況にも、また難民自身にも大きな負の影響を及ぼす。労働や教育など生産的活動の機会の極めて限られた難民としての生活を長く続けるうちに、難民の暮らしは荒んでくる。特にキャンプなど隔離された環境ではそれが顕著に現れる。キャンプ内でのアルコールやドラッグに対する依存、性犯罪を含む犯罪の増加が多くの人々を蝕んでいく。また長期間に及ぶ援助物資に頼った暮らしは、人々から労働の習慣や意欲を失わせていく。また人道援助の資金が世界的に減少していく中で、膠着した難民状況に差し向けられた資金は真っ先に削減対象となる。

その結果、援助物資の不足にかわる生存のための資源を求めて、受け入れ国の住民との間の摩擦も激しくなっていく。一方で膠着した難民状況がもたらす受け入れ国あるいは地域の政治的状況に対する負の影響についても注目されるようになって来た。膠着した難民状況が、時としてテロリズムとの結びつき、小火器や弾薬などの密輸の拠点となり、また難民出身国の内戦が受け入れ国の状況に波及するきっかけを作ることも報告されている。またこうした状況にある難民を狙って女性や子どものトラフィッキングなど、様々な人権侵害も報告されている。

難民出身国の責任

多くの難民が膠着状態に置かれることになってしまった原因を、難民保護レジームの制度設計上の問題に求めることも可能である。第二次世界大戦後の難民保護のために成立した国際レジームは、法的には難民の地位に関する条約を柱とし、機構的にはＵＮＨＣＲをもう一方の柱としていることは前章で述べた。しかしながら、この両方に欠いているのは、難民の発生を未然に防ぐ力であり、また発生してしまった難民に対してその出身国に責任を負わせる力である。難民に地位に関する条約は、迫害を受けて居住していた国を逃れた個人に対する保護と、保護を提供される国においての諸権利を定めてはいるが、難民が自国に安全に帰還する権利はおろか、その難民を迫害した出身国の責任や、難民が迫害状況を生み出した出身国政府から受けるべき保障に関しては全く触れられていない。またＵＮＨＣＲに関しても、その設立に当たって定められた事務所規定によれば、難民の地位に関する条約の履行を条約加盟国政府と協力して実現することのほか、難民問題への恒久的解決を図る責任が付与されてはいるが、自国民に迫害が行われている国に介入し難民の発生を未然に防ぐことや、難民が発生した際に、その出身国の責任を問うたり、難民が早期に帰還を果たせるよう出身国での政治状況改善のための活動に関する権能はＵＮＨＣＲには与えられていない。現在の難民保護のための国際レジームが、原則的に難民を流出させている国の責任を問えないということは、たびたび批判されているように、それが難民の大量発生とその状況の膠着化という状況にとって看過できない問題なのである。

注

（1）UNHCR. *Global Trends: Forced Displacement in 2015*　２０１５年は最近5年間でもっとも多い10万７１００人が第三国定住の機会を得たが、その最大の受け入れ国はアメリカ（6万６５００人）である。
（2）90年代に最大の難民帰還を記録したのが１９９４年で約３００万人。２０００年以降最大は２００２年の約２４０万人。
（3）自主的帰還を果たした難民の数は近年著しく減少している。最近10年では一度も年間１００万人を超していない。
（4）UNHCR. *The State of World's Refugees 2006*による。
（5）UNHCR. *Global Trends: Forced Displacement in 2015*による。

参考文献

Betts, Alexander, Gil Loescher, and James Milner. *UNHCR: The Politics and Practice of Refugee Protection*. 2nd

Ed. Routledge Global Institutions Series. New York, Routledge. 2012.

Bradley, Megan. *Refugee Repatriation: Justice, Responsibility, and Redress*. Cambridge, Cambridge University Press. 2013.

Fielden, Alexandra. Local Integration: an under-reported solution to protracted refugee situation. *New Issues in Refugee Research, Research Paper No. 158*. Geneva, UNHCR. June 2008.

Jacobsen, Karen. The forgotten solution: local integration for refugees in developing countries. *New Issues in Refugee Research, Working Paper No. 45*. Geneva, UNHCR. July 2001.

Loescher, Gil. *The UNHCR and World Politics: A Perilous Path*, Oxford, Oxford University Press, 2001.

Loescher, Gil and James Milner. Protracted Refugee Situations: Domestics and International Security Implications. Adelphi Paper 375. Oxford, Institution for Strategic Studies. 2005.

UNHCR, *The State of World's Refugees 2006*. Geneva, UNHCR. 2006.

UNHCR, *Global Trends: Forced Displacement in 2015*. Geneva, UNHCR, June 2016.

第18章 アジア太平洋地域の難民

佐藤滋之

UNHCRの統計によると、2015年に初めてアフリカ地域に抜かれるまで、世界でもっとも多くの難民を抱えている地域はアジア太平洋地域であった。2015年末時点でアジア太平洋地域の難民とそれに準ずる状況に置かれた人の数は約383万人、(1) これは全世界の難民とそれに準ずる状況にある人々の約24%に相当する。

アジア太平洋地域の国では、現在でも難民に関する国際条約（難民の地位に関する条約、または1967年議定書、あるいはその両方）に加盟している国は少ない。(2) したがって、この地域では国際条約など難民保護の法的原則や対応の普遍的枠組みを使って難民問題に対するのではなく、それぞれの難民問題の発生に合わせて個別の対応を図るのが一般的であり、そこには普遍的な人道原則や人権の尊重よりは国際関係・国際政治上の事情がそれぞれ考慮される余地が大きくなる傾向が見られる。また、難民を生み出す原因となっている国内の政治状況や人権状況に外部から改善を促すことに対して、アジア太平洋地域諸国は消極的な姿勢をとり続けている。たとえばＡＳＥＡＮの原則とする相互内政不干渉主義は、これまでに大量の難民を周辺諸国に流出させているミャンマーの人権状況に関して、ＡＳＥＡＮ加盟諸国の積極的な介入を拒むものである。アジア太平洋地域で過去にこれだけの数の難民が発生してしまったことの一つの原因として、難民流出をさせている根本的原因に対して介入することなく、長い期間その問題状況の存在を許してきてしまったことがあろう。その結果、難民流出もまた長期にわたって続き、難民の数を巨大なものとしてしまった。そのことは、アジア太平洋地域の難民の歴史の中で最大規模のものである以下の二つの事例にも共通している。

インドシナ難民

アジア太平洋地域の難民危機対応でもっとも象徴的であったのは１９７５年に始まったインドシナ難民危機であろう。これはベトナム、ラオス、カンボジアの３ヶ国に社会主義政権が成立したことを主な理由に、１９７５年から90年代半ばまでという非常に長い期間にわたって続いた難民の流出である。社会主義政権成立によって社会の周縁に追いやられた人や、社会主義体制に馴染むことができなかった人々がじわじわと流出し、最終的に祖国を去った人々の数は１４４万人に達したと考えられる。流出のピークは１９７９年で、この年だけで39万人のインドシナ難民が母国を逃れた。これらのインドシナ難民はボートで、あるいは陸路を使ってまず近隣のアジア諸国に向かった。その主な目的地はタイ、マレーシア、フィリピン、香港などであったが、その一部は海路を通って日本にまで到達した。

多くの難民が到着したタイやマレーシアなど東南アジア諸国の殆どは難民条約の加盟国ではなかったため、それを盾にこれらの国々は難民の受け入れを拒んだ。しかし、アメリカをはじめとする国々が東南アジア諸国のキャンプから難民の第三国定住を受け入れることを約束し、東南アジア諸国は一時的な難民受け入れの説得に応じた。冷戦下の政治環境は、社会主義陣営と対立する西側諸国にとって、これら膨大な数の難民を受け入れることに政治的な正統性を与えた。第三国定住の必要は巨大であったが、西側の多くの国が受け入れを表明し、約130万人の難民がアメリカ、カナダ、オーストラリアをはじめとする諸国に第三国定住を果たした。日本も難民定住の受け入れを迫る国際的世論に押され、最終的に1万人を超える難民の定住を受け入れた(3)。

インドシナ難民危機は、その解決に対して、70ヶ国以上が参加した「インドシナ難民国際会議」の開催など、多くの国を巻き込んだ国際協調や負担分担の一つの前例を提供したという点では、その後の世界で起こった数々の難民問題への国際社会の対処のモデルを提供したと評価することができる。しかしながら、国際社会を巻き込みながらも難民を流出させているインドシナ三国の人権状況についての積極的な介入はとられず、むしろこれらの国から難民が合法的に出国する仕組みを整えるなど、難民の流出が続くこと自体に対しては積極的な対策をとれなかった。また、国際社会は域外への第三国定住を確約しない限りインドシナ難民の受け入れは拒否するという東南アジア諸国からの強い姿勢の前に妥協をし、これらの国に人権保護に基づいた難民保護の仕組みを打ち立てることにも、目立った成果を挙げることができなかった。このことはその後の難民への対応の歴史に影響を与え続けている。

アフガニスタン難民

インドシナ難民危機が始まって間もなく、アジアの西側でも大規模の難民流出が起ころうとしていた。アフガニスタンでは１９７８年に共産主義者によるクーデターが発生し、これに続いて起こったソビエト連邦のアフガニスタン侵攻によって国内は内戦状態に陥った。多くの市民の命が犠牲となり、また難民となった。ソ連軍によるアフガニスタン駐留は10年後の１９８９年に至るまで続き、その莫大な支出はソ連を崩壊に至らせる一つの要因となった。ソ連撤退後も国内諸派による内戦は続き、相次ぐ政治的混乱やタリバンの台頭などを招き、難民の流出は再び増加に転じた。２００１年９月に米国で同時多発テロ事件が発生すると、その首謀者とされ、アフガニスタンでタリバン政権によってかくまわれているとされたウサマ・ビン・ラディンの引き渡しを米国は求めた。これに応じなかったタリバン政権に対して米国が率いる有志諸国とアフガニスタン国内でタリバン政権と戦っていた北部同盟が掃討作戦を仕掛け、首都カブールからタリバンを追い出し暫定政権を樹立させた。しかし国内の治安情勢は一向に安定せず、地方に逃れたタリバンなどの勢力による政府や駐留外国軍へのテロ攻撃が続き、米軍はアフガニスタン侵攻以来15年を経た今も軍事プレゼンスの維持を強いられている。

この長きにわたって続くアフガニスタン内戦によって国外に逃れた難民は最大時点で６００万人を上回り、２０１３年にシリア難民の数に追い抜かれるまで、一国から発生した難民の数としては32年にわたって世界最大のものであった[4]。ソビエト軍のアフガニスタン侵攻は国際的非難を巻き起こしながら、国際社会は10年にもわたる長期間の駐留を終わらせる有効な手段が打てなかった。またソビエト軍撤退後の時期にも、アフガニスタンでの平和構築のための積極的支援を怠り、むしろアフガニスタン状況に利害を有する諸国が、タリバンなど国内の武装勢力の伸長を促したことが、巨大な数のアフガニスタン人難民を流出させることに繋がったと考えられる。

米軍のアフガニスタン侵攻後、アフガニスタン難民を周辺諸国から帰還させるための大規模な帰還支援オペレーションが２００２年から開始された。これにより２００２年だけでパキスタンから１５０万人、イランから25万人の難民が帰国した。以降２０１２年までの時点でアフガニスタンに帰国した難民の総数は約４７０万人に達する。しかしながらアフガニスタンに帰還しても、国内の治安や社会・経済状況は依然として悪く、結局は出身地に戻れないままアフガニスタン国内の国内避難民キャンプに居ついてしまう帰還民、再び周辺諸国に戻ってしまう元難民、そしてブローカーの手引きで遠く欧州などを目指し危険な旅路に就くものが後を絶たない。[5] またテロの恐怖や、駐留軍に協力したことでタリバンや原理主義組織の脅迫を受け新たに難民となりアフガニスタンを逃れるものも多く、[6] 依然としてアフガニスタンの難民問題の完全な終結は見えてこない。

難民と移民労働者の希薄な境界

以上、アジア太平洋地域の過去における難民危機と対応の歴史を、１９７０年代に始まった二つの大規模な難民流出危機の例に概観してきたが、難民の流出を招いている原因に有効な介入の手段を欠き、問題が巨大化してしまった経緯に共通性を見ることができる。一方で、アジア太平洋地域の難民の別の特徴は、域内諸国間での経済格差や政治社会体制の多様性ゆえに、国境を越えた人の移動が、たとえば出身国の人権迫害から逃れるためだけでなく、出身国外に経済的機会を求めるためなど他の目的を併せ持っていることが多いことである。それがアジア地域では迫害を逃れる人々の移動を純粋に「難民レジーム」や「人権レジーム」の枠内のみで取り扱うことを難しくしている。むしろこの地域に顕著に見られるのは「移民レジーム」を拡大して「難民」のように国際的な保護を必要とする人々を包括しようとする動きだ。(7) アジア太平洋地域は域内に先進工業国から世界最貧国まで存在するように、各国間の経済的格差が相対的に大きく、経済成長による労働者不足の問題が域内に点在している。労働者不足を抱える域内諸国も、本来は人道的な難民の受け入れと、経済要請上必要な移民の受け入れは別々であるべきところを、あえて明確に区分をすることを避けている状況も見受けられる。

アフガニスタンを除いた場合、現在アジア太平洋地域で最大の難民の流出国はミャンマーである。しかし、ミャンマーから外国に逃れている人々は、必ずしも難民というカテゴリーに属さない。むしろミャンマー人口の約10%と言われる国外への流出者の多くは移民労働者、それもしばしば不法移民という形で海外に滞在している。たとえばミャンマーの隣国のタイでは約200から400万人のミャンマー人が労働者として滞在しているという。この数のうち約8割が不法滞在者であると推計されているが、タイ人の賃金よりはるかに安い賃金で働くミャンマー人労働者は、もはやタイ経済に欠かすことのできない労働力である。彼らを対象に2011年に行われた調査では、84%にのぼるミャンマー人労働者は母国の民主化が進み政治的環境が向上したら母国に帰りたいと答えている。(8) このことは、彼らは単純に経済的理由のためだけにミャンマーを離れたのではなく、軍事政権による圧政を逃れたという難民性を有していることを証明している。しかし、ミャンマー人がタイで難民として認められるハードルはとても高く、また難民として認定された人々を国境沿いの僻地にあるキャンプに収容し労働を認めない政策をとっているために(9)、難民としてではなく移民労働者としてタイに滞在することを選んでいると考えられる。このように母国での紛争や迫害を逃れた人々を、人道的枠組みではなく移民としての枠組みで取り扱うことは受け入れ国側にも利益がある。彼らの人権や国際的な保護基準を考慮することなく、彼らの労働力の恩恵に与かり、また労働市場が縮小した場合には自由に出身国に送還することが可能であるからだ。これは非人道的で無責任な態度にも思えるのだが、一方で世界の他地域の難民が、難民キャンプに収容され労働を許されることもなく無為に長い歳月を過ごしていることを考えれば、迫害を逃れてきた人を難民としての保護の対象としてではなく、移民労働者として受け入れ国の経済に積極的に役立てているという意味では積極的な評価の余地があろう。しかし、そこでも移民労働者の人権の保護の問題に加えて、本当に人道的な保護に値する人々をどう救っていくかという点では課題が残る。

2015年、同じミャンマーからロヒンギャ族を乗せた複数のボートが、東南アジア諸国の沿岸を保護を求めて何ヶ月も漂流し国際社会の注目を集めた。国内に多くのミャンマー人労働者を抱えるタイやマレーシアは、海軍や警備艇を使ってこれらのボートの領海内への侵入を拒み、時には難民船を曳航して公海上に連れ戻し国際社会の厳しい非難を浴びた。約30年ぶりの民主的選挙で選ばれたミャンマー新政権は、国内にはロヒンギャという民族は存在しないという姿勢を崩しておらず、今後もロヒンギャ族の迫害からの自由を求めた海外脱出は続くであろう。難民に相当するであろう人々をむしろ移民労働者として受け入れ積極的に労働者として経済に組み込んできたアジア諸国は、その積極的な姿勢は失わないまま、一方でそれとは別に人道的に保護されるべき難民を国際的な人権水準に基づいて取り扱う、そんな国家としての成熟を求められている。

注

（1）UNHCR. *Global Trends: Forced Displacement in 2015* の統計による。

（2）ＵＮＨＣＲの２０１５年の資料によれば、アジア太平洋地域で難民条約に加盟している国は、日本、中国、韓国、フィリピン、カンボジア、オーストラリア、ニュージーランド、パプア・ニューギアなど少数に留まる。詳しくは http://www.unhcr.org/protection/basic/3b73b0d63/states-parties-1951-convention-its-1967-protocol.html（２０１７年1月8日アクセス）

（3）外務省発表資料によれば、平成17年時点で日本へのインドシナ難民定住受入数は1万１３１９人である。http://www.mofa.go.jp/mofaj/gaiko/nanmin/main3.html（２０１７年1月8日アクセス）

（4）ＵＮＨＣＲプレスリリース　２０１３年６月19日　http://www.unhcr.or.jp/html/2013/06/pr-130619-globaltrends.html（２０１７年1月8日アクセス）

（5）様々な研究機関や人権団体による報告がある。最近の例としてAmnesty International. Afghanistan: "My children will die this winter" Afghanistan's broken promise to the displaced. 2016 (https://www.amnesty.org/en/documents/asa11/4017/2016/en/、２０１７年1月8日アクセス)

（6）http://qz.com/702668/afghan-translators-for-the-us-army-who-were-promised-visas-but-never-got-them/（２０１７年1月8日アクセス）

（7）たとえば、２００２年に創立された、アジア太平洋地域の越境する不法移民や人身取引など国際犯罪に対処する国際協力枠組みである「バリ・プロセス」では難民問題も包括する。

（8）【タイ】ミャンマー人労働者の８割以上が帰国を望む（グローバルニュースアジア：２０１４年９月９日配信記事） http://www.globalnewsasia.com/article.php?id=959&&country=2&p=2（２０１７年１月８日アクセス）

（9）Human Right Watch "Thailand: Refugee Policies Ad Hoc and Inadequate: Closed Camps, No Work Authorization Lead to Stagnation and Abuse" ２０１２年９月13日配信 https://www.hrw.org/news/2012/09/13/thailand-refugee-policies-ad-hoc-and-inadequate（２０１７年１月８日アクセス）

（10）２０１５年の前半だけで推計３万３６００人のロヒンギャ族がボートでミャンマーを出国したとされている。"Where are the Rohingya boat survivors now?　No happy ending for Myanmar refugees" IRIN News ２０１６年４月15日配信 https://www.irinnews.org/news/2016/04/15/where-are-rohingya-boat-survivors-now（２０１７年１月８日アクセス）

参考文献

Banerjee, Paula. "Forced Migration in South Asia." In *Oxford Hand Book of Refugee and Forced Migration Studies*, edited by Elena Fiddian-Qasmiyeh, Gil Loescher, Katy Long, and Nando Sigona. Oxford, Oxford University Press. 2014.

Betts, Alexander, Gil Loescher, and James Milner. *UNHCR: The Politics and Practice of Refugee Protection*. 2nd Ed. Routledge Global Institutions Series. New York, Routledge. 2012.

Loescher, Gil. *The UNHCR and World Politics: A Perilous Path*, Oxford, Oxford University Press, 2001.

Loescher, Gil. *Beyond Charity: International Cooperation and the International Refugee Crisis*. Oxford. Oxford University Press. 1992 .

McConnahie, Kirsten. "Forced Migration in South East Asia and East Asia." In *Oxford Hand Book of Refugee and Forced Migration Studies*, edited by Elena Fiddian-Qasmiyeh, Gil Loescher, Katy Long, and Nando Sigona.

Oxford, Oxford University Press. 2014.
Schmeidl, Susanne. "Repatriation to Afghanistan: durable solution or responsibility shifting?" *Forced Migration Review* 33. Oxford. September 2009.

第19章 アフリカ・中東地域の難民

佐藤滋之

アフリカ・中東地域での難民の歴史

ＵＮＨＣＲの統計によれば、アフリカ地域と中東地域で、国内避難民や無国籍者を含まない、難民あるいはそれに準じた状況にある人々の数は、２０１５年末の時点で約７１５万人にものぼる。(1) 世界全体の難民とそれに準じた人の総数は約１６１２万人とされているが、その約44％がアフリカ・中東地域に滞在していることとなる。近年の難民をめぐる報道で取り扱われる人々の多くはアフリカ・中東地域の出身であることから、世界中の人々が現在「難民」という言葉に連想するのは、多くはこの地域であろう。

しかしこの地域が歴史・地理・文化のいずれにおいても大きな広がりを持ち、とうていひとくくりに論ずることができない多様性を持っているように、この地域の難民・国内避難民をめぐる状況も様々である。まず第二次世界大戦後に植民地支配からの独立闘争が、特にアフリカにおいて多くの難民を生み出した。第二次世界大戦がヨーロッパに発生させた難民危機が紛争の終結と共に徐々に解消されていったように、当時のアフリカ新興独立諸国の指導者たちも、やがてアフリカの諸国が独立を勝ち取り政治的安定を得ることによって難民問題は解決されるだろうという楽観的な見通しを持っていた。[2] しかしながら、この見通しには「アフリカの10年」と呼ばれた60年代にすでに暗雲がかかり始める。新たに独立したアフリカ諸国はすぐに冷戦下の東西対立に巻き込まれ、東西それぞれの陣営の支援を受けて代理戦争と呼ばれる紛争が引き起こされた。それによって大量の難民の流出・国内避難民の発生が始まり、早くも60年代末にはアフリカには70万人を超える難民の存在が知られる状況に至った。やがて冷戦が終わる頃に東西陣営の対立が解消されると、今度はそれぞれの陣営からの財政的支援や援助が次々に打ち切られ、それに頼って存続してきた脆弱な国家が次々に破綻を迎えた。それによって生じた権力の空白に、国内の諸勢力の争いが武力闘争を引き起こし、多くの市民が犠牲になり、また難民・国内避難民となった。またほかにも砂漠化による土地の人口扶養能力の減少に人口の増加が加わることによる限られた土地や水などの資源をめぐる争いの結果として、あるいは先進工業国からの地下資源の需要による大規模な土地の収奪と住民の強制退去の結果として難民・国内避難民となるなど、この地域での難民問題は多様な側面を持っている。

戦後のアフリカ・中東地域の難民問題を概観するうえで、もっとも古くから続く難民問題であり、かつ特殊な位置づけに置かれているのがパレスチナ難民である。１９４８年、第一次中東戦争の結果として故郷を失った約75万から90万人のパレスチナ難民は、約70年の歳月を経た今でも帰還を果たせず、周辺諸国やイスラエル領内のガザ地区およびヨルダン川西岸地区で暮らし続けている。そしてその人口は、その後の第三次中東戦争とイスラエルのレバノン占領により新たに難民となった人々を加え、今では約500万人に達しているとされる。パレスチナ難民を支援するのは、UNHCRより早い1949年に国連総会決議に基づき設立された国連パレスチナ難民救済事業機関（UNRWA）である。この機関はパレスチナ難民に人道的支援を供給するための機関として設立され、本来的には難民の権利の保護をする機関ではない。パレスチナ難民はパレスチナ周辺諸国にいる限り、UNHCRの保護の管轄に入らないし、1951年難民条約の保護の対象ともならない。また、UNHCRと異なり、UNRWAにはパレスチナ難民問題の帰還や現地統合など解決に関する委任事項は与えられていない。パレスチナ難民の現在そして将来は、イスラエルとパレスチナをめぐる国家間の政治交渉の中心的問題の一つであり、未解決の中東和平問題そのものであり続けている。

他方、設立当初の活動地域はヨーロッパ諸国であったUNHCRがアフリカ中東地域の難民に関与を開始したのは、パレスチナ難民問題が起きた10年以上後、1960年のアルジェリアにおいてであった。またアルジェリア難民はUNHCRが欧州地域外で救援活動を実施した初めてのケースとなった。戦後アフリカ中東地域の各地で展開された植民地解放運動において、アルジェリアはもっとも熾烈な内戦を経て独立に至った。1954年から60年まで続いた独立戦争において約100万人が犠牲となり、ほぼ同数の人々が隣国であるモロッコやチュニジアに逃れ難民となった。1957年、独立間もないチュニジア政治は領内に避難したアルジェリア難民8万5000人に対する支援の供給をUNHCRに要請する。当時はまだ前例のなかった人道的支援の要請に対して、UNHCR内部でも対応に意見が割れた。しかし最終的には、ＵＮＨＣＲをヨーロッパの難民のためだけの機関とすべきでないと考えた当時のリンツ高等弁務官の外交的手腕により、ＵＮＨＣＲがチュニジアに滞在するアルジェリア難民の支援をすることに関係諸国の了承と支持を得ることに成功した。これによって始まった難民に対する人道支援活動の展開は、ＵＮＨＣＲが難民条約の施行を監督促進するだけの機関ではなく、第三世界の難民に人道的支援物資を供給するという、今日まで続く活動を開始した転機となった。

アフリカ連合と難民問題

前章で扱ったアジア太平洋地域の諸国が難民条約への加盟に消極的であり、また地域国際機関も難民問題の取り扱いが極めて限定的であるのに対して、アフリカ地域では多くの国が植民地支配からの独立に際して難民の地位に関する条約（および１９６７年議定書）の加入国となった。またアフリカの地域間国際機関であるアフリカ統一機構（ＯＡＵ）――２００２年にアフリカ連合（ＡＵ）に発展改組――は、難民問題がアフリカ諸国の多くが抱える共通の問題であり、それがアフリカの安定と団結を揺るがしかねないとの認識から、難民問題への取り組みに積極的であり、世界の他の地域間国際機関に先駆けて、難民と国内避難民それぞれに適用される国家間地域条約を批准するなど、難民・国内避難民問題への対応のアフリカ共通のプラットフォーム作りを手掛けてきた。

アフリカ連合の難民問題に対する取り組みは１９６９年に「アフリカにおける難民問題の特定の側

面を規律するアフリカ統一機構条約」（1969年OAU難民条約）という形で実を結ぶ。この条約が難民保護の世界的規範である「難民の地位に関する条約」（1951年）に比べて特徴的であるのは、難民の定義を拡大した点においてであろう。1969年OAU難民条約は第1条1項で1951年条約による難民の定義を大筋で踏襲したのち、2項で外部からの侵略、占領、外国による支配または著しい社会的混乱を逃れて国境を越えてきた人々も難民の定義に含めている。この規定により難民の法的定義が極めて広範に拡大された。また、同第8条では、条約加盟国とUNHCRとの間の協力関係を定め、この条約が1951年難民条約に補完的な役割を果たすことを明記している。これによって、UNHCRはアフリカにおける難民の保護を広く拡大する法的な根拠を得たのである。1969年OAU難民条約が採択されてから、半世紀近い時間が過ぎたが、いまだ地域国際機関が法的拘束力のある難民保護条約を結んだ例は、世界にこの条約一つしかない。

一方で、AUは国内避難民保護においても地域間国際条約を結ぶことに成功している。「アフリカにおける国内避難民の保護と援助に関する条約」と名付けられたその条約は一般的にはその議決された会議の開催地をとってカンパラ条約と呼ばれる。この条約は2009年に採択され、その後15のAU加盟国の批准をもって2012年12月に施行された。現時点では世界で唯一の国内避難民に関して法的拘束力を持つ国際条約として、加盟国のさらなる拡大と、より効果的な適用が望まれている。

難民の隔離と人道支援の限界

しかしながら、難民保護に対するアフリカ諸国の長い取り組みの歴史にかかわらず、国内に抱えたいつ終わるとも知れない難民問題に対して、多くのアフリカの国が疲弊を覚え始めている。[3]２０１５年の時点で膠着した難民状況にある人々の数は６７０万人に達しており、その数はその後も増え続けている。そして、こうした膠着状況の多くはアフリカにある。

２０１６年５月、ケニア政府は国内にあるダダーブ難民キャンプを閉鎖すると一方的に発表した。[4]この決定はケニア内外において、キャンプ閉鎖後の難民たちの直面する人道的状況に対する懸念と、巨大な数の難民を国内に抱えて25年以上にわたって負担し続けてきたケニア政府への同情も含めて、様々な反応を国内外に巻き起こしている。ダダーブ難民キャンプは２０１５年時点で33万人という数の難民を収容する世界最大の難民キャンプであり、人口だけで見ればケニア国内でナイロビ、モンバサに次ぐ第3の規模の「都市」である。しかしながら、ダダーブ難民キャンプはケニアの治安の悪化の原因として90年代からたびたび批判にさらされてきた。ダダーブを通じてソマリアの小火器がケニアに流入した結果、ナイロビをはじめとした都市部の治安悪化が引き起こされたというものである。ダダーブ難民キャンプの存在は２０１３年にナイロビの大規模商業施設、そして２０１５年にガリッサの大学で多くの命を奪ったテロ事件の結果、いっそう激しい批判にさらされるようになる。ソマリアに拠点を置くイスラム過激派組織「アル・シャバーブ」がダダーブ難民キャンプを通じてテロを計画・実行したと広くケニア国民に信じられるようになったためだ。[5]

ダダーブ難民キャンプをはじめとして、アフリカ各地には大規模な難民キャンプが存在する。その多くが存在するのは中央政府のコントロールの行き届かない辺境である。90年代以降、こうした状況を利用して難民キャンプ内部での非合法的活動に関する報告が増えている。その実態を調査することは困難を伴うが、反政府軍が国境を越えたキャンプを政府軍に対する攻撃拠点とする例、敵対する隣国政府を弱体化させるため、自国内のキャンプで隣国の反政府勢力をかくまう例が報告され、最近では少年兵を含む兵士の徴用とその訓練のためにキャンプが使われる例、密輸や人身売買など不法行為の拠点として使われる例、そしてケニアで一般に信じられているようにテロや国内の不安定化を目的とした活動の拠点として使われる例などが疑われている。そして、難民キャンプ内での治安の悪化は、人道機関の活動を縮小させ、結局は罪のない一般の難民がその対価を払わされることとなる。

アフリカの多くの国において隔離と人道援助は難民政策の大きな柱である。そこでは難民は一般社会から遠ざけられ、そして労働や生産の機会はないものの、国際社会から供給される人道支援によっていつ終わるとも知れない難民としての日々を送っている。しかし、そのような暮らししか選択肢のない難民キャンプという空間は、そこに暮らさざるを得ない人々の生活をいびつなものとし、破壊や暴力が一部の人々の心を蝕んでいく条件を作り出してしまったことは想像に難くない。もちろん、キャンプ内での軍事活動や犯罪など、人道的空間の存続を危うくし、そこに暮らす人々の安全を損なうような活動は決して許されるものではない。しかしながら、長期間にわたる難民キャンプでの自由や希望を奪われた生活がもたらす人心の荒廃に、人は決して物質的充足だけで生きていけるのではないということを思わされる。そのことを改めて検証し、難民政策を立て直していく必要がある。

シリア難民と難民保護体制の危機

2011年、シリア中部で起こった反政府デモを、アサド政権が武力を使って抑え込もうとしたことをきっかけに、シリアは内戦状況に陥った。ロシアやイランの支持を受けたアサド政権による反政府勢力に対する弾圧は激しく、またシリア国内の反政府勢力も四分五裂となり、内戦状況は膠着したまま、内戦による国土の破壊と人々の被害は膨れ上がった。UNHCRの統計によれば、この内戦によって2016年5月までにシリアから流出した難民の数は全部で400万人を超えると推定され、またそれを上回る800万人以上がシリア各地で国内避難民としての生活を余儀なくされている。シリア難民の多くは近隣のトルコ（約275万人）、レバノン（約105万人）、ヨルダン（約65万人）、イラク（約25万人）、エジプト（約12万人　いずれもUNHCR統計[6]）などに逃れたほか、シリアからの難民を核として、イラク、アフガニスタンなど諸地域から流出する難民と共に主にヨーロッパに向かう人の流れを生み出し、ヨーロッパに第二次世界大戦以降最大の難民危機を引き起こした。第二次世界大戦後に作り出された難民保護システムは、空前の規模の難民流出の事態を受けて最大の危機を迎えている。アフリカ中東地域をはじめ、第三世界の難民に関しては、難民の流れが域外に広がるのを抑え込む圧力が、これまで以上に先進工業国から寄せられるであろう。しかし、動き出した大きな人の流れのうねりを前に、それを抑え込むことは難しい。今、出現しつつある状況は、難民問題への対処をそれぞれの国家や地域の問題と論じることのできない世界である。アフリカの辺境にある難民キャンプの中で起こる一つの出来事が、新たな人の流れを作り出し、遠く離れた先進工業国の政治運営を混乱させ得る世界の出現である。このような世界の出現を前に、難民の保護はこれまで以上のイノベーションを必要としている。

（注）第５部の内容は著者の個人的意見・見解であり、著者の所属する組織の公式な立場や見解を示すものでは一切ない。

注

（１）UNHCR. *Global Trends: Forced Displacement in 2015* 内訳は中東・北アフリカ地域に約２７４万人、サハラ以南アフリカ地域に約４４１万人。

（２）ＵＮＨＣＲ「難民」１９９９年第３号（通算１１５号）タンザニア・ニエレレ元大統領に対するインタビュー。

（３）UNHCR. *Global Trends: Forced Displacement in 2015*

（４）“Kenya: Reckless closure of world’s biggest refugee camp will put lives at risk” Relief Web ２０１６年５月６日掲載 http://reliefweb.int/report/kenya/kenya-reckless-closure-world-s-biggest-refugee-camp-will-put-lives-risk（２０１７年１月８日アクセス）

（５）ケニア国内の論調として“Why Kenya had to close refugee Dadaab and Kakuma camps” Standard Digital（２０１６年５月10日掲載）。http://www.standardmedia.co.ke/article/2000201196/why-kenya-had-to-close-refugee-dadaab-and-kakuma-camps（２０１７年１月８日アクセス）

（６）シリア難民に関する統計や資料はＵＮＨＣＲの以下のポータルサイトにまとめられ、随時更新されている。Syria Regional Refugee Response Inter-agency Information Sharing Portal（http://data.unhcr.org/syrianrefugees/regional.php、２０１７年１月８日アクセス）

参考文献

中山裕美『難民問題のグローバル・ガバナンス』東信堂、二〇一四年

佐藤寛和「パレスチナ難民問題の歴史的諸相」（墓田桂 他編『難民・強制移動研究のフロンティア』現代人文社、二〇一四年）

Chatty, Dawn. *Displacement and Dispossession in the Modern Middle East*. Cambridge, Cambridge University Press, 2010.

Hanafi, Sari. Forced Migration in the Middle East and North Africa. In *Oxford Hand Book of Refugee and Forced Migration Studies*, edited by Elena Fiddian-Qasmiyeh, Gil Loescher, Katy Long, and Nando Sigona. Oxford, Oxford University Press. 2014.

Kamungi, Prisca. Beyond good intension: implementing the Kampala Convention. *Forced Migration Review* 34. Oxford, February 2010.

Kibreab, Gaim. Forced Migration in East Africa and the Great Lakes. In *Oxford Hand Book of Refugee and Forced Migration Studies*, edited by Elena Fiddian-Qasmiyeh, Gil Loescher, Katy Long, and Nando Sigona. Oxford, Oxford University Press. 2014.

Lischer, Saeah K. *Dangerous Sanctuaries: Refugee Camps, Civil War, and Dilemmas of Humanitarian Aid*. Ithaca, Cornel University Press, 2005.

Loescher, Gil. *The UNHCR and World Politics: A Perilous Path*, Oxford, Oxford University Press, 2001.

Loescher, Gil and James Milner. Protracted Refugee Situations: Domestics and International Security Implications. Adelphi Paper 375. The Institution for Strategic Studies. Oxford, 2005.

Muggah, Robert (ed.). *No Refuge: The Crisis of Refugee Militarization in Africa*. London, Zed Books. 2013.

Smith, Merill (ed.). “Warehousing Refugees: A Denial of Right, a Waste of Humanity.” *World Refugee Survey*

2004. U.S. Committee for Refugees and Immigrants. Arlington, 2004.

Steiner, Niklaus. Mark Gibney, and Gil Loescher (ed.) *Problems of Protection: The UNHCR, Refugees, and Human Right*. New York, Routledge, 2003.

UNHCR, *Global Trends: Forced Displacement in 2015*. UNHCR, Geneva. June 2016.

COLUMN

「食」を通じた難民支援を目指して

Meal for Refugees（M４R）創設者　テュアン シャンカイ

①M４Rとは何か

Meal for Refugees（以下、M４R）は、２０１３年2月に立ち上がった学生による学生に向けた難民支援と社会貢献を目指す団体である。認定NPO法人難民支援協会が、日本で暮らす難民の方々から教わったレシピを集めて出版した『海を渡った故郷の味――flavors without borders』を基に、大学の食堂に日本で暮らす難民の故郷の味を提供している。この団体が立ち上がった理由は、三つある。まず一つ目が、日本に多くの難民が居ること、そして難民の日本での生活が厳しいという状況がなかなか知られていないという問題があること。二つ目は、難民という言葉自体が非常に多様化されており、「ネットカフェ難民」や「就職難民」などといった造語が世の中に出回り、本来の難民の意味とは異なる、いわばカジュアルに難民という言葉を使っているという状況があること。そして三つ目は、難民という言葉に対する偏見があるということ。この難民というだけで、どこかマイナスなイメージを持たれてしまっているという問題がある。このような認識の不足や誤りが、日本社会が難民を受け入れる際の妨げになっているのではないかと考える。このことから、難民がより良い生活を送り、活躍できる環境を作る第一歩として、「食」という切り口から難民について正しい理解を持ってもらうことを目指して、M4Rが立ち上がった。

②活動の特色

私たちの活動を一言で表すならば、「難民を知って支える」ことだ。難民の故郷の味を楽しむことで、難民に関する情報を知ってもらい、1食20円の寄付金を通じて、日本に居る難民を支える仕組みを作ることだ。現在様々な大学で同プロジェクトを展開している。まず試験的な導入で、2013年6月20日の「世界難民の日」前後の週で関東と関西の5大学で導入を始めた。当初は、のべ1000食程度が売れればいいだろうと思っていた。しかし、フタを開けてみれば、どの大学でも好評を博し、のべ5000食を提供することができたのだ。この実績を踏まえて、本格的に活動を展開し、現在までに、北は北海道から西は九州まで、のべ20大学で導入されている。初年度から、特に広報に力を入れて取り組んだ。大学の広報を使った宣伝や、M4R独自のSNSサイトを開設し、実際に導入する料理の写真を交えて発信した。徹底的にプロモーション戦略を策定、実践していった。その結果、テレビのニュース番組でも紹介され、また新聞では夕刊1面に掲載され、M4R自体の認知度を上げることに成功したのだ。

③学食から地域へ

私たちは、主に大学の食堂を活動の拠点にしてきたが、現在では、大学を超えた様々な場所で導入している。まず自治体などが主催している祭りに参加し、M４Rメニューを導入させてもらった。メニューに香辛料などを使用しているため、香ばしい匂いにつられて食べてみたという方も多くいた。また、レストランでの導入も行っている。現在、神戸にある多国籍料理屋にM４Rメニューを常設してもらい、併せてM４Rのレトルト食品も製造していただいている。そして２０１５年からは、キッチンカーを使ったM４R弁当を提供している。このように、先方からの要望に応じてコラボレーションする形で実現したものもある一方で、M４Rに加わっている学生の発案によって実現したものもある。メンバーはただ単に自分の大学で導入するだけでは満足せず、さらなるマーケティング開発を目指して行動を起こしている。このように、初年度からの地道な活動で実績を残し、少しずつではあるが、新たな導入形態を実現してきたのだ。

④今後の課題

M４Rの立ち上げから現在（２０１６年３月）までに、のべ２万７０００食を提供することができた。しかし、果たして注文した客全員が、難民問題に興味・関心を持ったのかどうかはわからない。これまでM４Rを導入した大学で行ったアンケート結果からは、価格が安いから選んでみた、エスニック料理が好きだから選んでみたという声が半数を占めている。でも、私たちはこうした試みを何回も続けていくことで、難民問題の興味・関心へと繋がるのではないかと考えている。「食」というわかりやすい切り口で、私たちが本当に伝えたい難民のことが、いかにして注文した客の全てに伝えられるのかが今後の課題だ。

⑤ MealからMultiへ

２０１３年にＭ４Ｒを立ち上げたときには、学生を対象にした活動を目指して取り組んだ。これは、難民と共にこれからを生きていく学生に、特に関心を持って欲しいという考えがあったからだ。しかしながら、今ではシリア情勢をはじめ、難民受け入れに関する国際報道などから、学生に限らず幅広い世代が難民問題に関して興味・関心を抱くようになった。この状況に鑑みて、今後は学食での導入を継続する一方で、新たな分野での開拓としてカフェや企業の社員食堂などでも導入できるように、新しい仕組みを追求していきたい。中でも、Ｍ４ＲのＭをMealからMultiに置き換えることによって、「食」だけに限らず、様々な観点や切り口から難民のための認知啓発や支援活動を行っていきたい。また、現在日本各地で活動をしている難民支援ＮＧＯ・ＮＰＯや学生団体などとも連携を強化し、Ｍ４Ｒを中心とした各団体とのネットワークの構築にも取り組んでいく。学生の発案で立ち上がったこの団体は、今後は誰もがＭ４Ｒを通じて難民問題を知ってもらう環境を作り、さらなる成長を目指し幅広く活動を展開していきたい。

6 ヨーロッパの難民問題

欧州における「難民・移民危機」(注)が特に2014年頃から中東・アフリカやウクライナ・ロシア情勢を経て、世界的に大きく取りざたされている。しかし欧州における難民問題は決して新しい事象ではなく、第二次世界大戦終結直後には1000万人以上の(避)難民が欧州全体に存在したと言われ、90年代にもユーゴスラビア紛争を逃れた多くの(避)難民が西ヨーロッパで保護を求めた。現在の欧州における難民政策は、90年代初頭から徐々に構築されてきた「欧州共通庇護制度」がその源の一つとなっている。欧州連合(European Union：EU)諸国による難民政策は刻一刻と変化しており、その最新情報を詳細に網羅することは不可能だが、第6部では、最近の欧州で揺れ動く(避)難民政策を理解するうえで最低限必要となる基本的枠組みについて紹介したい。

(注)欧州を目指すウクライナ出身者や中東・アフリカ出身者については「難民」と呼ぶべきか「避難民」や「移民」と呼ぶべきかについて議論の分かれるところである。第6部では、そのような人々の少なくとも一部は1951年の難民の地位に関する条約(難民条約)の第1条に言う「難民」の定義に当てはまる可能性があることを踏まえ、便宜上「難民」と呼ぶ。しかしこれは、それらの人々全員が必ず難民条約上の「難民」の定義に当てはまることを予断するものではない。

第20章

二つのヨーロッパ

橋本直子

欧州における難民政策を論じる際に、そこには二つの大きな異なる枠組みが存在することを抑えておきたい。一つは欧州連合（EU）、もう一つは欧州評議会（the Council of Europe）だ。

EUとは、第二次世界大戦後、主に西ヨーロッパ諸国間の経済協力を発端として発展してきた地域統合体で、現在は経済・通貨統合、外交・安全保障政策、警察・刑事司法協力など様々な分野で共同・統一政策を進めている。前身としては、1952年設立の石炭鉄鋼共同体、1958年設立の欧州経済共同体と欧州原子力共同体の3機関に遡ることができ、その加盟国であったドイツ、フランス、イタリア、ベルギー、オランダ、ルクセンブルクの6ヶ国が原加盟国と呼ばれるが、現在では旧東欧諸国やバルト3国まで（2020年2月1日に正式にEU離脱を果たした英国を除く）27ヶ国を包含する巨大な組織体となっている。特に、経済・通貨統合に関しては国家権限の一部をEUに委譲し、統一通貨ユーロを通じて世界最大の単一市場を形成しているところに他の地域共同体にはない特徴がある。1

図１　「二つのヨーロッパ」欧州連合27ヶ国 vs 欧州評議会46ヶ国

出所：EUおよび欧州評議会のホームページを基に筆者作成

９５２年以降、多くの条約や協定を通じて組織改編、統合の拡大と深化が繰り返されてきているが、現在は１９９３年に発効した欧州連合条約（いわゆるマーストリヒト条約、２００９年発効のリスボン条約により改正）と「欧州連合の機能に関する条約」（ＥＵ運営条約）を主な基本条約として成立している。中でも難民政策は、当初は「司法・内務協力」として、現在は「自由・安全・司法」の枠組みで統合政策が進められている。

一方、欧州評議会とは、上記のＥＵとは全く別個に独立して存在する汎欧州組織である。人権、民主主義、法の支配の分野で国際的基準を策定することを主な目的として、１９４９年の「欧州評議会設立文書」に基づきフランスのストラスブールに設立された。現在の加盟国は（２０２２年３月16日に離脱したロシアを除く）46ヶ国で、全ＥＵ加盟国に加え、イギリス、旧ユーゴスラビア諸国、トルコ、ウクライナまでを包含している。ＥＵとは違いオブザーバー資格もあり、アメリカ、カナダ、日本、バチカン、メキシコが現時点でのオブザーバー国である。最近では、死刑廃絶、人種差別撤廃、表現の自由の保護、ジェンダー平等、子どもの権利の保護、文化的多様性の促進、選挙監視、薬やヘルスケアの品質維持などの分野に力を入れており、条約策定、勧告・決議の採択、専門家会合の開催、決議や条約履行条項のモニタリング等を行っている。特に難民保護の分野で重要なのが、１９５３年発効の欧州人権条約とその条文に基づき司法判断を下す欧州人権裁判所であり、第22章で詳しく述べる。

ＥＵと欧州評議会は全く別の組織体であり、その設立経緯、趣旨、活動、権限、構造も大変異なる。にもかかわらず、それぞれの機関を構成する主要組織の名前に同じ単語が使われていたり、会議の開催都市が同じ場所であるため、ＥＵの難民政策と欧州評議会の難民保護基準が混同されて言及されることが珍しくない。この二つの組織とその政策は以下で述べる通り別の方向を向いていることもあり、ＥＵと欧州評議会のどちらの枠組みで出された文書や基準、決定なのか、よく注意して確認する必要がある。

参考文献

駐日欧州連合代表部ホームページ　http://www.euinjapan.jp/（２０２２年5月1日アクセス）

外務省「欧州連合（ＥＵ）」ページ　http://www.mofa.go.jp/mofaj/area/eu/index.html（２０２２年5月1日アクセス）

外務省「欧州評議会（ＣｏＥ）」ページ　http://www.mofa.go.jp/mofaj/area/ce/（２０２２年5月1日アクセス）

国立国会図書館リサーチナビ「ＥＵ（欧州連合）」https://rnavi.ndl.go.jp/politics/entry/eu-top.php（２０２２年５月１日アクセス）

国立国会図書館リサーチナビ「ＣＥ（欧州評議会）」https://rnavi.ndl.go.jp/politics/entry/CE.php（２０２２年５月１日アクセス）

欧州評議会Council of Europe ホームページ http://www.coe.int/en/web/about-us/who-we-are（２０２２年５月１日アクセス）

欧州評議会Council of Europe ホームページ https://www.coe.int/en/web/about-us/achievements（２０２２年５月１日アクセス）

欧州連合European Union ホームページ https://european-union.europa.eu/principles-countries-history_en（２０２２年５月１日アクセス）

第21章 欧州連合（EU）の難民政策

橋本直子

ＥＵの難民政策を語るうえで欠かせない二つの主要な枠組みが、シェンゲン協定（関連法規と合わせて英語ではシェンゲン・アキSchengen Acquisと呼ばれる）と欧州共通庇護制度（Common European Asylum System）である。

シェンゲン協定関連法規（Schengen Acquis）

シェンゲン協定とは、１９８５年に原締約国によって署名され１９９５年に発効した地域協定で、この協定締約国間の移動においては移動者の国籍にかかわらず国境管理を廃止する原則を規定したものである。シェンゲン領域内の移動の自由を促進することの裏返しとして、シェンゲン領域外に対する国境管理の強化も重視しており、個人情報を締約国間で共有するシェンゲン情報システム（ＳＩＳ）

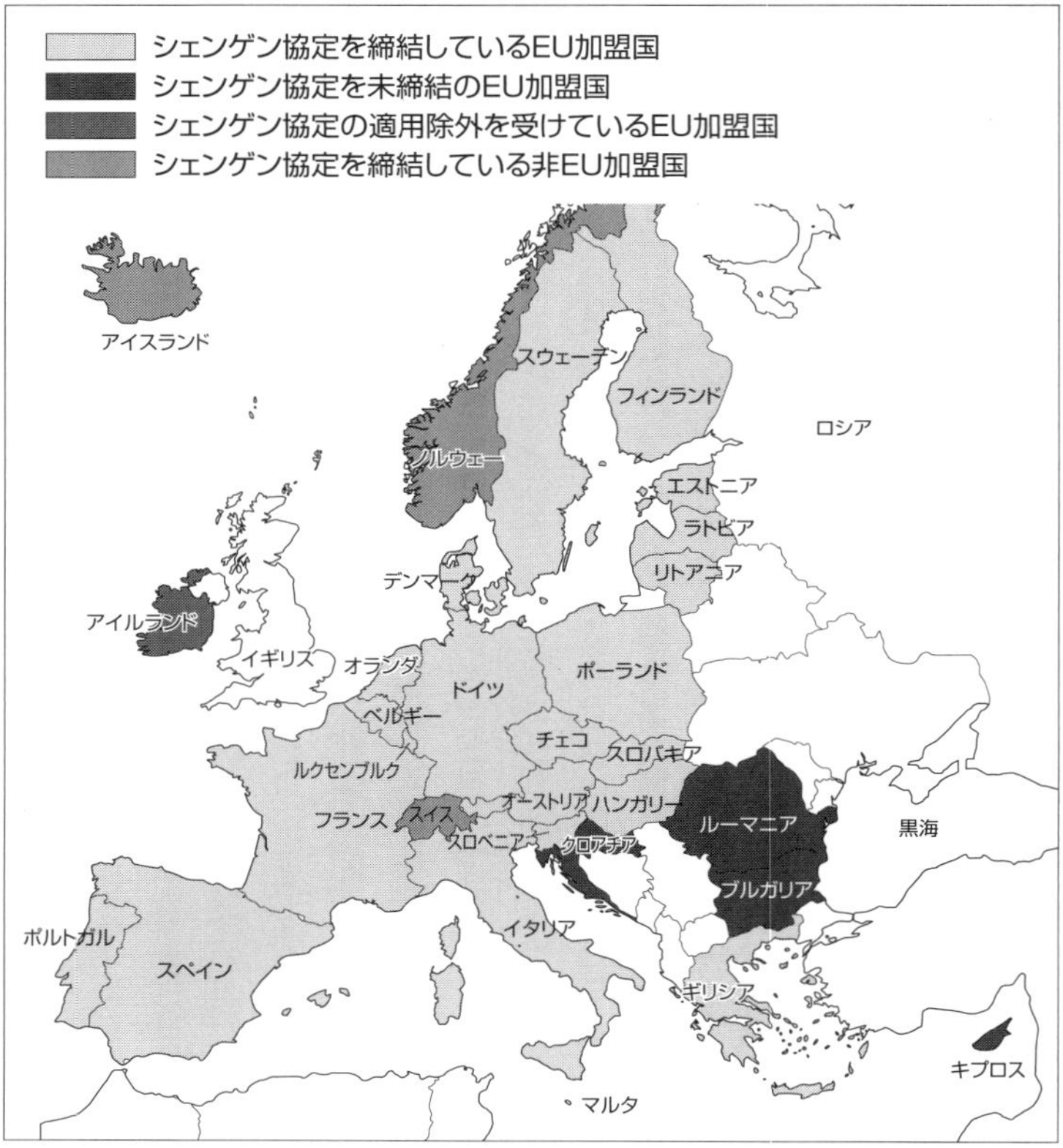

図１　シェンゲン協定とEU

出所：EU MAG（駐日欧州連合代表部公式ウェブマガジン http://eumag.jp/question/f0614/）を筆者が微修正

を開発し、密接な警察・司法協力を実施している。現時点の参加国は26ヶ国であるが、シェンゲン協定締約国は必ずしもEU加盟国と一致しないことに注意が必要である（図1）。EU加盟国27ヶ国のうち、アイルランドは警察協力のみを適用し国境管理の撤廃は適用除外となっており、キプロス、ブルガリア、ルーマニア、クロアチアについてはシェンゲン領域への完全参加がまだ認められていない。逆にEU加盟国ではないが、アイスランド、ノルウェー、リヒテンシュタイン、スイスの4ヶ国はシェンゲン領域に参加している。シェンゲン協定関連法規は本来はEUの枠組みとは独立して発展したものであるが、1999年発効のアムステルダム条約によりシェンゲン協定もEU条約の一部に統合され、シェンゲン協定関連法規が保障する自由な域内移動はEU諸国が重視する理念を具現化していると言える。ただし、域内国境管理の撤廃と域外国境管理の強化は表裏一体の関係にあり、域内自由化と排他的域外政策がセットとして発展した。これを域外から見ると、EUの域外国境が高く強固に積みあがっているように見えるところから、「ヨーロッパの要塞化（Fortress Europe）」と揶揄されるに至っている。

欧州共通庇護制度

シェンゲン協定関連法規と同時並行的に発展してきたのが、「欧州共通庇護制度（Common European Asylum System：CEAS）」である。1999年発効のアムステルダム条約においてEU加盟国間の庇護および出入国管理政策を統一化することが謳われ、EU運営条約の第67〜81条にその法的根拠がある。背景としては、特に90年代、旧ユーゴスラビアでの迫害・人権侵害や紛争を逃れて大量の難民や避難民が西ヨーロッパに押し寄せた際、どの国で庇護申請するかで庇護申請期間中の待遇や審査結果に差異が出たこと、また複数の国で同時並行的に庇護申請を行う者が出たため手続きに混乱が見られたことなどが、主な事情として挙げられる。具体的には、以下六つのEU法規が欧州共通庇護制度の主な中身を規定している。EU加盟国政府はこれらの規則で定められた内容を「最低基準」として国内法を改定し、確実に実施する法的義務を負っている。

以下の規則・指令のいくつかを含め欧州共通庇護政策は2016年以来さらなる見直し作業が続いているが、本章執筆時点での内容をそれぞれ簡単に紹介したい。

- ダブリン規則
- 庇護申請者の処遇に関する指令
- 資格指令
- 庇護審査手続きに関する指令
- ユーロダック規則
- 一時保護指令

ダブリン規則

1990年に採択された「ダブリン条約」が前身だが、2003年にいったん改定され[1]、さらに2

013年に採択された規則（Regulation（EU）No 604/2013）が現行版である。正式名称は「加盟国の一ヶ国で第三国国民または無国籍者によって提出された国際的保護申請を審査する責任を負う加盟国を決定するための諸条件とメカニズムを設定する欧州議会とEU理事会の2013年6月26日付規則」で、通称「ダブリンⅢ」と呼ばれることが多い。

ダブリン規則のもっとも重要な内容は、庇護審査をどのEU加盟国が担当するかを決める詳細な手続きを定めたところである。簡略化すると、担当国は以下の優先順位に従って決定される。

i）庇護申請者の「家族」[2]が合法的に居住しているか庇護申請をしている国。庇護申請者が未成年の場合、兄弟姉妹あるいは「親戚」[3]の居住国も考慮。
ii）庇護申請者に居住許可証あるいは査証を発行した国
iii）庇護申請者が非合法的に入国した国
iv）庇護申請者が最初に庇護申請を行った国

これらの基準に則って担当国となるかケース差し戻しとなるかが決められ、それに従って庇護申請者の移送も行われる。

この基準に従って庇護申請審査担当国が決定されるようになった結果、EU加盟国間での庇護申請の負担に大きな不均衡が生じることとなった。なぜなら、大多数の庇護申請者は上のiii）かiv）に該当するので、シリア危機でも見られたように、難民出身国に近くEU域外国境を抱えている国（たとえばイタリア、ギリシア、ハンガリー、ルーマニアなど）は、多数の新規庇護申請を担当することとなるからである。ダブリン規則の重大な弊害は、ＥＵ加盟国間での庇護の公平な分担には繋がらなかったことである。さらに、ダブリン制度が機能するためには、庇護申請者がすでに他国で庇護申請を行っているかを速やかに照会する必要があるため、上で述べたシェンゲン情報システムと以下で述べるユーロダック制度の双方がカギを握っているが、こちらについてもシリア危機では機能不全に陥った。この点については第23章で改めて検討する。

庇護申請者の処遇に関する指令

そもそも１９５１年の難民条約は、基本的に「難民」の権利を列挙したもので、難民と認定される前の「庇護申請者」の権利や庇護審査中の待遇については明確に定めていない[4]。もちろん、その国の管轄圏内にいる者の処遇は国籍や在留資格にかかわらず、（少なくともその国が締結している）国際人権法で定められている規定に則って行われるべきであり、特にＥＵ諸国では第22章で述べる「欧州人権条約」の内容が適用する。しかし実態として、どのＥＵ加盟国で庇護申請するかによって申請中の処遇が大きく異なり、このことがＥＵ諸国内での庇護の分担を左右する一因となっていた。また国によっては、最低限のニーズも満たされないため人権・人道問題ともなっていた[5]。そこで採択されたのが「庇護申請者の処遇に関する指令」である。初版は２００３年に採択されたが、２０１３年に改定され、現行の正式名称は「国際的保護の申請者の処遇基準を定める欧州議会とＥＵ理事会の２０１３年6月26日付指令（改）（Directive 2013/33/EU）」である。

主な内容としては、庇護申請者への情報提供、登録証の発行、居住と移動の自由、収容の条件と収容中の待遇、未成年の庇護申請者の教育、就労の権利、職業訓練、生活必需品と医療支援、宿泊施設、特に脆弱な庇護申請者に対する特別措置、異議申し立て措置などと多岐にわたり、それぞれに関する原則と諸条件が詳細に定められている。特に評価できる点としては、一般論として庇護申請者の諸権利と処遇の最低基準を明確かつ詳細に列挙したことに加え、(i) 収容は例外的最終措置としてのみ行われること、(ii) 未成年者や保護者のいない未成年者、拷問や暴行の被害者などといった特に脆弱な者に特別な配慮がなされること、(iii) 就労の権利は庇護申請時から最長でも9ヶ月が経過したら認められることなどを明記したことが挙げられる。ただし、個々の庇護申請者がどれだけの資産を有しているかによって処遇を調整することも認めるという極めて現実的な視点も含まれている。

資格指令

ＥＵにおける共通庇護制度を理解するうえで不可欠なのが「資格指令」である。当初は２００４年に策定されたが[6]、現行版の正式名称は「難民または補完的保護の対象者の統一的地位と保護措置の内容を定めるための、国際的保護の受益者としての第三国国民または無国籍者の資格の基準に関する欧州議会とＥＵ理事会の２０１１年12月13日付指令（改）(Directive 2011/95/EU)」である。「資格(qualification)」という訳語がわかりにくいが、基本的にＥＵにおける難民と補完的保護の対象者の定義と彼らの諸権利を定めた指令である[7]。

まず重要なのが「第三国国民（third country national)」という概念である。これはＥＵ加盟国外の出身者または無国籍者を意味しており、資格指令の第2条で「難民とは第三国国民……または無国籍者であり……」と定義づけられている。この結果、EU加盟国の国籍を持つ者は自動的にEU圏内で庇護申請できないこととなった。EUに比較的最近加盟した国には、クロアチア、スロベニア、ブルガリア、ルーマニア、ハンガリー、チェコ、スロバキア、ポーランド、リトアニア、ラトビア、エストニアなども含まれ、UNHCRが毎年発行する統計白書によるとこれらの国出身の庇護申請者もゼロではないが、EU圏内では庇護申請できない。これは、難民が有する迫害のおそれを判断する際に、出身国の客観的な状況だけでなく個々人が主観的に有するおそれも考慮すべしという、難民認定基準の基本原則に反している可能性がある。

その一方で資格指令が果たした重要な達成事項は、「補完的保護（subsidiary protection）」という新たな概念を導入・明確化することにより、実質的に「難民」の定義を拡大するのと同様の効果をもたらしたことである。(8) 1951年の難民条約の第1条2項で難民とは、「人種、宗教、国籍、特定の社会的集団の構成員であることまたは政治的意見を理由に迫害を受けるおそれがあるという十分に理由のある恐怖を有するために、国籍国の外にいる者であって……」と定義づけられており、戦争や紛争、テロなどの無差別暴力、自然災害、貧困のみを理由に母国を逃れた者は難民とは認められない。「紛争難民」や「環境難民」「経済難民」などという表現は1951年の難民条約の観点からは誤った用語である。ところが、資格指令は補完的保護の対象者として、「国籍国または通常の居住国に帰った場合、（i）死刑・処刑、（ii）拷問または非人道的あるいは品位を傷つける処遇か処罰、（iii）国際的または国内的武力紛争の状況における無差別暴力のために文民としての生活や身体に深刻かつ個別的な脅威、のいずれかの深刻な危害を蒙る現実的な危険がある者」（第2条（f）および第15条）と定義している。つまり、戦争や紛争下での一般化された暴力を逃れた者も国際的保護の対象となることが明記されたのである。これは、国際難民保護レジームの発展において大きな前進であった。特に、資格指令（改）においては、家族呼び寄せ、就労、医療、教育、定住支援といったほぼ全ての面で、補完的保護の対象者に難民と同等の権利と処遇を保障しているため、実質的に「難民の定義を広げた」とも言える。[9] EUの枠組みでは「難民（refugees）」よりも「庇護（asylum）」または「国際的保護（international protection）」という語句が多用されるのは、このためである。さらに、資格指令（改）においては、1951年の難民条約で定義されていない「迫害」の概念についてより明確な解釈を示し、非国家主体が迫害の加害者になり得ることを明記し、国内避難の代替措置の適用範囲を狭め、家族の概念を拡大し、子どもの最善の利益やジェンダーの要素をより広範囲に考慮することを明記し、家族統合・就労アクセス・医療支援の面で補完的保護の対象者の権利を拡大したところなども評価に値する。資格指令（改）にも難民の権利保障の観点から批判がないわけではないが、EUの庇護政策を理解するうえで核となる文書である。

庇護審査手続きに関する指令

初版[10]は2005年に策定されたが、現行は「国際的保護の付与と撤回に関する共通手続きについての欧州議会とEU理事会の2013年6月26日付指令（改）（Directive 2013/32/EU）」であり、通常「手続き指令」と呼ばれている。1951年の難民条約には庇護申請・審査手続きの詳細は一切規定がなく、各国の判断に委ねられていた。その手続きをEU内で統一する目的で策定され、庇護申請手続き、審査手続き、庇護申請者への支援、異議申し立て手続き、再申請の処理などについて詳細に規定されている。特に本指令で問題となるのが、「安全な出身国」「安全な第三国」「安全な欧州の第三国」という新たな概念と、「迅速審査手続き」および「国境・乗継区域手続き」という新制度の導入である。

まず「安全な出身国」とは一般的に、庇護申請者の出身国の政治的・法的・市民的状況や治安状況に鑑みて、迫害や拷問、無差別攻撃が行われていないか、そのような行為が実際に処罰されているような出身国のことを言う。たとえば、以下第22章で述べる「欧州人権条約」や国連の市民的政治的権利規約や拷問等禁止条約を遵守している法治国家の場合、「安全な出身国」とみなされる可能性が高い。そのような国出身の庇護申請については、簡易な検討しか行わない迅速審査手続きを国境地帯や乗継区域などで（つまり正式には入国許可しないまま）実施して良いことになっている。

また「安全な第三国」とは、庇護申請者の出身国でもEU加盟国でもない国で、迫害や補完的保護の根拠となる状況もなく、その「第三国」から出身国への送還の危険もなく、またその「第三国」で庇護申請をすれば難民として認定される可能性があるような国のことを言う。庇護申請者がそのような国を通過してきた場合やそのような国に新たに入国できる場合、庇護申請を受理しなくても良いことになっている。多くのEU諸国がそのような「安全な第三国」とみなされた国の政府と、庇護申請者の再入国許可（つまり引き取り）を約束する合意（再入国協定）を結んでいる。

さらに「安全な欧州の第三国」とは、1951年の難民条約の締約国で、庇護手続きが機能しており、第22章で述べる「欧州人権条約」も批准しているヨーロッパの国（たとえばスイス、アイスランド、ノルウェー）のことで、そのような国の出身者に対しては、庇護申請を受理しなくても良いことになっている。

もちろん上記三つの「安全な国」概念の適用に際しては、個々の申請者の申し立てを十分に考慮すべきとの文言は付されており、決定に対して異議申し立てできるとはされているが、どこの国の出身か、またどの国を通過してきたかが、庇護申請が受理されるか、真剣に審査されるかに大きく影響を与えることとなった。すでに上の項で「第三国国民」の概念について述べた通り、迫害のおそれの判断においては出身国の客観的状況だけでなく個々の庇護申請者の主観的なおそれが十分吟味されるべきだが、「安全な出身国」や「安全な第三国」の概念の適用において、その原則がどの程度尊重されているのか疑問が残る。

この「安全な第三国」と迅速審査、国境・乗継区域手続きについては、2016年3月のEU＝トルコ声明に足掛かりを与える結果となった。この点については第23章で検討する。

ユーロダック規則

当初は2000年に欧州共同体の枠組みで採択された規則[11]で、基本的にダブリン条約を効果的に実施するため庇護申請者の指紋照合を行う「ユーロダック」と呼ばれる統一データベースを設立したものである。ある「第三国国民」がEU加盟国で庇護を申請した場合、このユーロダックの中央センターを通じて指紋照合が行われるため、同時並行的に複数国政府に対して庇護申請することや別の国で再申請するのを防ぐという効果がある。このデータベースは当初は庇護申請者の指紋照合のみに利用されていたが、最近では司法捜査や犯罪防止、テロ対策にも一定条件の下で利用されるようになってきている。

一時保護指令

欧州共通庇護政策の諸指令のうちEU理事会が最初に採択したのが「避難民の大量流入の際に一時的保護を与える上での最低基準、並びにそのような避難民を受け入れることおよびその結果に対処する上での加盟国間の取り組みの均衡を促進するための措置に関する2001年7月20日の理事会決定(Council Directive 2001/55/EC)」いわゆる「一時保護指令」である。正式名称が表す通り、短期間に大量の難民・避難民がEU圏内に流入してくるような事態において、完全な庇護より期間限定的な「一時的保護」を与える場合の最低基準を設定すると共に、EU加盟国間での負担分担についても一定の基準を示したものである。基本的に、特定の国や地域における武力紛争や蔓延する暴力、また組織的あるいは一般的な人権侵害から逃れる人を念頭に、3年間を上限として、極めて簡素化された身元確認のみをもって、就労、就学、医療、住居、生活保護などの面で最低でも難民認定者に準ずる支援が与えられるものである（ただし、就労についてはEU市民を優先させることが可能）。これにより、個々の避難民が難民認定申請をわざわざ行う意義を大きく減らすこととなり、一方ではそのような第三国国民が庇護申請者という極めて不安定かつ脆弱な立場に長期間置かれることを防ぐという人道目的と共に、他方でEU加盟各国政府の庇護申請手続きが破綻することを防ぐという行政側の都合にも適う制度が設計された。また加盟国間での負担分担という観点からは、上記のダブリン規則に則り基本的には一時保護を最初に与えられた加盟国に留まることが想定されてはいるが、受け入れに余裕のある国がよりひっ迫状態にある他の加盟国から一時保護対象者を（本人の同意に基づき）引き受けるという「連帯制度」も大枠で設定された。

ただし、本指令が発動されるには、大量の避難民流入状況が特定の国や地域に存在するということを、欧州委員会の提案に基づき特定多数決方式で理事会が決定を下す必要があり、またいったん決定が下されればその内容は全てのＥＵ加盟国を拘束する効果を持つことから、２００１年に採択されて以来20年以上、シリア難民危機においてでさえ、一度も発動されたことがなかった。本指令が初めて発動されたのは２０２２年3月、ロシアがウクライナを侵攻した1週間後のことであるが、その経緯と諸問題については第23章で詳しく見る。

上記に加え、ＥＵにおける難民政策に深く関わる現場の実働部隊として、以下の２機構が特に重要である。まず、２００４年に欧州域外国境管理庁（Frontex）が設立された。これは、基本的にＥＵ加盟国が協力して域外国境管理を強化するために、共同オペレーションや、訓練、調査、情報共有、特別支援などを行う機関である。たとえば中東や北アフリカから船で欧州入りを目指す「密航船」に対して、日本でいう海上保安庁のような役割を果たしている。このFrontexの単独あるいは各国国境警備隊との共同活動が、公海上や国境地帯での人命救助なのか、あるいはヨーロッパへの入域阻止なのか、その評価は多分に分かれるところである。いずれにせよ、２０１４年以来の欧州「難民・移民危

表１　欧州の難民・庇護政策に関する主要な動き

1953年	欧州人権条約の発効
1959年	欧州人権裁判所の設置
∫	∫
1985年	ドイツ、フランス、ベルギー、オランダ、ルクセンブルクがシェンゲン協定に署名
1990年	ダブリン条約の採択
1993年	EU条約（マーストリヒト条約）発効：司法・内務分野の一部として庇護・出入国政策における政府間協力を導入
1999年	アムステルダム条約発効 「欧州共通庇護制度」の根幹をなす規則や指令の起案・交渉の開始
2000年	欧州連合基本権憲章の調印・公布 「ユーロダック規則」の採択
2001年	「一時的保護に関する指令」の採択
2003年	ニース条約の発効 「庇護申請者の処遇に関する指令」の採択 ダブリン規則の採択（90年のダブリン条約の改定：ダブリンII）
2004年	「資格指令」の採択 欧州域外国境管理庁（Frontex）の設立
2005年	「庇護手続きに関する指令」の採択
2007年	欧州難民基金の設立
2008年	「非正規移民の送還に関する指令」の採択
2009年	リスボン条約の発効 EU合同第三国定住プログラムの策定
2010年	欧州庇護支援事務所の設置
2011年	「資格指令」改定版の採択
2012年	「EU合同第三国定住プログラム」の策定
2013年	「庇護手続きに関する指令」改定版の採択 「庇護申請者の処遇に関する指令」改定版の採択 「ダブリンIII」の採択 ユーロダック規則（改定版）の採択
2014年頃～	「シリア難民・移民危機」の顕著化
2016年	EU＝トルコ声明 「（欧州）連合第三国定住枠組み」の提案 Frontexの「欧州国境・沿岸警備庁」への改組
2020年	「移住と庇護に関する新協定」の提案
2022年1月	EASOの「EU庇護庁」への改組
2022年3月	一時保護指令の初発動

機」を契機として2016年10月6日に「欧州国境・沿岸警備庁」に格上げ・拡大され、今後もその活動は人員、予算、法的権限いずれの側面でも拡充される見通しである。

次に、2010年には「欧州庇護支援事務所（European Asylum Support Office：EASO）」が設置された。欧州共通庇護制度の実施のために実務支援や技術協力を行う専門家集団で、庇護審査の研修、出身国情報の提供、危機管理体制の整備などを行っている。たとえば「シリア危機」の際に突然大量の庇護申請者を抱えることになった加盟国（たとえばギリシア、イタリア、ブルガリア、スウェーデンなど）に緊急支援を提供していた。同危機を通じてEASOの重要性が高まったことを踏まえ、2016年から改組・拡充の動きが始まり、2022年1月19日に正式に「EU庇護庁（EU Asylum Agency）」に発展改組された。前身であるEASOよりも拡充した任務、予算、人員、権限を付与され、EU加盟国間の庇護手続きの標準化を現場で推し進めることが期待されている。

また、2009年には「EU合同第三国定住プログラム」が策定された。これは、第三国定住プログラムで難民を受け入れる国をEU内に増やすことと第三国定住をより効果的に実施する目的で立ち上げられた。伝統的には、EU圏内の第三国定住実施国は主にスカンジナビア諸国に限られていたが、近年では15ヶ国以上のEU加盟国が何らかの形で第三国定住を実施している。そのプロセスを相互に助けるため、たとえば難民の地域社会への定住をいかに進めるかなどについて、第三国定住に関わる官民学あらゆるアクターが協力や情報交換などを行っている。2016年には欧州委員会が「（欧州）連合第三国定住枠組み（Union Resettlement Framework）」に関する初めての規則案を提案したが、その内容には種々の問題が指摘されており[12]、現在まで未採択のままである。

最後に、現在進行形の動きとして、２０２０年９月に欧州委員会が提案した「移住と庇護に関する新協定（New Pact on Migration and Asylum）」がある。上記で見た通り、諸指令の改訂版の多くは２０１３年に採択され、その内容の国内法への反映作業が行われたのが２０１５年頃であったが、そのプロセスが終わるか終わらないかのうちに欧州を襲ったのが「シリア難民・移民危機」であった。欧州委員会はすでに２０１６年５月から欧州共通庇護政策の見直しを開始し、２０２０年９月の新協定の枠組みで、以下の規則案や勧告を発出している。

- 欧州庇護支援事務所に代わるＥＵ庇護庁の設置（設置済み）
- 資格指令に代わる「資格規則」の策定（大筋で合意済み）
- 庇護申請者の処遇に関する指令の改訂版（大枠で合意済み）
- ＥＵ第三国定住枠組みの新設（大枠で合意済み）
- 「庇護と移住の管理（庇護移住基金）に関する規則」の新規策定
- 「ＥＵ圏外国境における第三国国民のスクリーニング導入に関する規則」の新規策定
- 「庇護審査手続きに関する指令」に代わる「庇護審査手続きに関する規則」の策定
- ユーロダック規則の改訂
- 「移住と庇護分野における危機や不可抗力状況に対応する規則」（一時保護指令に代わる規則）の新規策定
- 移住関連危機への即応管理メカニズムに関する勧告「ブループリント」（発出済み）

・EUにおける保護への合法的アクセスに関する委員会勧告（発出済み）
・民間の船舶による海難救助活動に関する加盟国間協力に関する勧告（発出済み）
・無許可の入域・中継・居住の斡旋に関する定義と防止に関するEUルールの実施に関するガイダンス（発出済み）

これら諸文書はそれぞれ異なる法的意味合いを持ち、その交渉過程や現時点での文案も様々であるところ、各文書についての詳細な解説は本章ではできないが、全体的に「アメとムチ」が散りばめられている。すなわち、国際的保護が必要と目される第三国国民については可能な限り人道的で標準化されたEU措置を促進すると共に、非合法的な入域や国際的保護の対象とならない第三国国民に対しては厳しく対処することが標榜されている。特に、難民不認定となった第三国国民に対してはあらゆる措置を通じて強制送還を確実に実施することが謳われ、当初は欧州共通庇護政策の一部とはみなされていなかった「帰還指令」[13]と庇護政策との一体性・連携が強調されている。

このように、EUの「欧州共通庇護制度」は20年あまりをかけて、対内的、対外的、全方位的に発展してきた。一般的な国際難民法の基準を改善した部分と改悪した部分があり、一概に良し悪しの価値判断を下すことは難しいが、世界でもっとも精緻に発達した地域的難民保護の枠組みであるとは言えるだろう。今後、それぞれの指令や規則、組織などが「移住と庇護に関する新協定」下で現在進行中のプロセスにおいて、どのような交渉を経てどのように改変されていくのか、注視し続けたい。

注

（1）Council Regulation（EC）No 343/2003

（2）ＥＵ規則および指令で言う「家族」とは一般的に、「夫婦または公的に認知されたパートナー、未婚で未成年（＝18歳未満）の子（実子である必要はない）、本人が未婚で未成年である場合には父母ないしは法定後見人」のこと。

（3）ＥＵ規則および指令で言う「親戚」とは一般的に、「成人である叔父（伯父）、叔母（伯母）、祖父母」のこと。

（4）ただし、庇護申請者についても難民条約の範囲内で解釈可能であるとの有力な見解もある。より詳しくは参考文献のHathawayを参照。

（5）ＥＵ理事会指令（Council Directive 2003/9/EC）

（6）ＥＵ理事会指令（Council Directive 2004/83/EC）

（7）アイルランド、デンマークの2ヶ国については本指令に不参加である。

（8）この点については反対意見もある。より詳しくは参考文献の佐藤を参照。

（9）難民と補完的保護の対象者の間で異なる処遇が認められているのは、在留資格の期間と生活保護の権利である（資格指令（改）の第24条および第29条参照）。

（10）ＥＵ理事会指令（Council Directive 2005/85/EC）

（11）現行版はRegulation（EU）No 603/2013

（12）Meltem Ineli-Ciger (2022) Is Resettlement Still a Durable Solution? An Analysis in Light of the Proposal for a Regulation Establishing a Union Resettlement Framework, *European Journal of Migration and Law* 24 (2022), 27-55.

（13）不法に滞在している第三国国民の送還のための加盟国間共通の基準と手続きに関する２００８年12月15日の欧州議会および理事会指令（2008/115/EC）

参考文献

欧州委員会欧州共通庇護制度（Common European Asylum System）ホームページ https://ec.europa.eu/home-affairs/policies/migration-and-asylum/common-european-asylum-system_en（２０２２年5月10日アクセス）

欧州国境・沿岸警備庁（Frontex）ホームページ　http://frontex.europa.eu/（２０２２年5月10日アクセス）

欧州連合庇護庁（European Union Agency for Asylum）ホームページ　https://euaa.europa.eu/（２０２２年5月10日アクセス）

岡部みどり（編）『人の国際移動とＥＵ――地域統合は「国境」をどのように変えるのか？』法律文化社、二〇一六年

国連難民高等弁務官事務所（ＵＮＨＣＲ）統計ホームページ https://www.unhcr.org/refugee-statistics/（２０２２年５月10日アクセス）

佐藤以久子「欧州共通の庇護制度」（『桜美林論考』、オープンアクセス）２０１４年　http://ci.nii.ac.jp/els/110009957923.pdf?id=ART0010505176&type=pdf&lang=en&host=cinii&order_no=&ppv_type=0&lang_sw=&no=1461451400&cp=（２０１６年４月20日アクセス）

芹田健太郎『亡命・難民保護の諸問題Ｉ――庇護法の展開』北樹出版、二〇〇〇年

中山裕美『難民問題のグローバル・ガバナンス』東信堂、二〇一四年

EUR-Lex, Access to European Union Law（ＥＵ関連法の原本は全てここから入手可能）（http://eur-lex.europa.eu/browse/summaries.html?locale=en）（２０２２年5月10日アクセス）

Hathaway, J. The Rights of Refugees Under International Law, Cambridge University Press, 2005.

第22章

欧州評議会（Council of Europe）の難民政策

橋本直子

ヨーロッパにおける庇護・入管政策を左右するもう一つの別の大きな枠組みが、欧州評議会で策定された「欧州人権条約（European Convention on Human Rights）」とその履行状況について司法判断を下す「欧州人権裁判所（European Court of Human Rights）」である。

欧州人権条約は１９５０年に署名され、１９５３年に発効した。全59条と14の議定書からなり、主に条約第14条までと第1、4、6、7議定書に市民的政治的権利についての基準が規定されている。このうち特に第3条、第5条、第8条は庇護・入管関連事件で頻繁に取り上げられ、欧州人権裁判所による判決も数多く存在する。[1] 以下で特に代表的な判例を引用しつつ、各条文が庇護にどう関わるのか検討したい。なお前提として、欧州人権条約の締約国政府による行為について、その締約国内での司法的救済措置を全て使い果たした場合には、権利が侵害された一個人が国籍にかかわらず、欧州人権裁判所に直接訴えることができることが、特筆に値する。また先に述べた通り、ロシアは２０２２

年3月に欧州評議会を脱退したため、欧州人権裁判所の判決に直接的には縛られないこととなったが、同裁判所はEUとは全く別の組織であるため、イギリスは現在でも欧州人権条約の規定や同裁判所の判決の履行義務がある。

第3条「拷問の禁止」

第3条は「何人も拷問、または非人道的あるいは品位を傷つける取り扱いや刑罰の対象とならない」と規定している。これは、条約の締約国が直接的に締約国内で個人に拷問や品位を傷つけるような刑罰を行ってはならないという意味だけでなく、もしその個人を国外退去させると、送還先で拷問や非人道的刑罰などを第三者（国家機関かそうでないかを問わない）から受ける可能性がある場合、国外退去してはならないと解釈される（領域外適用性と呼ばれる）ことが判例を通じて確立している。よってこの条文は、庇護申請者の国外退去を阻止するうえで重要な役割を果たすようになってきている。

加えて、第3条には例外規定がなく、逸脱が一切許されないことも注目に値する。たとえば難民条約第33条は、第1項で「ノン・ルフールマン原則」、つまり迫害を受けるおそれがある国へ難民を追放・送還してはならないという国際難民レジームの肝となる規範を規定しているが、第2項に「但し書き」があり、受け入れ国の治安維持のためや重大犯罪の加害者で社会にとって危険な存在である者は送還しても良いと、例外規定を設定している。ところが、欧州人権条約の第3条にはそのような例外規定が一切ないため、たとえ受け入れ国の治安や社会にとって危険人物であったとしても、母国で拷問などの危険がある場合には絶対に送還してはならないと解釈される（Saadi対イタリア、２００８年）。どんな場合にも一切の逸脱が許されない極めて強力な条文である。

さらに、「迫害」の概念と比べると、「品位を傷つける取り扱い」の方がより軽度の人権侵害も含むことができるため、難民条約の第33条より欧州人権条約の第３条の方が、庇護申請者にとってより広範な権利を保障していると言える。加えて、国連の「拷問等禁止条約」の第３条も拷問が行われるおそれがある国への追放、送還、引き渡しを禁止しているが、そこには「非人道的なまたは品位を傷つける取り扱いや刑罰」は含まれていないため、拷問に当たらない程度の非人道的取り扱いの場合には送還しても良いと解釈されるおそれがある。よって、拷問等禁止条約と比べても、欧州人権条約の第３条の方がより強い人権保護規定となっている。

欧州人権条約第３条を庇護、国外退去、送還との関係で欧州人権裁判所が解釈した最近の代表的な判例に、ＭＳＳ対ベルギーとギリシア（２０１１年）、Hirsi Jamaa他対イタリア（２０１２年）などがある[2]。

ＭＳＳ氏は、ＥＵ圏内にギリシアから入りベルギーで庇護申請したアフガニスタン人であった。第21章で紹介したＥＵのダブリン規則に則ってベルギー政府がＭＳＳ氏をギリシアに送還したことと、ギリシア国内での庇護申請者の処遇が第３条に抵触すると欧州人権裁判所は判断した。まずギリシア政府については、ＭＳＳ氏は数ヶ月にわたりホームレス状態で最低限の衣食住でさえ与えられなかったこと、また空港近くの収容所にアフガニスタンへ送還される危険性が極めて高い状態で収容され、その間ギリシア当局から品位を傷つける取り扱いを受けたことにより、第３条違反と判断された。またベルギー政府については、ギリシア国内での庇護申請者の処遇が上記のようであることを国連や国際ＮＧＯの報告書などから十分知りえたにもかかわらず、ギリシア国内でＭＳＳ氏がさらされる処遇について事前に検討せず、ダブリン規則に従いほぼ自動的にＭＳＳ氏をギリシアに送還したことにより、第３条違反と判断された。つまりこの判決は、第21章で見た欧州庇護共通制度の要の一つであるダブリン規則の安易な適用に「待った」をかけるものとなり、ＥＵと欧州評議会の方針が相反する可能性があることを、強く印象付けることとなった。

ただし、第３条は、庇護申請者や難民に対して、締約国が必ずしも一定の生活水準や家屋を保障することを義務付けたものではなく（Chapman対英国、２００１年、Tarakhel対スイス、２０１４年）、また重病患者の送還についても「極めて例外的なケース」を除いては直ちに第３条違反とはならない（Paposhvili対ベルギー、２０１６年、Savran対デンマーク、２０２１年）ことに留意が必要である。

Hirsi Jamaa他は、地中海の公海上でイタリア海上保安庁によって、リビア政府との協定に基づき、リビア側に押し戻された船に乗っていたボートピープル約２００名の一員であった。裁判所は、たとえ公海上であったとしてもその船籍は（押し戻し行為により）イタリア政府の管轄権の下にあったと解釈され、庇護申請の実質的機会を与えられなかったこと、またリビアに送還すれば非正規移民として第３条の文言に抵触するような処遇を受けることが容易に想像できたこと、さらにリビアから本国に集団強制送還されるおそれもあったことから、イタリア政府の行為は第３条違反と判断した。これは、第21章で見た地中海におけるFrontexやＥＵの枠組みでの関係各国の水際対策にブレーキをかけることとなった。

第3条はこの他にも多くの送還ケースで争われてきているが、本国における一般的治安状況、迫害の対象となっている集団への所属などを含む個人的な状況、非国家主体からの危害、国内避難の可能性、出身国情報、過去に受けた危害、本国出国後の活動について、申請者と入管当局の双方が証拠を収集・提示し慎重に審査するという原則が示されている（F・G対スウェーデンおよびJ・K他対スウェーデン、2016年）。

さらに、第3条と入国・入域拒否、また「庇護を求める権利」との関係では最近の判決で大きな進展があった（たとえば、Ilias & Ahmed対ハンガリー、2019年）。原則的に国際法上では、外国に入る権利は個人にはなく、主権国家には外国籍を有する者を入国許可する義務はないと一般的には解される。しかし、国境地帯で外国人が庇護申請を行ったり他国における危険を表明し入国申請した場合で、かつ、隣国では庇護申請が真摯に審査される保障がなく、かつ本国に送還されたら第3条に抵触するような状況が生まれる場合、締約国はその入国希望者の庇護申請の適切な審査が終わるまでは送還してはならず、締約国管轄圏内に留まることを許可しなくてはならない、という原則が提示された。当然、そのような第三国国民にEU域内での移動の自由が直ちに許されるというわけではないが、EUの域外国境管理の強化の動きに対して、「庇護を求める権利」やノン・ルフールマン原則の優先が確認されたともいえる。

第5条「自由および安全に関する権利」

第5条1項は「全ての者は、身体の自由および安全に対する権利を有する」とし、ただし、有罪判決に基づく合法的な拘禁などのほか、「非正規に入国するのを防ぐための人の合法的な逮捕もしくは拘禁または追放もしくは犯罪人引渡しのために手続きがとられている人の合法的な逮捕もしくは拘禁」であって、法律に定める手続きに則る場合には、その限りではないとしている。庇護・入管との関係では主に、当初の入国審査時の収容・拘禁と、退去強制実施時の収容・拘禁という二つの文脈で争われ、それらが各国国内法に基づく合法的措置であるか、かつ恣意的でないかが大きな問題となる。たとえば、大量の庇護申請者の流入時で、かつ特段の脆弱性のない成人の収容・拘禁については、主管当局が特定されており、正式な収容・拘禁令書の形式が明確で、収容・拘禁の法的根拠と制約、上限期間、司法審査手続きが国内法で明示されている場合には、必ずしも第5条違反とは言えないとされている。しかし、収容期間はその目的に照らして合理的でなくてはならず（Saadi対イギリス、2008年）、また収容所の環境があまりに劣悪な場合には第3条違反にもなり得る。仮に収容・拘禁の合法性に疑義が生じるような場合には、直ちに司法当局に判断を仰がなくてはならず、非合法な場合には直ちに収容を解かなくてはならないとされる（Khlaifia他対イタリア、2016年）。

また何をもって「恣意的」というのかについては、収容・拘禁の本来の目的に沿ったもので、収容・拘禁の場所と環境が適切なもので、その期間は目的に照らし合わせて合理的でなくてはならず、たとえば送還手続きが続行中である期間に限られなくてはならないとされている（A他対イギリス、2009年）。裁判所は、収容・拘禁の妥当性について自動的に司法判断が下されるべしとはしておらず（J・N対イギリス、2016年）、また送還対象者が自殺未遂を犯したからといって送還を停止すべしともしていない（Al-Zawatia対スウェーデン、2010年）が、送還が実質的に不可能となった段階で収容の目的は消滅したとみなすべし、ともしている。

第8条「私生活と家庭生活の尊重に対する権利」

第8条1項は「全ての者は、私生活や家庭生活、自宅、通信の授受が尊重される権利を有する」と定めている。ただしこの権利は、第2項で定める以下の条件を満たす場合には、妨害され得るとも規定されている。

- 法に基づく措置で、かつ
- 民主的社会において必要とされる程度で、かつ
- 国の安全や治安、または経済的福祉という利益のためで、かつ
- 騒乱や犯罪を防止したり、健康やモラルを守ったり、あるいは他の人の権利と自由を守る目的である場合

庇護や送還との関係では、すでにある締約国の中で長年安定した家族生活を営んでいる外国人をその人の母国に送還し、他の家族（配偶者や子ども）がその母国にいっしょに渡っても安定した生活を営むことが難しいような場合に、この権利が侵害されたとみなされる。ただし第8条は、まだ国外にい

る難民の家族が締約国にいるからといって、その難民を直ちに入国させる義務があると読むことはできない。また、ある外国人の在留資格が不安定なことを知りつつ婚姻した際には、国外退去命令を下された場合でも必ずしも第8条違反とも言えないと解釈されている。よって、庇護申請者や難民またその家族に「入国や在留の権利」や「望ましい居住国を自由に選択する権利」などを無条件で与えたわけではないが、国家が当然のこととして有する出入国管理の権利と、外国人の家族統合の権利とのバランスを考慮する上で重要な基準が、最近の判例で示されている。

より具体的には、締約国にすでに家族がいる外国人申請者の入国や滞在（延長）を審査する際に、以下の実質的要素を勘案することとなっている。①申請者やその家族のホスト国における（法的）ステータスとホスト国との繋がり、②家族関係が生まれた際に申請者の在留資格が安定したものだったか、あるいは不安定なものだったたか、③申請者の本国で家族生活を営むことにどの程度の困難が生じるか、④子どもの有無、⑤ホスト国にいる家族の経済状況（安定した収入があり生活保護などに陥るおそれがないか）本来。最近のケースでは、デンマークで一時的保護を付与されたシリア人男性が長期にわたって婚姻関係にある妻をシリアから呼び寄せるために3年間待たされたことについて、第8条違反であるとの判断が下った（M・A対デンマーク、2021年）。

また、締約国における合法的滞在資格に基づいて長年安定した家族生活を営んでいた者が、たとえば凶悪犯罪を犯したことが確定した等で在留資格を取り消された場合、第8条に鑑みた合法性については、Uner対オランダ（2006年）およびSavran対デンマーク（2021年）などで基準が示されている。具体的には、犯した犯罪の重大さ、当該締約国における滞在期間、犯罪を犯してからの経過期間とその間の素行、本人と家族の国籍、家族関係の長さと信憑性、家族関係が生じた際に配偶者がすでに犯罪について知っていたか、子どもの有無と年齢、子どもの最善の利益、出身国に送還された場合に配偶者が遭遇する困難、滞在国と出身国の双方における社会的・文化的・血縁的関係の度合い、再入国禁止期間の長さ、申請者の健康状態などを、個々の事情に応じて総合的に判断することとなっている。

第8条違反を訴える事件は数多くあるが、第3条とは異なり第8条には例外規定があるため、私生活や家族生活という権利の保護と、滞在国の公益の保護との間のバランス判断が行われ、多くの事件において締約国による公益保護を尊重する判断が下されている。

また欧州評議会の枠組みでは、上で見てきたような判決を積み重ねることによって人権実施基準を策定する営みのほかに、難民法関連で様々な専門家会合が開催され、多くの勧告や行動計画などを発出している。たとえば、庇護申請者の収容措置に関する勧告（2003年4月16日採択勧告第5号）、「1951年の難民の地位に関する条約に言う『特定の社会的集団の構成員』の概念に関する勧告」（2004年6月30日採択第9号勧告）、「1951年の難民の地位に関する条約の第1条Fに言う難民の地位の除外条項に関する勧告」（2005年3月23日採択第6号勧告）、「欧州における移住と庇護の文脈での脆弱な人の保護に関する欧州評議会行動計画」（2021年）などである。(3)

これらの文書は欧州評議会の加盟国以外に直ちに法的拘束力があるとは言えないものの、欧州評議会のオブザーバー国である日本が参照する意義はあろう。(4)

注

（1）包括的判例集は、参考文献のEuropean Court of Human Rightsを参照。

（2）「犯罪人引渡」の関連で第3条が適用されたもっとも有名な事件として、ゾーリング事件がある。より詳しくは参考文献の北村を参照。

（3）https://www.coe.int/en/web/special-representative-secretary-general-migration-refugees/implementation-ap-vulnerable-persons（２０２２年５月10日アクセス）

（4）より詳しくは、参考文献の橋本、参照。

参考文献

芹田健太郎『亡命・難民保護の諸問題Ⅰ——庇護法の展開』北樹出版、二〇〇〇年

欧州人権裁判所ホームページ　http://www.echr.coe.int/Pages/home.aspx?p=home&c=（２０２２年５月10日アクセス）

北村泰三「犯罪人引渡しと死刑の存在——ゾーリング事件（欧州人権裁１９８９・７・７判決）」（『国際法判例百選第二版』有斐閣、二〇一一年）

橋本直子「難民条約上の『特定の社会的集団の構成員』という概念の国際法上の解釈」（『移民政策研究第８号』明石書店、二〇一六年）

European Court of Human Rights/Court Europeenne des Droites de l'Homme, "Guide on the case-law of the European Convention on Human Rights: Immigration (updated on 31 December 2021)". https://www.echr.coe.int/Documents/Guide_Immigration_ENG.pdf（２０２２年３月30日アクセス）

第23章

近年の欧州における「難民危機」

シリアとウクライナ

橋本直子

過去10年に欧州を数百万人規模で襲ったのが、いわゆる「シリア難民危機」とロシアによるウクライナ侵攻を逃れた避難民の大量流入である。その二つの情勢への対処においては鮮明な対比と根強い一貫性が見られた。その流れを歴史的・世界的な観点から簡潔に俯瞰した上で、シリアとウクライナの比較検討を行ってみたい。

冷戦後からの流れで見ると、ＥＵ加盟国での庇護申請数は、主にユーゴスラビア紛争の影響でいったん１９９２年に約67万というピークを迎えた後、２０１３年までは概ね約40万人から20万人の間を推移していた。ところが、いわゆる「アラブの春」を契機として２０１４年には約63万人、２０１５年には１２１万人とわずか2年間の間に3倍に増え、たとえばドイツにおける２０１５年の新規庇護申請者数は約89万人であった。その後、以下で見る様々な欧州入域阻止対策および新型コロナウィルス対策のための国境封鎖もあり、新規庇護申請者の数は「シリア難民危機」以前のレベルにいったん

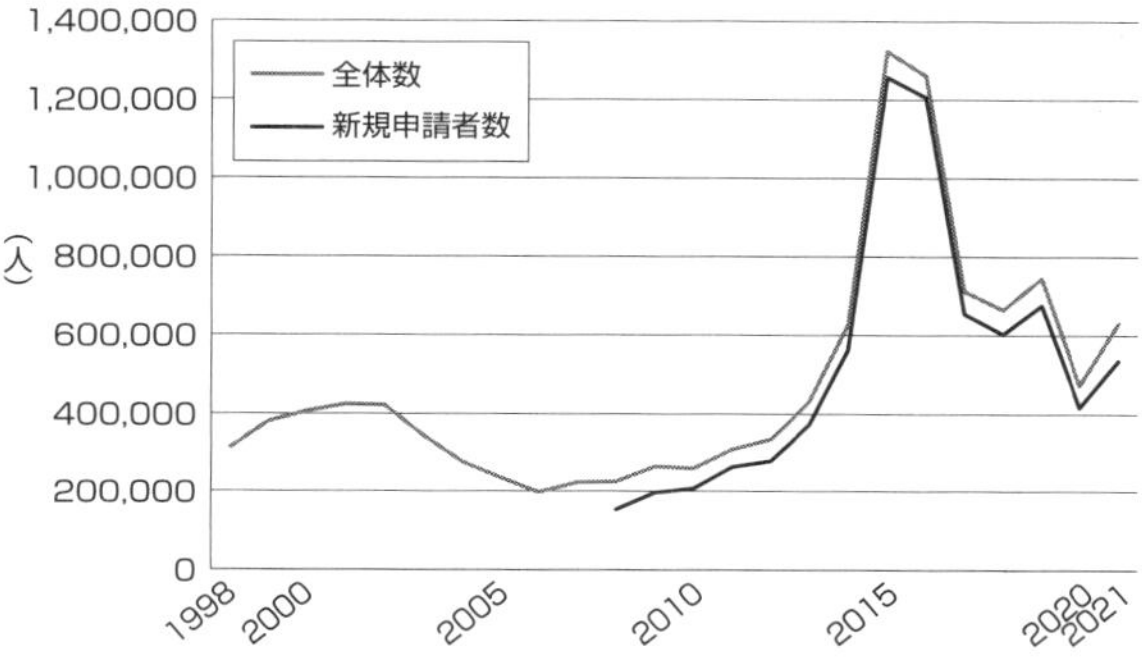

図１　EU諸国における庇護申請者数の推移

出所：ユーロスタット（migr_asyctz と migr_asyappctza）http://ec.europa.eu/eurostat/statistics-explained/index.php/Asylum_statistics

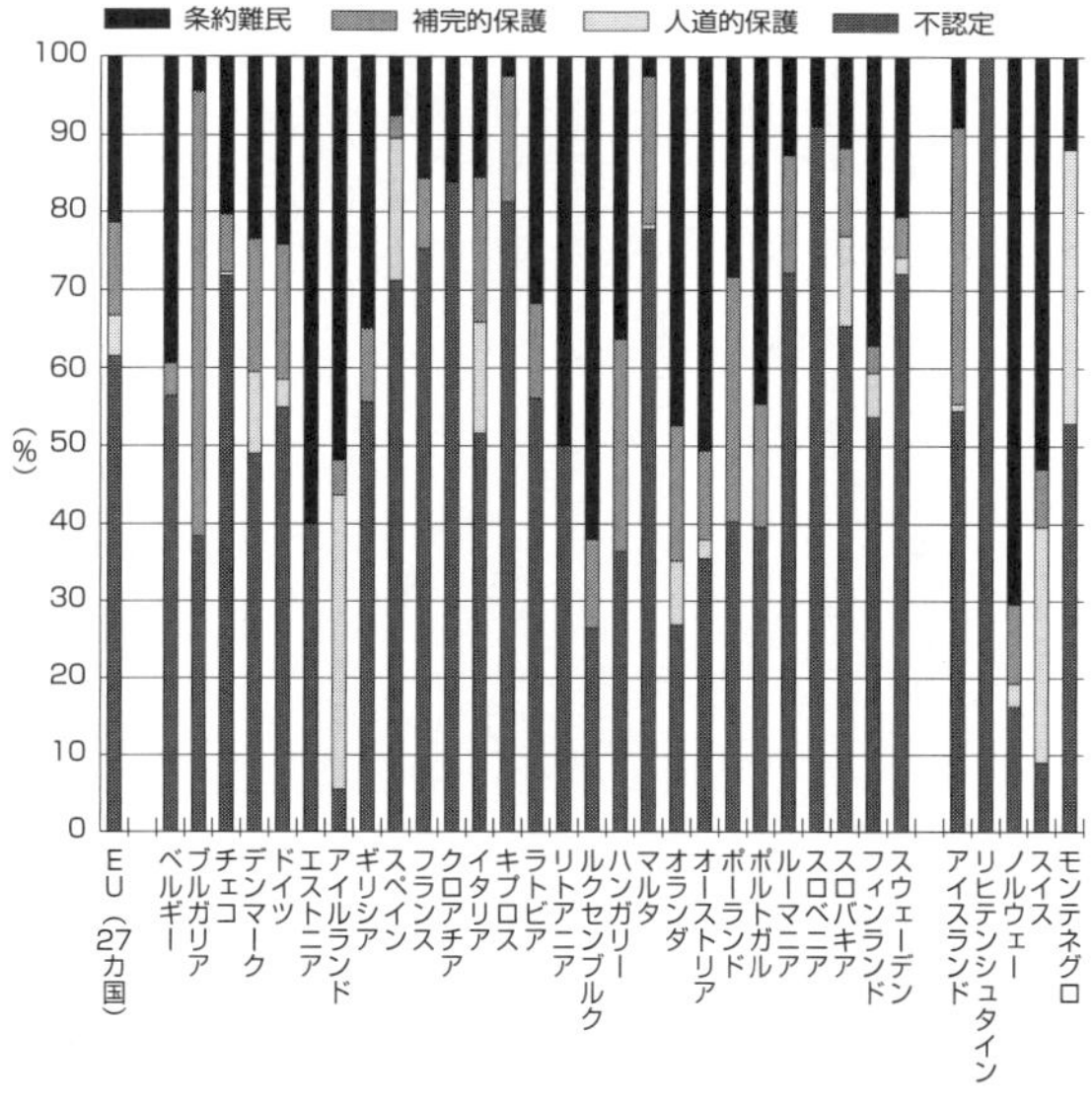

図２　EU27カ国およびノルウェー、スイス、アイスランド、リヒテンシュタイン、モンテネグロにおける2021年の庇護申請（初回）審査結果

※リトアニアは四半期のデータから推測、イギリスはデータ不詳のため掲載せず

出所：ユーロスタット（migr_asydcfsta）http://ec.europa.eu/eurostat/statistics-explained/index.php/Asylum_statistics

戻ったが、中東・アフリカ地域からの庇護申請処理がまだ終わらないうちに、ロシアによるウクライナ侵攻を逃れた人々が欧州に逃れ始め、その数は2ヶ月で累計500万人を超えた。(図1)。ウクライナからの庇護申請者やその審査についてはまだ統計が揃わないが、2021年に出された庇護審査結果(一審および異議審の双方を含む)約72万件のうち、約13万件が難民条約上の難民の地位、約8万件が補完的保護、約5万件がその他の人道的滞在許可(各国政府が独自に定めるもの)を与えられたが、残りのケース約46万件にはそのいずれも与えられず、基本的に送還の対象となっている(図2)。

これらの数字を全世界規模で比べると、2020年の世界における難民の数はパレスチナ難民を含め約2640万人であり、庇護申請数は約410万人、うち8割強がいわゆる途上国で受け入れられている。UNHCRによれば、周辺国で登録されているシリア難民は約570万人、うちトルコ政府によれば約360万人のシリア人がトルコ内にいるとされている。ラテンアメリカでは2014年以来、国外に何らかの庇護を求めたベネズエラ人も合計で260万人近くにのぼり、バングラデシュには約90万人のロヒンギャ難民が極めて劣悪な環境で全く出口の全く見えない避難生活を余儀なくされ、再度政権を掌握したミャンマー軍による弾圧を逃れる民主化活動家も後を絶たない。さらに、2021年8月のタリバン復権により数十万人規模のアフガニスタン人が国外脱出している。[1] したがって、仮にウクライナ危機を加味したとしても、「ヨーロッパ(だけ)に難民が怒濤の如く押し寄せている」という表現は誇張であると言える。

と同時に問題は「量」だけでなく「質」でもある。上でも見てきた通り、欧州共通庇護制度や欧州人権条約によって、庇護申請者や難民、その他の「第三国国民」に保障されるべき最低基準が定められており、加盟国にはそれら最低基準を必ず満たす法的義務がある。欧州諸国の「福祉国家」としての性質は、その国の国民だけでなく外国籍を有する者にも一定基準の下で権利や福祉が保障されるべきという理念に繋がっている。そのような権利保障や福祉は、「庇護・移住・社会統合基金」などのEU連帯資金はあるものの、基本的には受け入れ国政府が財源を確保し提供することとなっており、言い換えれば各国の市民が払う税金から成り立っている。このことは、トルコやパキスタン、コロンビア、バングラデシュなどにおける難民・避難民支援が、その他の先進国（たとえばアメリカや日本など）から直接提供される二国間支援や、国連などの国際機関を通じて提供される緊急人道支援のための巨額の拠出金に頼ることができる状況とは、大きく異なっている。

欧州が抱える難民問題は、時に相矛盾する理念や国益の間のバランスをとる難しさを体現しており、これは自由民主主義に基づき福祉を重視する経済的に比較的豊かな国民国家が必然的かつ共通に直面する課題であると言える。つまり一方では、人権、福祉、法の支配といった「ヨーロッパ的価値」やアイデンティティを保持する必要があり、また西ヨーロッパ諸国の多くには植民地時代からの繋がりやナチス時代のホロコーストの贖罪という呪縛もある。さらに、多くの欧州諸国が短期・長期的に高齢化社会を迎える見込みであり、経済面での国際競争力や福祉体制を保つために必要な労働力・納税者を確保するという文脈で、大きな意味での外国人受け入れは不可避である。その一方で、多くの欧州諸国で極右政党が台頭しており、移民・難民政策の失敗はそのまま現政権の失墜に繋がるおそれもある。その国で生まれ育った移民の背景を持つ若者が社会に対する様々な不満のゆえに過激化する現象も見られており、国外からの人の流れの中にテロリストが含まれるかもしれないという不安もある。

度重なるテロ事件と「イスラム国」の勢力拡大から、必ずしも正しい宗教的理解に基づかない「イスラム嫌悪主義」も広がっており、移民との文化的摩擦の回避、社会的一体性の保持という国是も存在する。2014年からの「シリア難民危機」やウクライナ避難民への対応は、そのような大局的文脈で捉える必要がある。

ヨーロッパは地中海を隔てて北アフリカや中東と至近距離にあり、イタリア、ギリシア、ポルトガル、スペインといった南ヨーロッパ諸国に密航船が漂着するのは必ずしも新しい現象ではない。しかし特に「アラブの春」以降、北アフリカや中東諸国における政治的経済的混乱やシリアにおける紛争が長期化する中で周辺国に留まっていた難民・避難民がしびれを切らし、自力で欧州を目指し始めた。これがいわゆる「シリア難民・移民危機」である。主にリビアから舟でイタリアを目指す「地中海ルート」では、航海中に舟が転覆したり密航業者に溺死させられたりする事件も増え、国際移住機関（IOM）によると2014年以降だけで2万3980人以上の溺死・行方不明者が報告されている。地中海は「ヨーロッパの墓場」と呼ばれるまでになった。そこで、EU諸国はFrontexの海上警備機能を強化し、EU海軍も様々な海上作戦を実行し、最終的にはNATO海軍までエーゲ海でのパトロールを開始することとなったが、すでに第22章で見た通りそれらの海上警備活動が人命救助なのか（避）難民の入域阻止なのか、その線引きが曖昧になっている。そのような状況を嘆いた民間人道団体や篤志家が独自で救助船の運航を始めたが、彼らは「密航ほう助の罪」でEU諸国によって訴追されるに至っている。

また、陸路でヨーロッパ入域を目指す「バルカンルート」は、トルコ、ブルガリア、ルーマニア、

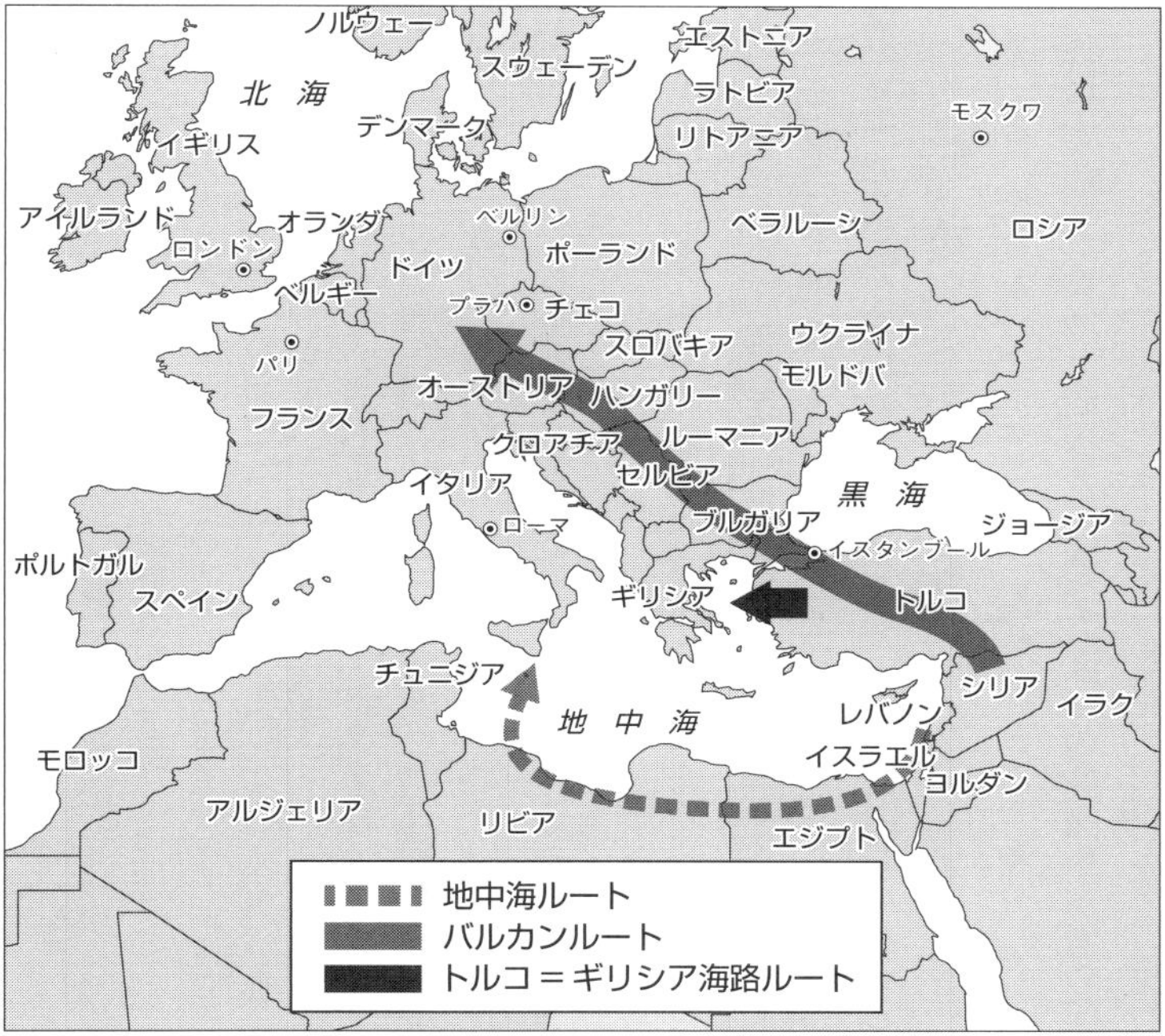

図３　三つの欧州入域ルート

出所：EU MAG（http://eumag.jp/behind/d1015/）を参考に筆者作成

またはマケドニア、セルビアやクロアチアを通って、シェンゲン領域内であるハンガリーやスロベニアを目指すルートである。避難民の多くはハンガリーやスロベニアに留まる意図はなく、いったんシェンゲン領域内に入った後はさらに北を目指す者も多い。しかし、ハンガリーやスロベニアとしては、ダブリン制度が機能する限り自国で数万・数十万の庇護申請を受け付けなくてはならなくなることが予想され、また「EU域外国境管理の強化」という文脈で厳しい出入国管理を実施した。EUの対応でさらに議論を呼んだのが「トルコ＝ギリシア海路ルート」である。詳細は以下で触れるが、たとえばギリシアのレスボス島には毎日数百・数千の密航船が漂着することとなり、国際移住機関（IOM）によれば、2016年の最初の4ヶ月間だけで、海路でギリシアに入国した人の数は15万人を超えた（図3）。

このような3方向からの中東・アフリカ出身者の非正規流入に直面したEU諸国の対応は迷走を続けた。まず、イタリア、ギリシア、ハンガリーといったEU域外国境を抱える国で大量の避難民が流入した国が、ダブリン制度が機能するための大前提である指紋採取を放棄したのである。もし指紋採取し、ダブリン規則に則って他国へ移送すべき他の根拠が見つからなかった場合、最初に登録した国が庇護審査作業の義務を負うこととなる。これらの国では突然大量の庇護申請者を抱えたため難民認定制度が純粋に機能麻痺に陥ったこともあるが、より現実的には、指紋採取せずに他国への通過を黙認し、行った先の国で登録されればダブリン規則に則り自国は責任を負わなくてよくなる、という思惑もあった。また当事者である庇護申請者にとっても、イタリア、ギリシア、ハンガリーで登録してしまうとそこに留まる必要が生じるため、できれば無登録のまま自由にシェンゲン領域内を北上してたとえばドイツやスウェーデンなどを目指したいという意図もあった。よって、最初に到着したEU域内国での登録と指紋の採取・照合という大前提が崩れたため、シェンゲン情報システムもユーロダック規則も機能しなくなり、実質的にダブリン体制が崩れた。

次に綻び始めたのがシェンゲン協定関連法規である。ダブリン体制が崩壊し避難民がEU域内で北を目指すようになった結果、自国への大量の庇護申請者の流入を恐れた国、たとえばオーストリア、ドイツ、デンマーク、スウェーデンなどが、国境管理を再開し始めたのである。これらの国はシェンゲン協定関連法規に参加しているため、本来国境管理は放棄しているはずだが、ちょうど時期を前後して起きたパリやベルギーにおけるテロ事件も受け、国境管理が緊急措置として再導入された。これはとりもなおさず、シェンゲン体制の危機であり、EU域内での移動の自由という大原則の「終わりの始まり」とも揶揄された。シェンゲンとダブリンという欧州共通庇護制度を支える二つの柱が崩壊し始めたのは、ヨーロッパ統合構想全体にとっても大きな衝撃だった。

そこで、欧州共通庇護制度の完全崩壊を何とか防ごうと欧州委員会が提案したのが、EU域内での「緊急再定住措置」である。EU加盟国間の「連帯」という理念に基づき、シリア、エリトリア、イラク出身の庇護申請者に関して、2015年5月にはイタリアとギリシアにいるうちの4万人を、同年9月にはイタリアとギリシアにいるうち12万人を、他のEU加盟国に移送するというEU理事会決定が投票の末に可決された。分担数の計算は、各国の人口、GDP、庇護負担率（人口100万人に対する庇護申請件数）、失業率に基づき行われ、2017年末までにEU全体で約3万7000人が実際に再定住を果たした。それ以降も本来はEU各国が自発的に人数を決めて受け入れる義務があったが、ポーランドとチェコは自らが表明した受け入れを実施せず、またハンガリーは受入数の表明自体を怠ったため、その3ヶ国についてはEU裁判所が「緊急再定住措置の理事会決定違反である」との判決を2020年4月2日に下すに至った。(2) しかし判決には罰則は伴わず、欧州共通庇護制度の形骸化と、EU内での「東西ヨーロッパ」の分断を印象付ける事態となった。

さらに大きな波紋を呼んだのが、2016年3月18日の「EU＝トルコ声明」である。第21章で見た「庇護審査手続き指令」に則り、トルコを「安全な第三国」とみなしてトルコ政府との「再入国協定」を結ぶと共に、同指令に定めた迅速審査手続きと国境手続きを発動し、「トルコ＝ギリシア海路ルート」を使ってギリシアに非合法的に漂着した者のうち、庇護申請が受理に値しない者や明らかに根拠のない者、またギリシアで庇護を求めない者は全員トルコに送還する、そして一人トルコに送還される代わりに、トルコに留まってすでに難民と認められた者を一人EU圏内に第三国定住手続きで受け入れる、というのが主な内容であった。同時に、トルコに対して60億ユーロの経済協力を行い、またトルコ国籍者のEUへのビザなし渡航・短期滞在についても交渉を迅速化させるなどのいくつかの「アメ」も用意された。しかし、その後のエルドアン大統領の強権化に鑑みても、トルコが果たして本当に「安全な第三国」と言えるのか大いに疑問であり、上記の「アメ」の部分の実施にもブレーキがかかった。また、そもそも庇護申請者と第三国定住難民を1対1で交換するという「人身交換」が、本来の難民保護の趣旨に合致しているのか、今日まで大いに議論を呼んでいる。

このように「シリア難民危機」で数々の問題が露呈し危機的状態に陥っていた欧州共通庇護制度を救おうとして、2020年9月に欧州委員会が提案したのが第21章で見た「移住と庇護に関する新協定」パッケージであり、その交渉の真っただ中で起きたのがロシアによるウクライナ侵攻である。

2022年2月24日、ロシアがウクライナに侵攻し、（避）難民がウクライナの隣国であるポーランドなどに退避し始めるやいなや欧州委員会は「一時保護指令」の発動を提案、3月3日には理事会で全会一致で採択され、3月4日に正式に発動された。策定から20年以上「絵に描いた餅」であった一時保護指令が1週間あまりで日の目を見ることになったのである。その主な内容はすでに第21章で見た通りであるが、今回の対象者は以下の通りと指定された。

①EU一時保護指令が確実に適用される人

・2022年2月24日の時点で、ウクライナに在住していたウクライナ人

・2022年2月24日の時点で、ウクライナに在住していて、ウクライナ政府からすでに正式に難民認定されていた非ウクライナ人か無国籍者

・上記の人の家族

②EU一時的保護ないし各国政府が設定する別の保護措置の対象となる人

・2022年2月24日の時点で、ウクライナに合法的に在住し永住権を持っていた非ウクライナ人か無国籍者で、母国に帰れない人

③EU一時的保護の対象としてもしなくてもよい人

・ウクライナに合法的に在住していた非ウクライナ人か無国籍者で、母国に帰れない人

このうち特に問題となったのが、③のカテゴリーである。侵攻前の時点でウクライナには約500万人程度の外国籍を有する人がおり、そのうちの大多数はロシア国籍を有している者とされる。しかし中には、アジアやアフリカからの留学生、移住労働者など約50万人も③のカテゴリーに当てはまり、母国にも帰れず、ウクライナは紛争状態で、さらにEUにも入域を拒否されるという立ち往生状態となった。③のカテゴリーに一時保護を与えることを義務ではなくオプションにするよう最後まで強く

迫ったのは、ポーランド、チェコ、ハンガリー、ルーマニアという正にシリア難民のEU内再定住分担義務を履行していない国々との報道があり、[3]「今回のEU一時保護指令の発動は、人種差別に基づくものだ」という非難の根拠の一つともなっている。さらにシリア危機への対応と対照的なのは、今回発動された一時保護決定では、当初の指令にあった「すでに別のEU諸国で一時保護ステータスを得た者が非正規に入国・滞在しようとした場合には、その者を元いた国に差し戻すことができる」という条文は適用しないという決定がされ、ウクライナ避難民はEU諸国内で自由に行先が選べる状態となった。これは「ダブリン規則の考え方」からは大変革である。このようなブリュッセル・レベルでの政治的・法的に寛容な措置だけでなく、実際にポーランド、チェコ、ハンガリーなどを含め現場でも、多くのEU市民の間でウクライナ避難民の大歓迎ムードが広がっている。

シリア難民への極めて厳格かつ排他的対応ぶりとウクライナ避難民に対する類稀な寛容さはどこに起因するのだろうか。その理由は以下の六つが考えられる。

第一は、プーチン大統領による暴挙に対する非難の具現化である。ロシアによるウクライナ侵攻は明らかに国際法（たとえば国連憲章第2条4項）違反であり、また「敵の敵は味方」としてウクライナ避難民を最大限救うというロジックが成立する。しかし、国際法違反である他国の侵攻や攻撃は、様々な規模と文脈、正当化の下で国際社会では繰り返しいわゆる「西側諸国」によっても犯されてきており、これだけでは説明として足りない。

第二は、EU諸国の庇護申請制度の破綻を防ぐという目的である。2017年のEU・ウクライナ協定に基づき、ウクライナ国籍を有する人はビザなしで90日を上限としてEU諸国に自由に入域し滞在することができる。だからこそ、攻撃開始後1週間足らずですでに100万人以上がウクライナからEU諸国に避難「できた」のである。この査証免除措置がある限り、EU諸国にウクライナからの避難民が怒濤の如く押し寄せ、その一人一人が庇護申請を行ったら、EU諸国の庇護申請制度が破綻することは明らかであった。

それに関連する第三の理由は、ウクライナはEU諸国であるポーランド、スロバキア、ハンガリー、ルーマニアと直接国境を接しており、EU諸国から見れば、たとえばトルコのような緩衝地帯、つまり避難民を押し付けられる第三国がない。よってEU諸国は今回は自らが直接的対応策を捻出しなければならない地政学的環境に置かれたと言える。

第四は、EUが「一時保護措置」を当初1年間（2023年3月4日までとして）発動したことからもわかる通り、ウクライナ避難民のEU滞在期間が比較的短期で終わるとEU諸国が見積もった可能性もある。ウクライナは、たとえばシリアやアフガニスタン、ミャンマーなどのようにその国で実権を握る者が自国民を迫害しているような状況とは大きく異なり、ゼレンスキー政権がウクライナ国内で成立する限り、ロシア軍が撤退すれば、圧倒的大多数のウクライナ人は自国に帰還することが見込まれる。当然戦局によってこの見通しは外れる可能性もあるが、少なくともEU諸国としては短期決戦に賭けたともいえる。

第五は、避難民の大多数が女性や子どもであり、一般市民の感情にも訴えたという可能性もある。[4]ウクライナ政府は戦闘員の確保のために18歳〜60歳の健康な男性の出国を禁じているため、避難した人は女性や子どもや老人ばかりであった。ただし、世界的な難民の人口比でも、女性や子どもの方が成人男性よりも多いというのが通常であり、この点だけでは説明としては弱い。

最後に恐らくもっとも強く働いた可能性のある第六の理由が、ウクライナ避難民は白人でクリスチャン、つまり「我々ヨーロッパ人の一員」とEU諸国がみなしたということである。ウクライナ避難民を他の中東・アフリカ出身の難民と比較した、極めて差別的な発言が一部の政治家や評論家からなされたが、上記の一時保護決定にも文書化された通り、今回のEUによるウクライナ避難民の大歓迎は、人種差別的意識・無意識に基づく部分があることは否めない。このことは、日本における今回のウクライナ避難民対応にも通ずるのかもしれない。

おわりに

第6部で見てきた通り、1950年代から続いてきた欧州統合という大実験は、「シリア難民危機」への対応でいったん大きく揺らいだ。昨今のウクライナ避難民対応は、EUの威信をかけた名誉挽回という見方もできる。と同時に、シリア危機とウクライナ危機への対応の大きな格差は、人権、民主主義、法の支配といった欧州人権条約に体現されるヨーロッパ的価値観、EUとしてのアイデンティティの限界、境界線を露呈させた、とも言えよう。一般には、短期間に多くの人々が国境を越えて移動する事象は「難民・移民危機」と表されるが、ウクライナ避難民については、差し迫った「危機感」は少なくとも受け入れ諸国側にはシリア難民危機の際ほどには感じられない。「危機」とは究極的には、周辺国が難民受け入れを拒否する場合にのみ出現する現象なのかもしれない。

本部執筆時には、ロシア＝ウクライナ戦争に終結の兆しは見えておらず、全く予断を許さない状況である。ヨーロッパがこの第二次世界大戦後最大規模といわれる「ウクライナ避難民の受け入れ」をどう乗り切るのか、また難民が今後のヨーロッパをあるいは世界をどう変えていくのか、どう映し出していくのか、注視し続けたい。

注

（1）いずれも２０２１年末の数字。より詳しくは、ＵＮＨＣＲ「Global Trends: Forced Displacement in 2020」を参照。

（2）Judgement of the Court, 2 April 2020（ECLI: EU:C:2020:257）

（3）https://www.politico.eu/article/eu-ministers-historical-deal-protect-ukraine-refugees/（２０２２年３月17日アクセス）

（4）一部の市民の出国禁止はウクライナ政府による自国民の差別に基づく「迫害」とみなし得る可能性もある。

参考文献

国際移住機関（ＩＯＭ）「Missing Migrants Project」http://missingmigrants.iom.int/（２０２２年４月30日アクセス）

国連難民高等弁務官事務所（ＵＮＨＣＲ）「Global Trends: Forced Displacement in 2020」https://www.unhcr.org/statistics/unhcrstats/60b638e37/global-trends-forced-displacement-2020.html（２０２２年４月25日アクセス）

国連難民高等弁務官事務所（ＵＮＨＣＲ）「シリア難民の地域的対応」ホームページ　https://data2.unhcr.org/en/situations/syria（２０２２年４月30日アクセス）

Sergio Carrera, Meltem Ineli-Ciger, Lina Vosyliute and Leiza Brumat (2022) The EU Grants Temporary Protection for People Fleeing War in Ukraine: Time to rethink unequal solidarity in EU asylum policy, *CEPS Policy Insights*, No. 2022-09/March 2022. ASILE

7 米国の難民問題

他に類を見ない規模の「移民国家アメリカ」にとっても、難民という存在は歴史的にも社会的にも重要な問題である。米国にとって、難民問題は移民問題と並んで、人の移動を管理する政策という面からだけではなく、米国そのもののあり方を問いかける問題であり続けてきた。第7部では、まず米国にとって難民とはどのような存在であると考えられてきたのかを説明し、次に中米からの難民の問題を取り上げる。また、米国の難民政策について概観し、最後に移民問題と難民問題の関連性について論じる。第7部を通して、過去から現在に至る米国政府の難民問題への取り組みとその課題を考えてみたい。

第24章 米国における難民概念

難民概念の変遷とその意味

佐原彩子

米国移民帰化法101項（a）（42）による定義によれば、難民とは、人種、宗教、国籍、特定の社会集団への所属、政治的見解などの理由によって、迫害され、あるいはそのおそれが十分にあって、本国へ帰還できない、あるいは帰還を望まない、国籍を持つ国ないし本来居住していた国の外にいる者のことである。この定義は1951年の「難民の地位に関する条約（条約）」および1967年の「難民の地位に関する議定書（議定書）」に準ずるものである。

米国は、先住民および奴隷として強制移住させられた者の子孫を除いては、その多くが移民（immigrant）あるいは難民（exile/refugee）ないしその子孫からから構成されている。1620年に宗教的迫害を逃れ信仰の自由を求め新大陸に到着した「ピルグリム・ファーザーズ」が、プリマス植民地を開いたという神話化された物語は、米国にとっての原点である。この物語を通して米国国民は自らを「植民者」や「移民」としてよりは「亡命者」や「難民」と位置づけることで、米国が「自由の地」

であることを強調する。このような移動をめぐる「自由」の強調は、初期植民地神話に限ったことではなく、たとえば、自由の女神の表象にも読み取ることができる。詩人のエマ・ラザラス（1849～1887）は、自由の女神を「亡命者たちの母」と呼び、「疲れた者たち、貧しい者たちをここへ」と迎える存在と謳った。このように、亡命者を受け入れることは、米国の建国の理念と不可分であるかのように語られてきた。

実際長い間、米国移民法において難民と移民は法的に区別されていなかった。北米大陸の開拓・開発のために、白人移民を受け入れることに各植民地は積極的であり、その移民資格は長い間特に厳格ではなかった。また、たとえば、古くはマサチューセッツ植民地から追放されたロジャー・ウィリアムスが建設したロードアイランド植民地のように、ある植民地からの亡命者が建設したという植民地も存在した。イギリスからの独立後も、連邦政府によってではなく、各州が移民の入国管理運営を行っていたため、移民は連邦レベルで規制される存在ではなかった。

連邦政府は、1882年移民法により出入国統制の権限を引き受け始めた。これが成立した背景には、19世紀末以降、大量の「新移民」が米国に入国し、反移民感情が高まったことがある。移民排斥論が高まるようになり、1891年移民法、1903年移民法と、米国移民法は移民に対して厳しいものとなっていった。第一次世界大戦の時期に起こった国内の労働力不足を補うため、いったんメキシコから労働者入国を許可したものの、1917年移民法において米国政府は移民資格をさらに厳格化し、移民禁止対象者を拡大し続けた。

移民の国アメリカといった場合に想起される「移民」が、米国史において迫害から逃れて来た人々を含意してきたことは、米国の建国神話に起源があった。しかし19世紀後半から連邦政府により移民資格が厳格化され、その数も制限的となったことから、迫害された人々の受け入れは限定的となっていった。

さらに1924年移民法によって出身国籍別割り当て（national origin quota）に基づき移民者数が管理運営されるようになると、ヨーロッパで難民問題が発生しているにもかかわらず、難民を受け入れることはさらに難しいこととなった。第二次世界大戦中の1939年、ロバート・ワグナー（Robert Wagner）上院議員とエディス・ロジャース（Edith Rogers）下院議員によるワグナー・ロジャース法は、移民の割り当て枠を拡大し、ナチス・ドイツから14歳以下のユダヤ人の子どもたち2万人を米国に受け入れることを求めたが、米国議会によって否決された。ナチス・ドイツのフランス侵攻により難民になることを余儀なくされた人々を1940年に1200人、1941年に800人受け入れたり、1944年にイタリアの難民キャンプから987人のユダヤ人を受け入れたりはしたが、受け入れを希望する人々の数と比べるとその数は少なかった。これは、米国内にいる移民や帰化者が国家安全保障上の脅威をもたらすと考えられていたからであった。1941年6月に移民帰化局（Immigration and Naturalization Service）が労働省から司法省に管轄が移動したことも、移民問題が労働力問題ではなく取り締まりの対象へとその捉えられ方が変化したことを意味していた。

第二次世界大戦後ヨーロッパでの難民や流民が問題視されるようになると、当時の米大統領ハリー・トルーマン（Harry Truman）は、移民枠の未使用分を難民に割り当てることで難民を受け入れるよう国務省に要求した。さらに1946年8月には、当時の移民割り当て枠以外に、ヨーロッパからの難民を受け入れることを提案した。

１９４７年3月にトルーマン・ドクトリンが発表されると、米国にとって難民は受け入れるべき存在となった。米国政府は、共産圏から逃れてくる人々を難民として受け入れることを大義としていく。冷戦体制が高まり、共産主義体制を逃げてくる人々を「難民」として積極的に保護することが米国の国益だと考えられるようになり、反共政策および外交政策として重視されることとなったからである。共産主義社会に対する自由主義の砦であるために、そしてそれは、移民と難民が異なる法的概念として制度上理解され運用されることを促していった。

これは、のちの１９４８年「戦争難民法（Displaced Persons Act）」制定に結実し、この法によって、結果的に約41万人が米国へ入国を許可された。20世紀前半において、米国政府にとって難民という国民国家に包摂されない人々は、米国の既存移民概念に包摂できない存在であった。

米国において難民という存在が、共産主義から逃げてくる人々として理解されていったことは当時様々な難民関連立法を見ても明らかである。たとえば、朝鮮戦争休戦直後の１９５３年には、「難民救済法（Refugee Relief Act）」が制定され、移民枠以外での難民としての入国が許可された。この難民救済法は、翌年に修正され、戦後ヨーロッパおよび共産圏からの難民、合計21万４０００人の入国を認めた。さらに、１９５７年には、「難民・避難民法（Refugee-Escapee Act）」が制定され、難民および避難民を「共産主義圏および中東諸国における迫害を逃れてくる人々」と定義した。ここでの共産主義圏はヨーロッパを主に想定しており、難民とはヨーロッパの反共主義者と想定されていた。

ハンガリー動乱時の１９５６年から58年にかけては、およそ６０００人が難民救済法によるビザによって、その他は、司法長官による臨時入国許可（Parole）によって、3万2000人のハンガリー難民が米国に入国した。ハンガリーからの難民が、移民とは異なる資格で特別に入国を許可されたことは、冷戦期の米国における難民概念を象徴していた。ハンガリー難民が移民として大量に入国できるように国籍別割り当てを拡大することは議会の賛同を得られなかった。ここにはアングロ・サクソン系と分類される人々を頂点とし東欧出身者を劣等視する当時の人種・エスニシティ理解の排他性が表れている。当時のアイゼンハワー政権は、移民法を改正することはできなかったが、ハンガリー難民を共産主義から逃げてくる救済対象の人々として臨時入国を認めることができた。つまり、米国社会の人種・エスニックなヒエラルキーを崩さずに、難民入国が正当化されたのであった。1960年代のキューバ難民もこのような移民法枠外での入国許可によって入国した。

「1965年移民法」は1924年の国籍別割り当てを撤廃したが、難民概念を世界のあらゆる地域に適用することはなく、移民受け入れ総数のうちの6％を難民として認めることとした。数的に難民受け入れを確保したことは難民政策上の前進ではあったが、難民概念として、いわゆる国際条約上の難民概念を受け入れたわけではなかった。「1951年難民条約」33条のノン・ルフールマン原則、すなわち追放および送還の禁止が、米国移民法に定められている米国司法長官の送還権限を侵すものであると考えられたため、同条約に米国はこのとき未加入であった。その後、米国は1968年に、「1967年議定書」に加入したが、この加入によって国内法を改正する必要はなかった。

国際的難民定義が米国に適用されるまでには、「1980年難民法」の成立を待たねばならなかった（1980年難民法については第26章を参照）。1975年のベトナム戦争終結後、ベトナムを中心とする旧インドシナ三国から難民を受け入れた結果、米国議会は1980年難民法を制定した。同法は難民を「人種、宗教、国籍、ある社会集団への所属、あるいは政治意見のために迫害への根拠あるおそれあるいは迫害のために、帰還できないあるいは望まない者」と定義した。これは、従来の共産主義から逃れてくる人々に限定した難民定義ではなく、「1951年条約」における用語と明白な類似性があることから、国際的基準に一致した定義を導入したと考えられている。そして、同法202項（a）には「人種、性別、国籍、出生地、あるいは居住地によって〔中略〕誰も恩恵、優先あるいは差別を受けるべきではない」と明記されている。現在米国市民権・移民局（U.S. Citizenship and Immigration Service）の職員が学ぶ基本法律マニュアル（Basic Law Manual）には、国際難民法と国際人権法両法に関して広範囲にわたる議論が含まれており、国内での難民保護に関する実施政策が国際基準に準ずるよう考慮されるようになっている。

それにもかかわらず、実際の難民受け入れは、政府の外交上の判断によってどの国・地域からの難民の認定が下りやすいか、あるいは却下されやすいかが大きく異なってきた。たとえば中米諸国から流出した人々の多くは、条約や議定書の難民定義に当てはまる人々であっても難民と認められず、非合法移民あるいは経済移民とみなされ保護の対象とされてこなかった（第25章参照）。米国政府が難民政策実施過程において、条約や議定書をたびたび軽視、あるいは無視してきたと批判されるのはこのためである。

このような難民受け入れをめぐる国際的責務と国内的実践のギャップは、普遍的な自由や平等を標榜しつつも人種や民族によって米国に統合され得る人々か否かが決まるという観念が消滅することがないままに、冷戦外交の論理によって共産圏からの難民を米国の体制の正しさの象徴として特例化し歓迎してきたという矛盾に由来している。

参考文献

大西直樹『ピルグリム・ファーザーズという神話――「作られた建国神話」』（講談社選書メチエ）講談社、一九九八年
加藤洋子『「人の移動」のアメリカ史――移動規制から読み解く国家基盤の形成と変容』彩流社、二〇一四年
ジョン・ハイアム『自由の女神のもとへ――移民とエスニシティ』平凡社、一九九四年
古矢旬『アメリカニズム――「普遍国家」のナショナリズム』東京大学出版会、二〇〇二年
Tempo, Carl J. Bon. *Americans at the Gate: The United States and Refugees During the Cold War*. Princeton: Princeton University Press, 2015.

第25章

米国国境を越える中米難民
米国政府の取り組みと課題

佐原彩子

２０１３年から２０１５年にかけて、10万人以上の若者が米墨国境を越えて米国に入国した。その中米出身者の多くに未成年者や母親と乳幼児が含まれていたことが社会問題視され、米国メディアでも大きく取り上げられた。そうした女性と子どもが非合法移民として勾留所に閉じ込められている様子は、オバマ政権へ対応を求める声を社会に生み出し、オバマ政権はその状況を人道的危機であるとする声明を出した。

中米諸国から米国へ陸路入国するためにはメキシコを横断する必要があるため、オバマ政権は、中米諸国からの入国者取り締まり強化をメキシコ政府へ依頼してきた。メキシコ政府が２０１４年７月７日に発表した「南国境計画（Southern Border Program）」に米国政府は数百万ドルを費やしてきた。メキシコは中米との国境地帯の警備を強化し、自国内の中米からの正式な旅券などを持たない流入者を摘発し国外退去させてきた。しかしながら、２０１５年８月より米国国境へ到着する中南米未成年

表１　米国における難民庇護申請者（asylum seeker）の出身国別順位

年＼順位	1位	2位	3位	4位	5位
2010年	中国（9,530人）	メキシコ（3,996人）	エルサルバドル（1,925人）	グアテマラ（1,726人）	ホンジュラス（783人）
2011年	中国（10,435人）	メキシコ（7,432人）	エルサルバドル（2,889人）	グアテマラ（2,447人）	インド（1,610人）
2012年	メキシコ（10,714人）	中国（9,833人）	エルサルバドル（3,379人）	グアテマラ（3,076人）	インド（1,740人）
2013年	メキシコ（9,370人）	中国（6,051人）	エルサルバドル（4,499人）	グアテマラ（3,445人）	ホンジュラス（2,474人）
2014年	メキシコ（8,840人）	エルサルバドル（5,921人）	中国（4,773人）	グアテマラ（4,257人）	ホンジュラス（3,669人）

出所：U.S. Department of Justice, *FY2014 Asylum Statistics*より筆者作成

者が再び増加している。

これらの人々は非合法移民あるいは経済難民としてメディアに取り上げられることがあるが、多くの場合、中米本国において身の危険を感じ、米国への陸路入国を目指す難民である。中米の国々で米国に難民庇護申請を行い、難民認定され難民として本国から米国に入国するのではなく、米国国境を越え入国してから米国政府に難民庇護を申請する人々が多い。これを難民庇護申請者（asylum seeker）と呼ぶ。入国後1年以内に難民庇護申請を行った場合、米国市民権・移民局により認められるか、米国司法省の移民再審理事務局（Executive Office for Immigration Review）の移民裁判官によって認められるか、難民庇護申請者の配偶者や子どもが米国で合法的在留地位を獲得している場合に家族再統合という形式で認められるかの3通りの可能性がある。認められた場合、就労許可が下り、その後1年間米国に居住すれば、永住許可を申請することができる。

第26章で述べるように、難民として米国に入国する人々には、近年中東出身者が増えているが、難民庇護申請者出身国の上位5ヶ国は中米諸国が多い。たとえば、表1にあるように２０１

4年は、メキシコ（8840人）、エルサルバドル（5921人）、中国（4773人）、グアテマラ（4257人）、ホンジュラス（3669人）である。難民庇護申請者のうち難民認定された数も、国ごとに大きな差がある。たとえば、中国からの難民庇護申請者の難民認定率は、2010年から2014年の平均は57・3％だが、メキシコは1・3％、エルサルバドル4・6％、グアテマラ5・7％、ホンジュラス5・1％である。中米諸国からの難民庇護申請者の数は多いが、認定者の数およびその認定率が非常に低い。

こうした中米出身者の難民認定率の低さには、難民庇護申請する人々の多くが貧しい階層出身者であることと、米国政府がそうした人々を経済移民とみなしてきた歴史がある。難民庇護申請は1980年難民法によってその法的手続きが整備されるようになり、この制度を利用し米国において難民としての庇護を求めることは1980年代以降増加した。中米出身の難民庇護申請者の増加は、難民庇護申請そのものが制度化されたことに起因するとも考えられている。難民庇護申請を行えば、認定可否にかかわらず申請期間中は合法的に米国に滞在できるため、非合法移民として入国した人々が滞在するために戦略的に利用しているとの批判もある。

米国政府は中米諸国から入国する人々に、他の国民あるいは民族集団へ適用している難民基準を適用せず、排他的な対応をしてきた。1970年代後半より中米諸国での内戦の影響で、ニカラグアからは主に高等教育を受けたエリート層の国外避難が起こり、エルサルバドルやグアテマラからは主に低学歴貧困層で地方出身の人々の流出が増加した。その結果、米国での中米出身の入国者数が急激に増加した。しかし、米国政府はこれらの地域からの人々を難民と認めることが外交上の国益を損なうと考えたため、彼らの多くを難民として処遇しなかった。たとえば、レーガン政権は外交政策の一環として、エルサルバドルとグアテマラからの人々が庇護申請をすることに消極的であり、難民庇護申請者に迫害の根拠あるおそれを示すだけでなく、帰還すれば拷問、死、あるいはその他の迫害に遭う「明白な可能性」も示さなければならないとした。両国からの申請者に対する難民認定率は、1984年には3%以下であった。

米国政府が冷戦期にエルサルバドル、グアテマラ、ホンジュラスに政治・軍事介入を行ったことが、米国へ庇護を求める人々の流れを生んできたと指摘する研究者もいる。たとえばグアテマラでは、民主的に選出されたハコボ・アルベンス（Jacobo Arbenz）が1951年に大統領に就任し、大地主の未使用の土地を農民たちに配分する農地改革法を1952年に成立させた。グアテマラの政治体制の変化に、米国企業ユナイテッド・フルーツ社が危機感を抱えたことから、CIAが支援する反体制クーデターが勃発した。1954年に米国政府の支援による傭兵軍がエルサルバドルから侵攻すると、アルベンスは亡命し、親米独裁政権が生まれた。その結果、1960年から内戦が始まり、ゲリラとグアテマラ政府軍の戦いが続いた。市民への虐殺や暴力が起こり、多くの国内避難民や難民が発生した。内戦は1996年に終結したが、米国がグアテマラ政府軍を支援したことで多くの人々が犠牲になった。1999年、米国大統領ビル・クリントンは、米国によるグアテマラへの支援は間違っていたとの見解を表明した。

グアテマラでの内戦が深まるにつれて、エルサルバドル国内も混乱をきたすようになる。1960年代より国内での左翼運動に弾圧が加えられるようになり、70年代には軍が民衆に発砲するようになった。このような政府を米国は支援し、その後本格的に内戦状態になっていく状況を作り出した。1980年以降激化した内戦により、少なくとも7万5000人以上が犠牲となった。

ホンジュラスは国内の農地改革で、エルサルバドルからの移民の処遇をめぐり、1969年7月エルサルバドルと戦争状態となった。農民に犠牲者を多く出す戦争となったが、グアテマラやエルサルバドルのように国内が内戦状態になることはなかった。しかしながら、米国の中米軍事介入の拠点としての役割を担うようになり、エルサルバドル政府への米国政府支援の中継地や、1979年ニカラグアで成立したサンディニスタ政権に対する反政府民兵（コントラ）の基地となった。ホンジュラス軍は国内において左翼活動家に弾圧を加え誘拐や爆撃を行い、一般民衆に被害を与えた。

中米諸国での内戦状況が終結しても中米諸国から米国への人々の流入は継続し、1990年代後半に起こった一連の自然災害もこの流入を増加させた。そのため、エルサルバドル、ホンジュラス、ニカラグアからの非合法移民は一時庇護身分（Temporary Protected Status：TPS）の対象となり、一時的に強制退去を免除され就労許可を与えられた。1990年移民法は、出身国が軍事衝突、自然災害など非常事態にあるため帰還できない入国者に対し、司法長官の権限によりTPSを与えることを認めている。TPSは、ホンジュラスとニカラグア出身者には2016年7月まで、エルサルバドル出身者には同年9月まで延長されてきた。加えて、中米出身の非合法移民のために米国政府は様々な立法処置を行っており、1997年11月に成立した「ニカラグア人対処および中米救済法（Nicaraguan Adjustment and Central American Relief Act）」は、ニカラグア人およびキューバ人に永住権を与え、また、東ヨーロッパおよび中米出身者の難民庇護申請者で申請に問題がある者に、何らかの救済措置を求めることを認めた。

現在米国には、320万人以上の中米出身者がおり、その多くは、アリゾナ州、ニューメキシコ州、テキサス州、カリフォルニア州に居住しているが、入国後、教育あるいは労働市場に包摂されない若者たちが、既存のストリートギャングに合流したり新しいギャングを形成したりして縄張り争いを繰り広げている。このことは本国での暴力が米国にも連鎖している状況を示している。

陸路による中米から米国への人の流れは最近の現象だが、中米からの難民そのものは前述した1980年代初めからの米国による中米介入が引き起こした暴力、犯罪、殺人の増加や政治腐敗などによって発生してきたものと理解されなければならない。2014年のデータによれば、ホンジュラスの殺人発生率は10万人につき91人で世界最悪、エルサルバドルは41人、グアテマラは35人である。日本は1人未満、米国も5人であることを考えるとその率の高さが理解できるだろう。

現在も中米からの難民庇護申請者は後を絶たない。2016年1月、ジョン・ケリー（John Kelly）国務長官は救済が必要な人々への安全で合法的な選択肢として、ホンジュラス、エルサルバドル、グアテマラの人々への難民プログラムを拡大すると述べた。米国務省は、中米地域の公共安全の確立および若者への教育就労機会拡大のために、2008年から「中央アメリカ地域安全保障構想（Central America Regional Security Initiative)」を開始しており、2014年には1億6150万ドルが計上された。難民庇護申請を求めてメキシコを経由し陸路で米国へ入国する人々は、その経路において新たな暴力や搾取の犠牲となっており、そうした人々の流れとそれを生み出す構造的な問題、双方への取り組みが求められている。

参考文献

"Central American Gangs," *CQ Researcher* vol. 25 (5) (January 30, 2015): 97-120.

Central America Regional Security Initiative, http://www.state.gov/p/wha/rt/carsi/

Intentional Homicide, http://data.worldbank.org/indicator/VC.IHR.PSRC.P5

Mossaado, Nowa. "Refugees and Asylees: 2014, Annual Flow Report," Department of Homeland Security, April 2016. https://www.dhs.gov/sites/default/files/publications/Refugees%20%26%20Asylees%20Flow%20Report%202014_508.pdf

Smith, David and Nina Lakhani. "US to Expand Refugee Admissions for Central Americans Fleeing Violence," *The Guardian*, Jan 13, 2016. http://www.theguardian.com/us-news/2016/jan/13/central-america-refugees-united-states-migrants-admission-john-kerry

U.S. Department of Justice Executive Office for Immigration Review Office of Planning, Analysis, and Technology, Asylum Statistics (FY 2010-2015)

第26章

米国の難民政策

その現状と課題

佐原彩子

米国は2016年7月現在3億2300万強の人口を抱え、その数は、中国、インドに続く世界第3位である。1945年から2000年の間に米国は2800万人の人々を受け入れ、その多くは合法的に入国した移民である。難民はその一部を占めるにすぎない。1975年から2015年まで受入数に増減はあるが、合計325万2493人、毎年平均約8万人の難民を米国社会に受け入れてきた（図1参照）。その内訳は、年によって大きく変化してきており、大まかに言えば、80年代後半まではアジアからの難民が多く、その後、旧ソ連からの難民、そして近年では中東からの難民が多い。これは米国の難民受け入れが外交政策と密接に関係していることを示している。2014年米国へ難民として受け入れられた数は約7万人であり、その難民出身国上位5ヶ国はイラク（1万9769人、28%）、ビルマ（ミャンマー）[1]（1万4598人、21%）、ソマリア（9000人、13%）、ブータン（8434人、12%）、コンゴ（4540人、6・5%）である。米国で難民庇護を申請する難民庇護申請者の問題は第25

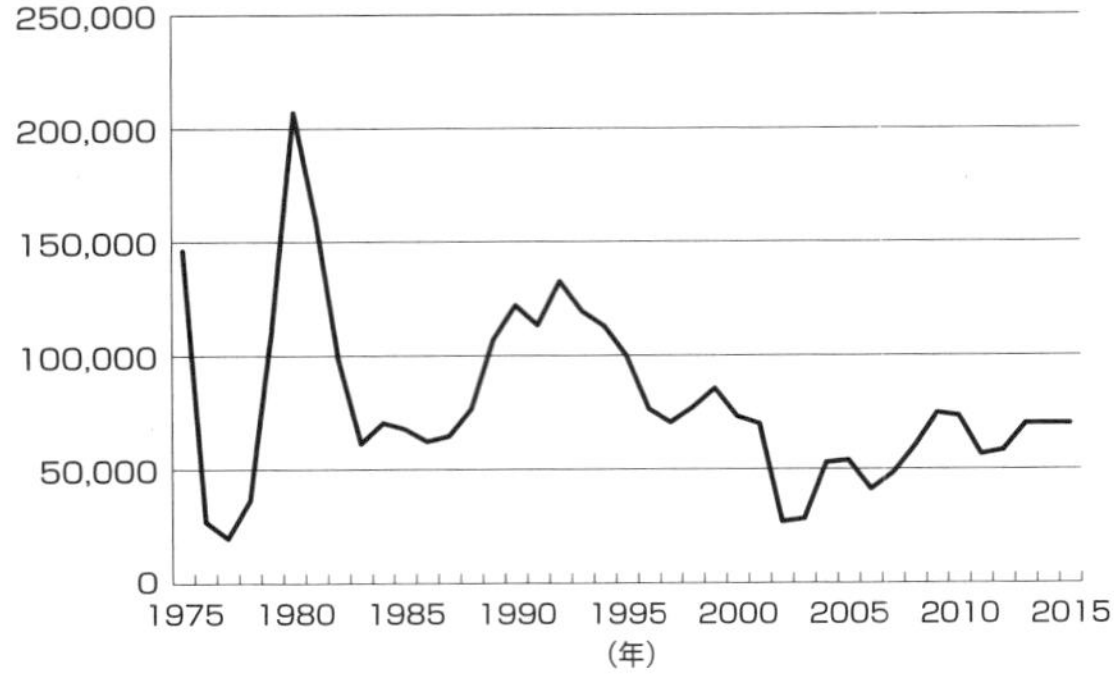

図１　米国難民受入数の変化（1975～2014年）

出所：国務省資料http://www.state.gov/j/prm/releases/statistics/251288.htmより筆者作成

章でも述べたが、難民庇護申請者が申請を認められ滞在を許可された数は、この難民数には含まれていない。

米国における最初の難民立法は１９４８年「戦争難民法（Displaced Persons Act）」であり、およそ40万人の東ヨーロッパからの難民を受け入れた。その後制定された難民関連法としては、１９５３年「難民救済法（Refugee Relief Act）」、１９６０年「公正分担難民法（Fair Share Refugee Act）」がある。米国政府は、司法長官による臨時入国許可（parole authority）を使って、１９５６年にはハンガリー動乱に伴う難民、１９７０年代にはインドシナ難民など、多くの人々を難民として人道的理由のために入国させてきた。

米国の外交上の利害は、難民政策を左右し続けてきた。誰を難民とするのかは政治的な問題であり、外交関係を反映してきたからである。冷戦外交の観点から、20世紀後半の殆どを通して、米国の難民政策は共産主義国から逃げてくる人々を難民とみなしてきた。しかしながら、１９７０年代後半より、このような難民政策を反共主義から切り離そうとする動きが起こった。その結果、「１９８０年難民法」が成立し、法律上は、旧共産圏からの難民への優遇がなくなった。難民として米国に入国を認められるか否かは、個人が「迫害のおそれが十分にあること」を証明できるかどうかにある。

１９８０年難民法は難民を、「人種、宗教、国籍、特定の社会集団への所属、政治的見解などの理由によって、迫害され、あるいはそのおそれが十分にあって、本国への帰還ができず、あるいは望まずに、国籍を持つ国ないし、本来居住していた国の外にいる者」と定義するが、この定義に合致する者であっても、その者がアメリカに入国を自動的に認められるわけではない。難民受け入れプログラム（Refugee Admission Program）は、国務省の人口・難民・移民局（Bureau of Population, Refugees, and Migration）と保健福祉省の難民定住局（Office of Refugee Resettlement）と国土安全保障省の担当部署との連携において運営されている。国土安全保障省の米国市民権・移民局（ＵＳＣＩＳ）が難民を面接し、米国での難民地位資格を決定する。全ての難民資格申請者は以下のどの基準をどれだけ満たすかによってその優先順位が割り当てられる。その主な優先順位は次の通りである。

優先順位１：生命の直接的危機にある難民、あるいはアメリカに再定住するより他に選択肢がないように思われる者。国連難民高等弁務官事務所（ＵＮＨＣＲ）によって米国への再定住を斡旋された者、米国大使館あるいは特定非政府組織（ＮＧＯ）に難民であることが認定されている者。

優先順位２：ＵＳＣＩＳ、ＵＮＨＣＲ、特定ＮＧＯによる情報提供により、国務省によって選ばれた米国の「特別関心対象」である者。現在は、旧ソビエト連邦、キューバ、コンゴ、イラク、イラン、ビルマ、ブータンからの人々がその対象に含まれている。

優先順位3：米国にすでに合法的に定住している難民の親族（親、配偶者、21歳以下の未婚の子ども）。その親族が親族関係についての宣誓供述書を提出し、国土安全保障省に審査されなければならない。

優先順位カテゴリーに含まれると理解される難民であっても、実際に入国を許可される現実的な機会を得られるかどうかは別の問題である。難民として認められるには、出身地域に駐在する米国務省の難民問題調整官と海外に米国政府が設置している再定住支援センターによる多岐にわたる面接と審査を通過しなければならない。多くの場合、申請から難民認定までに平均1年半から2年かかる場合が多く、人権保護団体からは危険な場所あるいは困難な状況で待たされる難民の状況について懸念が表明されている。

また、難民庇護申請者についての規定は、90年代後半からより厳格なものになってきた。1996年に成立した「不法移民是正および移民責任法（Illegal Immigration Reform and Immigrant Responsibility Act）」は、難民申請者の申請期限を米国入国から1年と定め、難民申請者であっても「迅速的退去（expedited removal）」の対象とした。「迅速的退去」とは、米国に入国して14日未満の者が正式な旅券を有しておらず、入国地点あるいは国境100マイル以内の地点で拘束された場合、移民裁判官による聴取や審査なしに、略式強制退去処分を受けることである。これはつまり、難民申請者である可能性のある者も、空路、陸路、海路での密入国者として取り締まられることを意味している。

難民庇護申請期限を1年としたことによって、恐怖、情報不足、個別状況によって申請が遅れた場合に、本来は難民として保護を受けることのできるはずの正当な申請者を拒むこととなり、申請者の権利が奪われることとなった。これについては批判があり、2016年7月上院に提出された「難民保護法（Refugee Protection Act）」案ではこの期限を撤廃することが提案されたが成立しなかった。

同時多発テロを受け成立した2001年「米国愛国者法（U.S. PATRIOT Act）」により、テロ活動に関連した集団に属する者の入国禁止が定められたこと（TRIG禁止項目）は、難民申請者や難民庇護申請者の資格をさらに制限することとなった。米国において「テロ活動」定義が非常に曖昧かつ多義的であることから、迫害の被害者であり保護を求める者であっても、「テロ組織」支持者、あるいは「テロ活動」参加者として誤解されるケースが続出した。結果として、米国に脅威をもたらす存在ではないにもかかわらず、難民申請や難民庇護申請の審査が遅れたり、認定されるべきであるケースであっても不認定となったりした。このような問題に対しては超党派の取り組みがあり、不当に申請から排除された者に対する例外的措置拡大が2008年に規定されることとなったが、TRIG禁止条項の変更はされないままである。

公共空間におけるセキュリティ強化のために2005年に連邦議会で成立した「運転免許証等の発行基準に関する連邦法（REAL ID法）」は、州政府の発行する運転免許証などのIDカードの厳格性を高めることを目的としている。具体的には、非合法滞在者の運転免許証取得を防止するために、各州へ連邦政府の統一基準を導入することである。この法では、移民判事が難民庇護申請者に対して、米国移民帰化法101項（a）(42) に定められた難民定義における迫害の証明を求めたり、補強証拠の提出を求めたりすることを認めた。これにより難民庇護申請者に求められる申請書類基準がさらに厳格化されることとなった。

以上のような難民申請関連の厳格化に対して、民主党議員パトリック・レイヒー（Patrick Leahy）は、「２０１０年難民保護法（Refugee Protection Act of 2010）」を提案した。成立はしなかったものの、同様の法案を２０１１年、２０１３年、２０１５年と２０１６年にも米国上院議会に提出している。これは、現行の移民帰化法を修正し、迫害や拷問を逃れる難民を保護することを米国政府の責務として再確認し、現在の難民政策の問題点を改善することを目的とした法案である。

「１９８０年難民法」以降、新たな包括的難民法は成立していない。現実的に、現在の米国難民政策には、大きく分けて四つの問題があると考えられている。それは第一に、「ノン・ルフールマン原則」と呼ばれる、難民法の根本と考えられる「難民を生命または自由が脅威にさらされるおそれのある国に追放または送還してはならない」（条約第33条）という条項に抵触しているということ。次に、ＵＮＨＣＲと協力するという条約や議定書参加国の原則があるにもかかわらず、米国における難民法の実施において、ＵＮＨＣＲの公的な役割が周縁的であること。第三に、条約および議定書において「迫害」が定義されていないために、米国において基本的人権侵害に言及しなかった場合、迫害と認定されないケースが発生していること。最後に、難民申請をしている人に保護が必要かどうかということを決定する際に、その難民に対する迫害者の意図、迫害をする人が危害を加える十分な動機を有しているかが重要であるということである。

難民の国際的保護において米国難民政策が抱えている、以上の四つの問題が解決されることは、米国における難民受け入れをさらに拡大し、受入数の大幅な増加および受け入れる難民の多様性を高めることになるであろう。

しかしそのような寛大な難民政策への道は、同時多発テロに伴う「テロとの戦い」以降は険しいものとなった。加えて、２０１３年４月15日のボストンマラソン爆破事件の犯人が元難民申請者であったことは米国社会に衝撃を与えた。そして、２０１５年11月のパリで起きたテロは、米国難民受け入れ政策に大きな影響を与えた。当時米国下院議長であったポール・ライアン（Paul Ryan）は、議会に国家安全保障リスクを考慮する時間を与えるため、米国へのシリア難民受け入れを一時停止することを求め、適切な法案を考案するためのタスク・フォースを作った。同年11月19日には、米国下院議会は、「敵性外国人に対する米国安全法（SAFE Act）」を成立させ、イラクやシリアから入国する難民申請者は、米国入国前に社会的に危険性がないことを連邦捜査局と国家安全保障局長に保証されなければならないとした。オバマ大統領は、この法案について拒否権発動を明言していたが、２０１７年１月20日、上院議会の最終日において法案そのものは却下となった。

しかし、難民受け入れについて制限を求める声は持続した。２０１６年大統領選挙中からドナルド・トランプ（Donald Trump）は、メキシコとの国境に壁を作ることと並んで、難民に対して従来の審査とは異なる「超級審査（extreme vetting）」を実施することを公約に掲げ、難民を潜在的テロリストとして危険視する発言を繰り返した。そして、大統領就任直後より、難民の受け入れを１２０日間停止し、特定７ヶ国の国籍保持者の入国を90日間停止し、シリアからの難民の入国を無期限停止する大統領令１３７６９号を出した。難民庇護を求める人々は、全米各地の空港に集まりトランプ政権の方針に対してデモを行うなど、難民受け入れをめぐって制限派と拡大派の分断を可視化することとなった。この大統領令はその後一部修正され、新たに大統領令13780号として発布された。このように近年の政治状況と難民政策は密接に連動しており、難民の受け入れが進まない状況がさらに深刻化し、難民の置かれた状況がさらに悪化することとなっている。

注

(1) 1989年軍事政権によりビルマからミャンマーへ英語国名が変更されたが、米国はこれを認めておらず、米国においてはビルマを用いている。

参考文献

大津留（北川）智恵子『アメリカが生む／受け入れる難民』関西大学出版部、二〇一六年

"Cumulative Summary of Refugee Admission," Bureau of Population, Refugees, Migration, December 31, 2015. http://www.state.gov/j/prm/releases/statistics/251288.htm

Fitzpatrick, Joan. "The International Dimension of U.S. Refugee Law," *Berkley Journal of International Law*, vol.15 (1), 1997: 1-26.

Marshall, Patrick G. "The Politics of American Refugee Policy" (Editorial Research Reports), Washington, DC: CQ Press, 1989. http://library.cqpress.com/cqresearcher/cqresrre1989102700

Mossaado, Nowa. Refugees and Asylees: 2014, Annual Flow Report, Department of Homeland Security, April 2016: 1-8. https://www.dhs.gov/sites/default/files/publications/Refugees%20%26%20Asylees%20Flow%20Report%202014_508.pdf

Nezer, Melanie. “An Overview of Pending Asylum and Refugee Legislation in the US Congress,” *Journal of Migration and Human Security*, vol.2, no.2 (2014): 121-143.

“Refugee Admission and Assimilation Process: Overview of Federal Refugee Programs,” *Congressional Digest*, January 2016: 4-6, 32.

第27章

米国における移民問題と難民問題

非合法移民問題と退去強制

佐原彩子

米国は「移民国家」であり、2014年に米国の移民人口は4240万人以上を数え、米国総人口3億1890万人のうちの13・3％を占める。米国生まれの移民の子どもたちを加えると、およそ8100万人、米国人口全体の26％を数える。2014年には、米国外生まれ人口4240万人のうちの2000万人の移民は帰化した米国市民であり、その47％を占め、米国人口の6％である。移民の多様性とその受け入れ規模において、米国を超える国家を挙げることは難しい。

それゆえに移民問題は米国政治にとって現在にいたるまで重要な問題であり続けてきた。移民大国アメリカにおいて、移民政策はたびたび政治争点となってきた。19世紀末より米国に新移民が流入すると、20世紀初頭から移民制限論が巻き起こった。第26章で述べたように、米国における移民政策と難民政策は密接に関係してきた。外交上の政治的配慮および人道的配慮のために、米国政府は冷戦期において難民概念を定義し、難民政策を展開してきた。これは言い換えれば、移民枠を拡大しないための政策であったとも理解できる。

近年、米国で問題視されているのは非合法移民の問題である。2017年に大統領に就任したドナルド・トランプ（Donald Trump）は、非合法移民の米国への流入を止めるためにメキシコとの国境に壁を建設すると大統領令を出した。非合法移民をめぐる移民政策は大統領選挙においても注目されたが、トランプのメキシコ人への差別的発言、難民受け入れ拒否発言、そして一連の大統領令は、2001年同時多発テロ事件以降の対テロ戦争への米国国内における排外主義の流れと合致する。事件の実行犯の一部が非合法移民であったことは、非合法移民への取り締まり強化を求める声を高め、非合法移民の強制送還が増加するきっかけになったと考えられる。

この排外主義は州レベルからも難民に対して表明されてきた。たとえば、カンザス州知事サム・ブラウンバック（Sam Brownback）は、2015年11月にカンザス州におけるシリア難民受け入れに関して、連邦政府に難民の審査情報などを開示するよう求め、オバマ政権が個人情報保護を理由としてそれに反対すると、難民受け入れ反対を表明した。2016年2月には、カンザス州でシリア難民受け入れ活動をしている支援団体の活動を禁止した。そして4月には、連邦の難民プログラムからの撤退を表明した。これは、「カンザスをテロリズムから守る（Protecting Kansas from Terrorism）」ための州知事命令（Executive Order）であり、州レベルでのムスリム系難民流入への抵抗と考えられる。

対テロ戦争は、反テロリズム言説を生み出し、非合法移民排斥論および難民受け入れ反対論を強めてきた。そして近年において特筆すべきは、ムスリム恐怖症という新たな人種主義言説を生み出してきたことである。これはたとえば、2016年4月にアラビア語を話していたという理由のみで、カリフォルニア大学ロサンゼルス校4年生ハイラディーン・マフズーミ（Khairuldeen Makhzoomi）がロサンゼルスからオクラホマ行きのフライトへの搭乗を拒否され、連邦捜査局によって捜査を受けたことに見ることができる。「テロとの戦い」は、ムスリム的なるものを境界線として、米国に受容されるのに「ふさわしい（deserving）」人々と「ふさわしくない（undeserving）」人々という二項対立を強化し、後者とみなされる存在への排除を正当化した。

現在米国社会には、推計1100万人の非合法移民が居住している。非合法移民問題は移民問題であり同時に難民問題でもある。なぜなら、第25章で論じたように中米からの難民庇護申請者のように、迫害を逃れてきた人々であっても、合法的に米国入国しない場合、非合法移民として移民法に抵触する存在であり、米国政府による強制退去の対象にさえなってきたからである。非合法移民とは、米国社会において移民としても難民としてもふさわしくない者と考えられる。しかしながら、中米出身者の難民庇護申請者であれカンザスにおけるシリア難民の場合であれ、その差異は曖昧なものであり、ゆえに恣意的なものである。

米国政府は2012年度、40万人を超える人々を退去強制・強制送還し、その史上最大数を記録したが、2015年は23万人強に留まった。その内訳は表1の通りである。メキシコおよび中米出身者が多くを占める。

オバマ政権は2009年から2016年にかけて、総計で240万人の人々を退去させた。これは、非合法移民の入国に対して、世論が取り締まりの強化を求めたことを反映している。世論が強制退去を支持してきたことは、米国国境を越える際の旅券や書類不備が、社会における刑事的「犯罪行為」

表1　2015年度国籍別退去強制人数（上位10ヶ国）

国　籍	人　数
メキシコ	146,132
グアテマラ	33,249
エルサルバドル	21,920
ホンジュラス	20,309
ドミニカ共和国	1,946
エクアドル	1,305
コロンビア	1,154
ニカラグア	867
ブラジル	744
ジャマイカ	738
その他	7,049
総計	235,413

出所：https://www.ice.gov/removal-statistics より筆者作成

と同等であり処罰を与えるべきものとする、移民法を刑法化させる原動力となってきた。非合法移民取り締まりが「犯罪」を取り締まるということと同義になりつつある状況が、人の移動と国境の管理強化を進めてきた。つまり、国内の非合法移民は刑法犯罪者視され、排除の対象となってきたのである。そのため、非合法移民の排除および移民・難民の管理強化を求める動きが、難民として保護されるべき人々を排除してきた可能性は否定できない。

出入国管理の施行は従来、四つの点から刑事司法制度とは質的に区別されるものであった。それは、1）出入国違反は犯罪として起訴されるものではなかったこと、2）犯罪活動は退去強制によって罰せられるものではなかったこと、3）出入国手続きは刑法ではなく、行政上の特色のあるものであったこと、4）市・郡警察が移民法を強制しなかったこと、である。

しかしながら、従来は刑法の取り締まりの範疇ではなかった、入国手続きにおける不備を根拠として、近年非市民が「不法」の存在とされ「犯罪（者）化」されている。その不備は、入国・滞在において、国民と同等の権利を与えられていないがために発生する資格の不足であって、誰かの権利や安全などを直接侵害しているわけではない。にもかかわらず、このような「不法性」そのものの恣意性はあまり問題視されてこなかった。

本来であれば難民として扱われるべき人々も非合法移民に含めた取り締まりは、行政的「解決」ではなく、刑事的「懲罰（排除）」を目的とするものへと接近してきた。この変化は、移民や難民を国家の取り締まりの対象にすることを求める世論と呼応しており、移民税関捜査局（Immigration and Custom Enforcement：以下ＩＣＥ）[1]が警察権力と結びついてきたこととも深く関わっている。とりわけ２００５年以降ＩＣＥの取り締まりターゲットとなった「外国人犯罪者／犯罪的外国人（criminal alien）」という概念は、近年ＩＣＥによって創造されたものである。

非合法移民という概念そのものの歴史も浅い。非合法移民に対しての対策を求める声が議会から上がったのは１９７０年代であり、その後10年以上かかり連邦レベルでの非合法移民対策が、１９８６年「移民改善・規制法（Immigration Reform and Control Act）」によって制定された。国境警備の強化と非合法移民を承知で雇った雇用者への罰則を定めた一方、一定の期間アメリカ国内で就労したことを証明することが可能な非合法移民に対して、合法化への道を開くものであった。これにより約３００万人が合法移民となった。１９９６年には連邦福祉改革法である「個人の責任および就業機会調整法（Personal Responsibility and Work Opportunity Reconciliation Act）」が制定され、合法移民・非合法移民への福祉の制限規定が実現された。

同年に成立した「不法移民是正および移民責任法（Illegal Immigration Reform and Immigrant Responsibility Act：ＩＩＲＩＲＡ）」は、不法滞在への処罰を厳格化した。合法的に滞在していた者でも、1日でも猶予期間を超えると不法滞在となり、不法滞在が１８０日を超えると、その後3年間は米国入国が禁止される。不法滞在が1年を超えるとその後10年は米国入国ができなくなった。またＩＩＲＩＲＡは、帰化していない者で、重罪、あるいは3回の軽犯罪、あるいは1年以上の刑期が言い渡された犯罪のどれかを犯したとされる者の米国からの強制送還を可能とした。この犯罪に関しての定義の問題点は、容疑であったとしてもその真偽にかかわらず、処分や判決を受けること自体が送還対象となることである。そして実際には、幼少時に親と共に難民として入国した者などが、言語文化的に全く馴染みのない「故国」とされる土地へ退去させられることも起こり得るのである。

ジョージ・W・ブッシュ政権は、米国と公的な取り決めを持たない国々との間に送還に関する協定を取り付け、移民や難民の米国からの退去強制を推進した。２００２年3月に米国政府とカンボジア政府は、正式な本国送還協定の合意文書を締結し、それ以降、カンボジアからの難民であった者で米国に帰化していない者はＩＩＲＩＲＡが規定する罪を犯した場合に送還対象となり、実際に米国からカンボジアへ送還されている。２００８年1月には同様の合意文書にベトナムと米国が署名した。これを受けて、２００2年から２０１1年の間に、カンボジア人２０７４人、ラオス人３７８２人、ベトナム人７７５９人へ退去命令が出された。さらに、こうした退去強制者の拡大は、東南アジア出身者に限定したことではなく、たとえば、２００５年に米国最高裁は、暴行で起訴されたソマリア難民を、公式政府がない状況のソマリアへ送還することを認めた。つまり、ＩＣＥは、グリーンカードを持つ永住権保持者や認定された難民であっても、退去強制対象者としてきたのである。

これは移民法と刑法の接近なしには起こり得なかった。１９８０年代から、議会による様々な立法によって移民法違反そのものが「犯罪」化されることで、非市民の「犯罪」性の範疇が拡大したこと、そして、その「犯罪」性を根拠として連邦政府が非市民を強制的に送還する権限を拡大させてきたことによる。また、移民枠あるいは難民枠で入国し準市民としての法的地位を有するはずの永住権保有者も、このカテゴリーに含まれるようになるなど、その対象者を拡大していった。これは議会が、退去強制できる事由のカテゴリーを拡大したことによるものである。

厳罰化の一方で、オバマ政権はドリーム法（DREAM Act）と呼ばれる法案の成立を目指していた。これは、16歳以前に入国した非合法移民で犯罪歴がなく、条件を満たしたものは永住権を申請できるという法案であるが、２０１０年12月に上院で反対派により否決された。しかしながらオバマ政権は、２０１２年６月大統領令によって、非合法移民のうち16歳までに入国し、条件を満たしたものには、2年間は国外退去処分の対象外とし、国内での就労もしくは通学を許可するという措置をとった（Deferred Action for Childhood Arrivals：ＤＡＣＡ）。

このようなオバマ政権による非合法移民の選択的受け入れは、トランプ政権発足によって否定されることになった。ＩＣＥは、全米で非合法移民の強制捜査を開始し、オバマ政権ではその対象でなかった犯罪歴のない非合法移民の強制送還も開始している。また、２０１７年９月にトランプ政権は非合法移民の若者に対する救済措置であったＤＡＣＡ撤廃を発表した。これにより、非合法移民の入国ステータスを一律に「不法」化し、その「罪」を強制送還で罰することが進行した。トランプ政権によって、勤勉な「市民」を最優先し、非合法移民や難民・難民申請者の排除を容認する、監視社会がさらに強化されていくことになった。そのため、２０２１年バイデン政権の発足によりＤＡＣＡ再開の大統領令が出されたものの、移民法と刑法の接近は継続すると考えられている。

注

（1）ＩＣＥは国土安全保障省傘下に、２００３年に設立された組織であり、連邦政府内において、二番目に大きい捜査組織である。http://www.ice.gov/about/overview/

参考文献

西山隆行『移民大国アメリカ』筑摩書房（ちくま新書）、二〇一六年

Kwon, Soo Ah. “Deporting Cambodian Refugees: Youth Activism, State Reform, and Imperial Statecraft” *Positions 20* no.3: 737-762.

Milman, Oliver “Southwest Airlines Draws Outrage over Man Removed for Speaking Arabic,” *The Guardian*, April 14, 2016. http://www.theguardian.com/us-news/2016/apr/16/southwest-airlines-man-removed-flight-arabic

Park, John and Edward Park. *Probationary Americans Contemporary Immigration Policies and the Shaping of Asian American Communities*, New York: Routledge, 2004.

Sklansky, David Alan. “Crime, Immigration, and Ad Hoc Instrumentalism,” *New Criminal Law Review* 15, no. 2 (Spring 2012): 157-223.

COLUMN

難民交流プロジェクト——早稲田発フットサルを通じた難民交流

難民交流プロジェクト代表　酒井亮圭

「難民交流プロジェクト」は早稲田大学平山郁夫記念ボランティアセンター（WAVOC）公認の学生中心団体である。私たちは、団体の活動紹介をするときに「『難民』と聞いてどのようなイメージを抱きますか」と聞く。それぞれのイメージで異なる回答が得られる。しかし、多くの人は日本から遠く離れた異国で起こっている問題であるという認識を持っているようだ。また、新歓期などでは、「『難民と交流する』ってことは海外の難民キャンプなどに行って行うプロジェクトですか」と尋ねられることが多い。

さらに、私が「日本で難民の方と交流することを中心にした団体です」と説明すると、「え、日本って難民がいるの？」や「ネットカフェ難民のことですか？」など私にとっては衝撃的な答えが返ってくるのだ。日本にも難民がいるという意識がまだまだ低い。最近ではシリア難民の問題から難民の存在や、日本にも難民が来るという報道が増えており、少しずつ認識が広まっている。しかし、本当の意味での理解は進んでいないように感じる。

そこで、難民交流プロジェクトでは、①祖国での迫害を逃れて来日し、収容や裁判、強制送還

の恐怖と闘いながら暮らしている在日難民の方々に日々のストレスから少しでも解放される楽しい時間を提供すること、②難民問題に対する関心を広めること、の二つの理念を掲げ活動を行っている。団体設立は2004年で、一人のアフガニスタン難民の少年とJICAの若手職員の出会いをきっかけに結成された。設立以来毎年6月20日の世界難民の日に合わせ、難民フットサル大会を開催してきた。参加チームや形態などを変えながらも、13回（2016年現在）（雨天中止を含む）「世界難民の日」記念難民フットサル大会を開催してきた。

これまでミャンマー、ベトナム、カンボジア、ラオス、インドシナ、ヒマラヤ、クルド、アフリカ、アフガニスタン、イラクなど国別や地域別の多くのチームが結成されてきた。難民の方々はこの大会に向けて必死に練習をし、優勝を目指している。彼らがフットサルをしている際に見せる笑顔や、時折見せる熱さなどの真剣でかつ楽しそうな競技の様子を見ていると、私たちメンバーは今年も開催できて本当に良かった、来年も大会を開こうと思うのだ。また、各難民チーム同士も年に一回会う機会となり、旧交を温める交流の輪ができている。このように、「世界難民の日」記念難民フットサル大会の開催は難民交流プロジェクトの中心的イベントである。しかし、それ以外にも私たちは普段から難民の方と交流する機会を設けている。

ところで、早稲田大学のある高田馬場／早稲田がリトルヤンゴンと呼ばれていることを知っているだろうか。ヤンゴンとは現ミャンマーの旧首都であり、高田馬場はミャンマー人の数が非常に多いことからこのような名前がついたのだ。ミャンマー人の中には、難民の方も多く生活をしている。まずは身近なところに目を向けるということで、私たちの普段の活動は高田馬場付近にある公園で毎週日曜日「ビルマ難民」の方々とフットサルをしている。「ビルマ難民」の方々と友達として仲間としていっしょに楽しい時間を過ごしている。

私たちメンバーは正直フットサルがあまり上手ではないが、そんな私たちをいつも温かく迎え入れてくれる。新規メンバーを初めて交流の場に連れていくと、楽しそうにフットサルをしている彼らを見て、「難民」に対するイメージが大きく変わったと毎回言われる。「私たち学生には支援はできないけど、いっしょに楽しい時間を共有することはできる。そして、この楽しい時間を多くの人に伝えることはできる」とあるメンバーが言ったことがある。これこそが難民交流プロジェクトの目指す「難民交流」の理念である。

難民と聞くと「支援しないといけない」や「可哀想」という意識がどうしても先行しがちである。難民問題に関心があり、難民交流プロジェクトに入ったメンバーでさえそのような意識を難民の方々と交流するまでは抱くのだ。この認識を早稲田から変えていくことができればと思い、日々活動を行っている。難民交流プロジェクトは難民の方を支援する団体ではない。「難民」のことについて知ること、そして交流を通じてそれぞれが肌で感じたことを発信すること、つまり大学生でも背伸びせずできる活動を行うことを目指している。

また、私たちは多くの人、特に早稲田大学に通う学生・教職員に難民問題への関心を持ってもらうために、大学内でも様々な活動を行っている。主にはＵＮＩＱＬＯやＵＮＨＣＲ、ＪＩＦＵＮユースと協力して、全商品リサイクル活動や大学生協の協力のもと学食で難民の故郷の味を提供するMeal for refugees（Ｍ４Ｒ）を行っている。全商品リサイクル活動では大学生や教職員が着なくなった衣料品を回収しＵＮＩＱＬＯやＵＮＨＣＲを介して世界各地の難民の方々に届けている。ある学生から、「自分の着なくなった服が誰かの役に立つのがうれしい」「大学生の私でも難民の方とできることはあるのだと気づいた」「次回もまた持ってくる」という言葉をもらった。

さらに、Ｍ４Ｒでは食を通じて難民問題の啓発活動を行っている。いずれの活動も学生が背伸びせず、学生らしさの中で参加することができるような活動ということを心がけている。これらの活動で難民問題に関心を持った人に難民の方との出会いを提供し、交流の場を設けることができれば本当の意味で難民を理解する人が増えるのではないか。そして、支援者・被支援者という関係ではなく、友人や仲間として難民と接することによって、難民の方々がより暮らしやすい日本になるのではないか。

これらが私たち難民交流プロジェクトの目指す最終目標である。この目標を達成できるように これからも新たなメンバーを加えつつ、難民の方々と交流していきたいと思う。そして、いつか難民の方々が母国に帰ることができたときに、日本で過ごした日々が少しでも楽しかったと思ってもらえることができれば良いと思っている。

8 日本の難民問題

第8部では、日本の難民との関わりと難民政策について論じる。外圧のもとで受け入れた1万1０００人のインドシナ難民、人気のないミャンマー難民第三国定住事業、そして年間20～30人に留まる条約難民受け入れは「難民鎖国」言説と「法務省元凶論」を生む。しかしその背景には、人口減少にもかかわらず永住を伴う移民受け入れを拒否する政治、社会統合制度の欠如、そして外国人受け入れに対して否定的な社会の意識がある。他方で、外国での難民支援のためには多額の資金協力をする日本の難民政策は「ヒトは受け入れないがカネは出す」スタイルをとる。難民保護をめぐる国際協力において日本はどうしたら良いのだろうか、それが第8部の問いである。

第28章

日本の難民受け入れの歴史（インドシナ難民の受け入れ）

滝澤三郎

日本と難民問題の関わり

「序論」で述べたように、「難民問題」の「原因」は政治的であり、「結果」は人道危機であり「解決」は国際協力である。これに対して日本はどのような役割を果たしてきたか。

第二次世界大戦中の1940年、ナチスの迫害を逃れるユダヤ人数千人が駐リトアニア杉原千畝領事代理の発行した〝命のビザ〟で日本に逃れることができたことは有名である。多くはその後に占領下の上海に送られ、最終的にはアメリカなどに渡った。日本に残った者の子孫には各界で活躍する人々もいる。

そのようなエピソードを除けば、日本と難民の接点は少なかった。第二次世界大戦後の1951年には難民条約が成立し、難民の国際的保護体制ができたが、冷戦時代を通して近隣の中国や北朝鮮、ソ連など共産主義諸国から日本に政治亡命者は来なかったし、また難民条約に加入していなかった日本政府も入れるつもりもなかった。

日本が初めて本格的な難民問題に直面したのは、ベトナム戦争（インドシナ戦争）が1975年に終結した後に多数発生したインドシナ難民が日本に到着し始めたときである。今日の日本の難民受け入れにかかる問題の多くは、インドシナ難民受け入れ時にすでに現れている。そこで本章は日本のインドシナ難民の受け入れの経緯と影響を見る。

ベトナム戦争の終結とインドシナ難民の大量流出

アメリカに支援された南ベトナムとソ連に支えられた北ベトナムが戦ったベトナム戦争は、1975年4月30日の北ベトナム軍によるサイゴン占領によって終わった。その後、インドシナ三国（ベトナム、ラオス、カンボジア）は急激な社会主義化を進め、新体制のもとで迫害を恐れる人々や国の将来に不安を抱く多くの人々が、小舟で〝ボートピープル〟としてベトナムを脱出したり、陸路で〝ランドピープル〟としてラオスやカンボジアを脱出し、タイやマレーシア、インドネシア、フィリピン、香港などに逃げた。これらの人々を〝インドシナ難民〟と呼び、その総数は250万人にもなる。しかし、東南アジア諸国はこれら難民を一時的に受け入れたものの、それぞれの国の事情から定住や永住は認めなかった。このため約130万人が、国連が間に入った国際的な枠組みの中でアメリカやカナダ、オーストラリア、フランスそして日本などに移住（再定住）した。

インドシナ難民問題は、大規模な難民流出に際して、(西側)国際社会が国際協力を通して解決を見出した成功事例と考えられている。中でも1979年からの「合法的出国プログラム」[1]や、1989年の「包括的行動計画」[2]は、難民出身国、最初に難民を受け入れた国、難民を最終的に受け入れた先進諸国、そしてUNHCR(国連難民高等弁務官事務所)が国際協力によって解決を図る中で生まれた仕組みである。これらは今日のシリア難民に国際社会がどう対応するかについてヒントを与えてくれる。

日本のインドシナ難民受け入れ

日本への最初のボートピープルとなるベトナム難民9人が千葉港に到着したのは1975年5月である。4000キロも離れたベトナムから海を渡って日本に難民が来る――日本人にとってこれは想像を超える事件だった。同年中の上陸者は126人だったが、1979年から1982年の間は毎年1000人を超した。当初、日本政府は彼らに日本での「一時的滞在」を認めたものの「定住」は認めなかった。ボートピープルの大半が欧米行きを望んでいた上、それまで難民の受け入れ経験のない日本には、受け入れの制度も体制もなかったからである。

来日したボートピープルは1994年までに1万3768人に達したが、うち1万2232人は日本に定住することを望まずアメリカなどに移住した。難民の定住に消極的な日本政府の姿勢は国際社会から強く批判され、強い「外圧」のもとで、1978年になってようやく日本政府は一定の条件を満たした者には日本定住を認めることとした。翌年には、アジア諸国に一時的に滞在する〝ランドピー

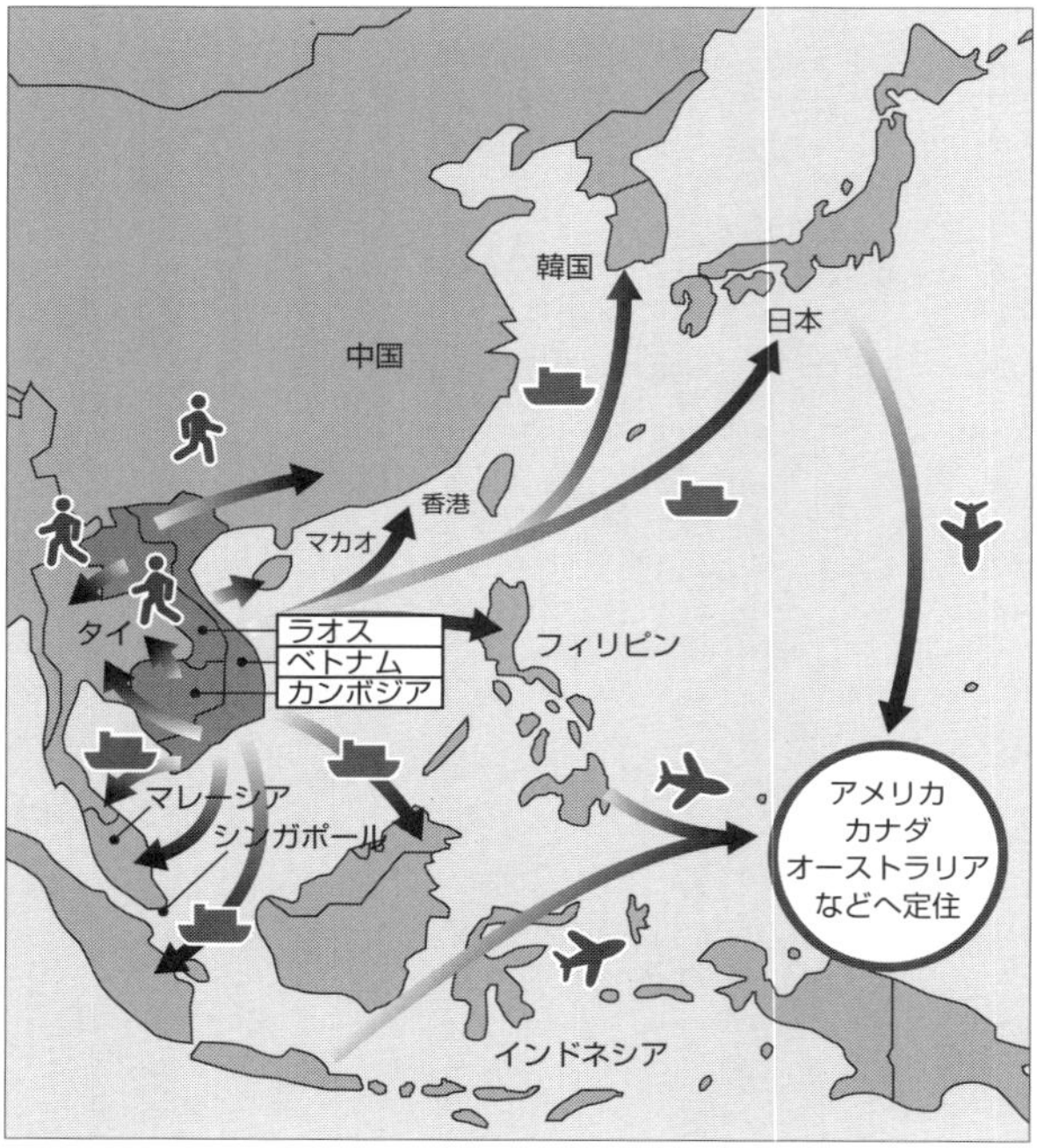

図1　インドシナ難民の流れ

出所：難民事業本部HP

表1　インドシナ難民の国別・来日方法別分類

	ボート ピープル	難民キャンプ からの再定住	合法的出国プログラム (ODP)	留学生など	合計
ベトナム	3,536	1,826	2,669	625	8,656
ラオス	0	1,233	0	73	1,306
カンボジア	0	1,313	0	44	1,357
合計	3,536	4,372	2,669	742	11,319

出所：難民事業本部案内2012

プル〟の日本入国と定住を認め、最終的には4347人が来日した。第30章で「第三国定住」を取り上げるが、日本は40年前に大規模な「第三国定住」を実施しているのである。さらに1980年からは、日本で定住した者の家族呼び寄せが認められて、2006年までの30年間に2606人が来日した。インドシナ難民にはこれらのほかに留学生などとして日本にいて、政変後に帰れなくなった者742人が含まれる。

このように、インドシナ難民には四つのグループがあり、総計1万1319人が日本で定住を認められた。表1はインドシナ難民の国別、来日方法別による分類である。

1979年に日本政府が定住を認めたとき、その枠は500人にすぎなかった。この数字は他の先進諸国の受入数に比べてあまりにも少ないと強く批判された。「日本は難民の窮状に無関心な国」というイメージができたのは恐らくこのときであろう。このため、定住枠は次第に広げられ、1985年に1万人に引き上げられたのち、1994年には枠が廃止された。来日する者が減ったからである。

インドシナ難民に対する日本政府の対応は一貫して受け身で消極的であった。その理由として、政府は日本が小さな国であること、日本語の習得が難しいこと、文化的相違があるということを国会答弁などで繰り返した。その代わり、難民支援のためにUNHCRには多額の資金供与がされた。日本の「カネは出すが人は入れない」スタイルは当時からあったのである。また、1989年には中国人2800人がベトナムからの〝ボートピープル〟を装って来日した「偽装難民問題」が起きたが、これもまた今日の東南アジア諸国から急増する難民申請者の姿と重なる。

他方で迫害を逃れる「真の難民」にとって日本は逃げて来たい国ではなかった。日本語という難しい言語の壁に加えて、アメリカやカナダ、ノルウェー、オーストラリアの受け入れ体制は日本よりはるかに良かったからである。また、日本人は意識しないが、第二次世界大戦中の日本軍による東南アジア侵略を忘れていない人々は多い。インドシナ難民の大半は、歴史的、政治的な繋がり、言葉の問題、親族・知人の存在などから米国、カナダ、オーストラリア、フランスなどを希望した。

第三国定住で来日した難民も、他の国に行けなかったために消極的に来日したと言う者が多い。日本人は難民を歓迎せず、難民も日本を望まない時代だったのである。このような日本の政府と社会の消極的な対応の背景には、1970年代から1980年代の日本の政治・経済・社会状況がある。当時の日本は、防衛はアメリカに依存して経済発展に専心し、高度成長を謳歌する中で国民は国際問題に関心が薄かった。メディアの中心にあった全国紙は、南ベトナム政権の腐敗を報じる一方で北ベトナムに支援された南ベトナム解放戦線（ベトコン）による南ベトナム攻撃を〝民族解放の戦い〟として好意的に報じた。カンボジアのポル・ポト共産主義政権による〝キリングフィールド〟と呼ばれた大量虐殺も知られていなかった。そのような政治的雰囲気の中でインドシナ難民に対して日本社会は比較的冷淡であった。国民同士が武器を持って戦う「内戦」を知らない一般国民は、難民がなぜ死ぬことを覚悟のうえで小舟に乗って大海に乗り出すのかは理解できなかった。日本が「難民に冷たい」理由の一つは、紛争に満ちた世界各国の情勢への無関心と無知である。

当初の政府と難民事業本部による定住支援

ボートピープルが到着した当時の政府の対応はその場しのぎ的なものであり、難民を乗せた船が到着するたびに、宗教団体など民間団体に滞在施設や衣服、食事の提供などを依頼する状態であった。民間滞在施設に滞留する者は1981年には2000人近くとなって、収容能力を超えた。

そこで政府は、内閣に「インドシナ難民対策連絡調整会議」を設置し、アジア福祉教育財団内の「難民事業本部（RHQ）」に定住促進事業を委託した。同本部は1979年12月に姫路市に、1980年2月には神奈川県大和市に「定住促進センター」を設置した。大和定住促進センターでは2090人が日本語教育を受け、1045人がセンターの紹介で就職し、家族などを含めた総計2641人が日本社会に巣立った。

1978年12月にマレーシアに漂着したベトナム難民ボートピープル

出所：UNHCR

定住促進センターでは、半年間にわたり、①日本語教育572時限（日本での生活に必要な「読む・書く・聞く・話す」能力を4ヶ月で身につける）、②生活ガイダンス120時限（日本の社会制度、習慣、税金・社会保険など生活に直接役立つ内容を学ぶ）、③就職斡旋（職業相談、事業所見学、ハローワークなどで就職先を探す）のほか、センター退所後にも生活相談、職業相談、日本語相談などが提供された。難民は、退所後は定住促進センターの近くに集住することが多く、大和定住促進センターに近いいちょう団地などがその例である。

注

（１）ＯＤＰ（Orderly Departure Program）とは、１９７９年５月にＵＮＨＣＲとベトナム政府との間で取り決められた「合法出国に関する了解覚書」に基づき、離散家族の再会や人道的ケースの場合に限りベトナムからの合法出国を認めるもの。この事業は、ボート・ピープルの海難事故や海賊による被害防止という人道上および一次庇護国の負担の軽減の観点から導入された。「インドシナ難民と我が国の対応」内閣官房インドシナ難民対策連絡調整会議事務局、１９９８年、６頁。

（２）ＣＰＡ（Comprehensive Plan of Action）包括的行動計画の要点は次の通りである。（１）ベトナム政府は、ボートピープルの流出抑制のための措置をとる。（２）新たに流入するボートピープルに対しては難民資格の認定作業（スクリーニング）を実施し、不認定となった者は本国帰還を奨励する。（３）スクリーニングの結果難民と認定された者については、引き続き第三国定住を実施する。（４）ラオス難民については、難民認定作業計画および自主帰還計画を促進する。

参考文献

難民事業本部「インドシナ難民とは」http://www.rhq.gr.jp/japanese/know/i-nammin.htm
山神進『激変の時代　我が国と難民問題——昨日－今日－明日』日本加除出版、二〇〇七年
Ryuji Mukae, *Japan's Refugee Policy: To be of the World*, European Press Academic Publishing, 2001

第29章

インドシナ難民の定住・社会統合状況

滝澤三郎

では日本に来たインドシナ難民の日本社会への社会統合(1)はどうなっているのだろうか？

1997年に内閣官房が行った定住インドシナ難民定住状況調査によれば、難民の抱える問題は日本語43・6％、住宅36・1％、仕事上の問題（賃金、昇進）23・2％、経済問題22・6％、各種行政手続きの難しさ（各種書類が読めない、記入できないなど）19・1％、子どもの教育（学校の勉強についていけない、進学や学費など）17％であった。32％が永住許可の取得を希望し、34％はいずれ帰化して日本国民になりたいと考えていたが、実際に帰化できた者は5％にすぎなかった。また13・5％がいつかは祖国に帰りたいと思っていた。

2008年にUNHCR駐日事務所と国連大学は、インドシナ難民245人に統合状況についての面接調査を行った。その報告書(2)によると、インドシナ難民第1世代は高齢化し、雇用・給料と老後の生活を心配していた。難民の大半は3K（危険、キツい、汚い）職場で働いていた。難民が来日した80

年代はバブルの時代で仕事はたくさんあったが、90年代に入ってバブルが崩壊して長期不況が始まると、雇用状況は急に悪化した。失業や転職が多く、今でも経済的には下層に属する者が多い。親は日本語が不得手で、他方で子どもは母国語を話せないなど、家庭内での意思疎通がうまく行かない。日本国籍取得を望んでも、自活能力を証明するなど多くの要件を満たすことは難しく、日本語が不自由なことも帰化には不利になる。多くの難民は帰化を諦め、この先もずっと外国人ということから来る不安定感を抱えつつ生きている。その中でキリスト教会などの場で組織されたエスニックコミュニティによる相互扶助は、生活と心の安定のために大きな役割を果たしてきた。特にベトナム人とラオス人の教会活動は盛んであった。

全体として、いまだ日本社会に溶け込めず、疎外感を持つなど、インドシナ難民の多くが日本での安定した生活を実現できないでいる。彼らはインターネットやSNSを通してアメリカなどの先進国に行った知り合いの生活を知ることができる。大学教育を受けたり、市民権を取得したり、住宅を取得したりする姿を見て、いまだ苦しい生活の中にいる自分が情けなく、日本に来たことを後悔する者もいる。来日以来30年を経ても、インドシナ難民の日本社会への統合度は高くない。

難民の受け入れは一時的であるが、難民が新たな国で受け入れ国市民と共生するに至る社会統合は何年にもわたるプロセスである。難民の社会統合状態を分析するための手法として、英国内務省の委託で同国の難民の社会統合調査を行ったエイジャーとストラングが開発した社会統合モデルが知られている。[3] それは四つの分野の10の領域（domain）からなる。第1に、「統合のための手段」の分野には、雇用、住居、教育、医療保険という公的な定住支援事業の「目に見える領域」がある。第2に、

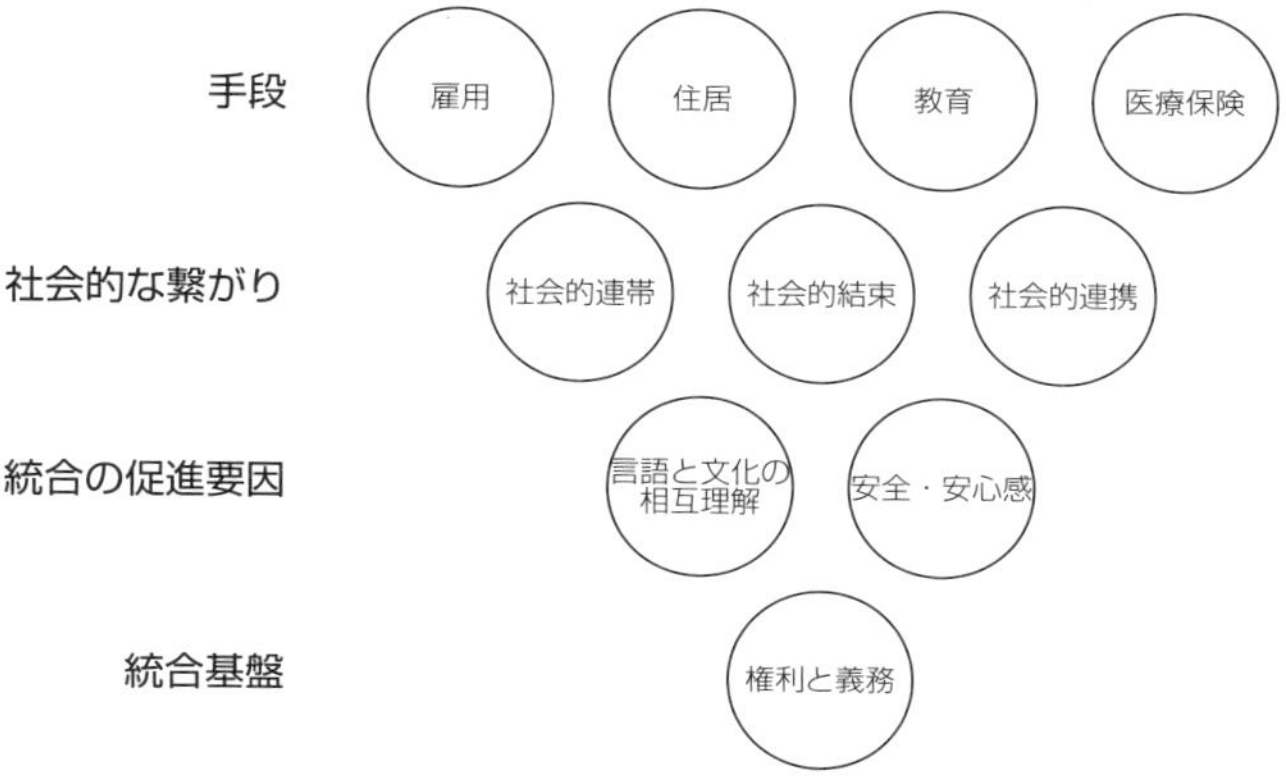

図１　エイジャーとストラングの難民社会統合モデル

出所：*Journal of Refugee Studies*, Vol.21, No.2, p.170, Oxford University, 2008

目には見えないが重要な「社会的な繋がり」の分野には家族や友人、エスニックグループなど同質的な人々が絆で結ばれる社会的結束（social bonds）、異質な集団や異なる組織の間の社会的連帯（social bridges）、地域行政や中央政府との繋がりを表す社会的連携（social links）の三つがある。これらは「社会資本」[4]と呼ばれるものだが、生まれ故郷で築き上げた社会関係を全て失って異国に逃げ、言葉や文化・習慣の違う国で人生をやり直す難民にとって、社会関係資本のあるなしは社会統合のスピードと質を大きく左右する。第3の分野は「統合の促進要因」で、言語と文化の相互理解、安全・安心感の領域がある。第4として、上に述べた九つの領域全てを支える「統合基盤」分野があるが、その核心は「権利と義務」領域である。ここでは日本人とは何者か、難民とは何者かというアイデンティティが問われることになる。これらの10の「領域」は相互に影響し合って社会統合の度合いとスピードを左右する。十分な日本語能力があれば就職や住宅探し、学校教育もスムーズに行く。家族や同国人が支え合うネットワークがなければ、見知らぬ国での生活再建は難しい。

インドシナ難民の日本における社会統合をこのモデルで観察してみよう。日本政府の難民支援は、「統合の手段」の提供、つまり雇用、住宅、教育、医療保険領域でのサービスの提供が中心だった。しかし、雇用については、職業訓練や再スキリングは十分ではなく、大卒であっても肉体労働や製造工場で働くことが普通で、難民の持つ経験、知識、スキルセットは有効に活用されなかった。住宅については、大半が民間の狭く家賃の高いアパートに住まざるを得なかった。学校教育では、年齢によって学年が決まるという日本の学校制度に、日本語力と学力で見劣りする難民児童がついていけない場合が多かった。健康面では、収入が少ないため健康保険に入っていない者は病気になっても病院に行かないことがあった。

政府による定住支援で見落とされたのは「社会的繋がり」を強化する努力であったと言える。共同レクリエーションや文化イベントで文化的伝統と社会的結束を維持したのは難民自身のコミュニティだった。難民と地域住民との交流などの社会的連帯は薄く弱かったし、地方自治体との社会的連携も弱かった。自治体は突如現れた難民をどのように処遇するかについての経験はなかった。図2は、社会的結束は強いものの、社会的連帯と連携が弱いというインドシナ難民の「社会資本」の姿を示している。

「統合の促進分野」で、常に指摘されるのが日本語研修プログラムの短さである。4ヶ月間の研修で経済的・社会的に自立することのできる日本語能力を身につけるのは無理で、大半の難民は「言葉の壁」で苦労した。日本人がたとえばチェコに行って、4ヶ月間のチェコ語研修だけで生活すること

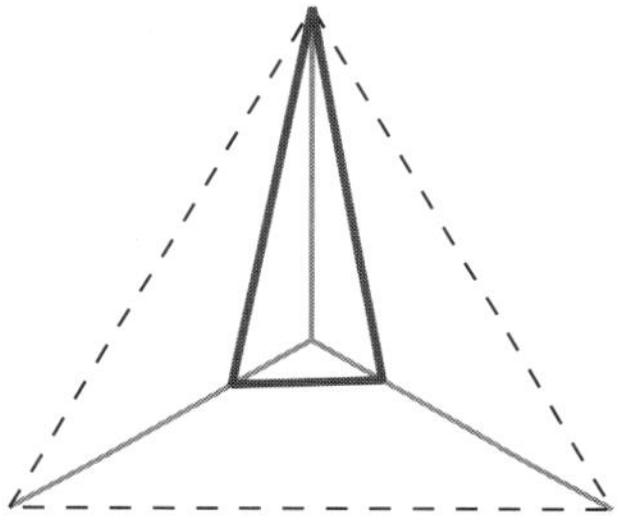

図2　インドシナ難民の社会資本

出所：筆者作成

を想像すれば、難民の味わった苦労が想像できるだろう。行政手続き、学校教育、社会保障などについても母語での情報提供は殆どなく、難民は断片的で不正確な情報に依存せざるを得なかった。大半の難民は転職を繰り返し、安定した生活は難しかったし、日本と出身国の生活ルールの食い違いも、相互の信頼関係の構築を難しくした。

最後の「統合の基盤分野」では、多くの難民が日本という国が自分たちを保護してくれたことに感謝しているものの、彼らの多くは差別を恐れて出自を隠し、政治的権利もない中で、身を隠すように生きてきた。日本ではアジア系の人々に対する偏見が根強く残っており、難民は差別に苦しんできたのである。

インドシナ難民の社会統合を全体として見るとき、第一世代が日本でうまく社会統合を果たしたとは言い難い。政府による定住支援は不十分であり、その結果として社会関係資本の形成は進まず、社会統合より社会的排除が見られた。来日以来35年以上過ぎても、あえて言うならばインドシナ難民の一部は日本で「長期化した難民状況」にいる。もちろん、統合状況は個人によって異なり、難民の中には医師や裁判官になった者もいるし、二世からは大学を出て日本人と同等に活躍する者も増えている。第一世代の苦労の上にではあるが、第二世代以降の活躍には希望が持てるだろう。

難民の社会統合は、彼らだけの努力でできるものではなく、日本社会の彼らに対する姿勢と眼差しにもよる。定住地域での信頼関係の醸成、異なる文化の相互理解を通した社会関係資本の構築は、地縁・血縁・コミュニティの支えが薄まり、先行きへの不安感を募らせる日本人の若者にとっても必要なものである。私たちがインドシナ難民受け入れから学ぶことは、難民が暮らしやすい社会は日本人にとっても暮らしやすい社会であること、逆もまた真であることである。その意味でインドシナ難民の受け入れ問題は、過去のことではなく、現在の私たちの問題でもある。

インドシナ難民受け入れの影響

このように多くの課題を残すインドシナ難民の社会統合であるが、彼らの受け入れは日本にいくつかのプラスの影響を与えた。第一に、それは日本が難民条約に加入し、難民認定手続き（第31章）を制定するきっかけとなった。ただし、当時の政府部内では、難民の受け入れがもたらす治安上の懸念が強く、国際的な難民保護体制に加わるという人道的価値と、国内的な治安の維持という政治的価値が対立していた。その矛盾は、難民条約に加入しつつも、難民認定制度の厳格な運用によって難民を実際には閉め出すという今日まで続く政治的な対応策をとることで克服された。

第二の結果は、難民条約に加入するために、社会保障制度が外国人にも及ぶようになったことである。難民条約は受け入れられた難民の社会保障について「自国民に与えると同等の待遇を与える」とし、「内外人平等の原則」の適用を求めている。しかし条約加入前の国民年金法や児童手当法などの社会保障関係の法律には「国籍要件」があって、韓国・朝鮮籍を中心とした外国人は対象外であった。このため政府は1981年の難民条約加入の前に国籍要件を持つ国内法の改正を行い、「国籍条項」を除いた。その結果、数十万人の外国籍住民に社会保障ネットが広がり、その効果は今日の200万人以上の在留外国人にも及んでいる。難民条約への加入は、決して意図したものではないにせよ、日本が外国人により「開かれた社会」になるきっかけとなったのである。

第三に、インドシナ難民危機は、日本の市民社会が勃興するきっかけとなった。インドシナ難民の窮状に胸を痛めた人々は日本の内外で支援活動を始め、そこからNGOが始まった。日本で活動しているJVC（日本国際ボランティアセンター）、「難民を助ける会」や「シャンティ国際ボランティア会」など大手国際協力NGOのルーツは80年代のインドシナ難民支援に始まる。これらNGOの多くは、後に人権、開発、環境などの地球規模の課題のために活動を拡大し、日本における市民社会の発展の道を開いた。

最後に、1万人を超えるインドシナ難民の定住は、ベトナムやラオスなどの異文化との接触をもたらし、日本における「多文化共生」の先駆けとなった。今ではどこにもあるベトナム料理店などのエスニック・レストランは、40年前には想像もできなかった光景である。人の国境を越えた移動は、多様な文化の流入と活性化をもたらす例であろう。

注

（1）難民の社会統合とは、法的には国民が享受している権利とほぼ同じ権利を与えられ、経済的には自立した生活を送って地域社会に貢献でき、社会的には社会生活で差別されず、自身の文化を捨てることなく共生できる状態を指す。

（2）“A Report on the Local Integration of Indo-Chinese Refugees and Displaced Persons in Japan”は、ＵＮＨＣＲ駐日事務所のホームページから入手できる。

（3）A. Ager & A. Strang, Understanding Integration: A Conceptual Framework, *Journal of Refugee Studies*, 2008.

（4）「社会資本」とは社会学の用語で、地縁・血縁によって人々が互いに信頼して助け合う関係や、信頼できる助言者やモデルとなる他者がいる関係性、また必要な行政情報が手に入りやすいなど、ある人が生きていくうえで利用できる社会関係の総称。

参考文献

萩野剛史『「ベトナム難民」と「定住化」プロセス』明石書店、二〇一三年
小泉康一『グローバリゼーションと国際強制移動』勁草書房、二〇〇九年
Saburo Takizawa, et al. A Report on the Local Integration of Indo-Chinese Refugees and Displaced Persons in Japan, UNHCR office in Japan, 2009 available at http://www.unhcr.or.jp/html/protect/pdf/IndoChineseReport.pdf

第30章

第三国再定住の試み

滝澤三郎

前章では、日本が受け入れたインドシナ難民の多くが「第三国定住」という制度で来日したことを述べた。また、筆者もＵＮＨＣＲ駐日代表時代に関与したのだが、２０１０年からは「第三国定住」の方法でタイの難民キャンプに住むミャンマー難民の受け入れが実施されている。２０１６年４月には、百万人を超すシリアなどからの難民・移民の非合法流入に苦しむＥＵ（欧州共同体）が、トルコ在住のシリア難民を「第三国定住」の方法で合法的に受け入れることについて合意した。この中で「第三国定住」制度には新たに関心が高まっている。本章では、「第三国定住」の意義と、日本の制度の持つ課題を検討する。

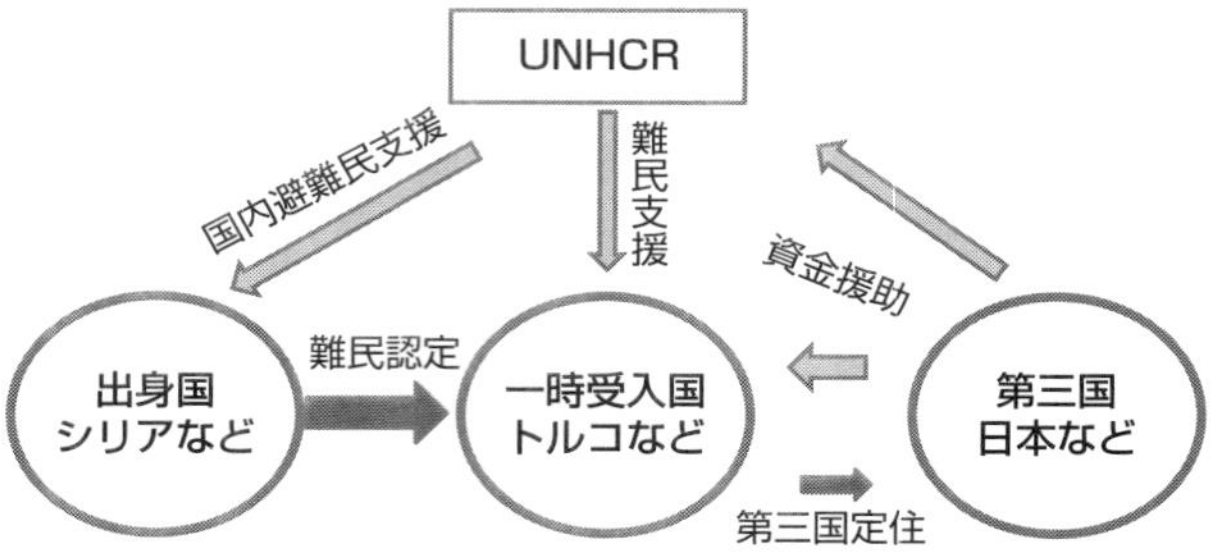

図１　第三国定住制度

出所：筆者作成

「第三国定住」の意義

難民を国際社会が保護する方法には大きく分けて二つの方法がある。一つはたどり着いた人々を難民条約に基づいて審査し、難民と認定したなら国内で保護する「庇護制度」である。もう一つは、紛争国から近隣の国々に多数の難民が一挙に流入したとき、経済的、社会的、政治的に混乱を招かないように国際社会が協力する「負担分担制度」である。これには、財政的負担の軽減を図る「資金協力」と、流入した難民の一部を先進国が引き受けて負担の軽減をする「第三国定住」制度がある。図1が「第三国定住」の仕組みと位置を説明している。

「庇護制度」では、ある国まで自力でたどり着いた難民申請者の難民性を判断し、難民と認定したなら必ず受け入れるが、「第三国定住」は、国際法上の義務ではなく、各国が受入数と受け入れ後の支援策を政策的に自由に決めることができる。この制度は、かつて冷戦時代に、東側の共産主義の国から逃れてくる比較的少数の「政治亡命者」と家族を、アメリカなど自由主義国家に移住・定住させるために使われた。今世紀になって、難民の数が２０００万人にものぼる中で、本国に帰ることも最初に逃げた国での定住も許されないまま、難民キャンプなどで長年暮らす難民の数が６００万人以上となった。子どもを抱えたシングルマザーや病人など、特に弱い立場にある人々は先進国に移住させるのが望ましいことから、再び「第三国定住」が脚光を浴びるようになった。シリア紛争もあって、第三国定住が望ましい難民の数は今日では１５０万人にのぼる。２０１６年9月にはシリア難民危機に対応するため国連は史上初の「難民と移民に関する国連サミット」を開き、引き続く「難民に関するリーダーズ・サミット」では、アメリカ、カナダ、スウェーデンなど約30ヶ国が向こう1年間で36万人のシリア難民の再定住による受け入れを表明した。日本は再定住ではなく5年間で１５０人の留学生受け入れを約束するに留まった。表1は２０１５年における先進33ヶ国の受入数だが、日本は19人の受け入れで18位だった。同年から再定住を開始した韓国は、日本より多い22人だった。

表1　第三国定住受入数

1	アメリカ	66,517
2	カナダ	20,010
3	オーストラリア	9,399
4	ノルウェー	2,383
5	スウェーデン	1,902
6	イギリス	1,864
7	フィンランド	1,007
8	ニュージーランド	808
9	オーストリア	758
10	スイス	641
	⋮	
17	韓国	22
18	日本	19
	総計	107,051

出所：UNHCR2015年報告から筆者作成

　受入数が少ないため、再定住はもっとも弱い立場にある難民に優先的に適用される。手続きとしてはＵＮＨＣＲが受け入れ国に候補者を推薦し、受け入れ各国が独自の基準によって最終的に受け入れる者を決める。ＵＮＨＣＲが推薦する難民は①法的・身体的保護の必要な者、②暴力・拷問の被害者、③特別な医療を必要とする者、④女性・

少女、⑤家族の再統合、⑥危険にさらされた若年者、⑦他に解決策がない場合、など特に弱い立場にいる難民である。しかし実際には受け入れ国側は自分の国に負担の少ない者を選ぶ傾向がある。

日本の第三国定住制度の課題

日本での第三国定住事業は、アジア諸国では初めての試みとして、タイ西部の山岳地帯の難民キャンプに住むミャンマー難民を2010年度から年間30人を上限に試験的に受け入れることになり、2015年までに18家族86名が来日した。同年から「再定住」は正式事業化され、受け入れ対象はマレーシアの都市部に住むミャンマー難民となり、9月には7家族18名が来日した。日本の「第三国定住」事業は新しい展開を迎えている。

実は、日本の第三国定住事業はミャンマー難民の間であまり人気がなく、難民キャンプでUNHCRが募集をかけても応募者は少ない。実際、2012年には来日した者がゼロとなり、たくさんの応募があると予想していた関係者に大きなショックを与えた。わざわざ飛行機で迎えに行き、入国後も定住支援をするのに応募が少ないことは、「日本移住を希望する難民は多い」というのが日本側の「思い込み」にすぎないことを示している。難民キャンプで長年暮らし、援助慣れした難民にとっては、難しい日本語を習得し自立するには時間がかかり、同国人難民コミュニティが小さく、相互扶助が難しい日本でゼロから人生をやり直すことは至難だ。さらに第二次世界大戦中の日本軍のビルマ（ミャンマー）侵略の記憶は一般国民の間では完全に消え去っておらず、また日本政府による現地での第三国定住の広報も他の先進国に比べて目立たないなどの事情もある。

日本の第三国定住事業の課題の第一は、受け入れの対象がミャンマー難民に限られていることだ。民主化が急激に進む状況の中で、タイにいるミャンマー難民は本国帰還を始めているのに、日本はいまだにミャンマー難民だけを対象にしている。現在、第三国定住のニーズがいちばん大きいのはシリア難民であり、UNHCRもシリア難民の第三国再定住を日本に呼びかけているが、日本政府は応じていない。日本政府はいったん事業を始めると、環境の変化があっても事業を続ける傾向があり、再定住事業もニーズの変化に機動的に対応していない。

受け入れ対象についてのもう一つの問題は、選考基準に「日本社会への適応能力を有している者」で、「職に就くことが見込まれる者」とあることである。このため、自立能力のない孤児、単身女性や病人など本来優先されるべき者は除外される。また両親とその子どもからなる「核家族」が対象だから、日本語が話せるなど潜在能力があっても単身者は応募資格がない。

第二の課題は受け入れ後の社会統合についてだ。前章で見たように、インドシナ難民に対する定住支援は自立には不十分であったが、新たに開始されたミャンマー難民に対する支援もほぼ同じ方法をとり、同じ課題を残している。来日するミャンマー難民を見ると、社会関係資本の少なさが際立つ。もともと、ミャンマー難民の多くはミャンマー東部、北東部出身のカレン族などである。ミャンマーの村落地帯は貧しく、学校教育を受けたことがなく、文字や数字が読めない者も多い。政府軍とカレン解放戦線などの間の長年の武力衝突の中で、3000以上の村落が政府軍によって破壊され、難民は村落共同体であった相互助け合いなどの社会関係資本を失った。タイのキャンプでは、同じ村の出身者や拡大家族がいっしょに暮らしてきた。キャンプの中に閉じ込められ、国際NGOなどから食糧援助や教育支援を受けざるを得ず、結果的に「援助慣れ」して自立能力を失う者も出てきたとはいえ、キャンプの中では自治組織もあり、助け合いながら社会関係資本を徐々に作り上げた。しかし、その資本は第三国定住で外国に移住することで再び失われる。特に日本の場合、拡大家族から核家族だけを取り出して日本に移住させるから、キャンプで作り上げた社会関係資本はゼロになってしまう。

母国語の読み書きもできないのに、半年間で日本語をゼロから学ぶのは不可能に近い。生活上のルールも長年の生活で身につけるもので半年では難しい。定住促進センター退所後に、難民は働き場所が見つかった近辺に定住するが、関係自治体は政府からの財政補助もないため、受け入れに消極的になり、政府は難民を受け入れてくれる自治体探しに苦労している。来日したミャンマー難民の大半は、ミャンマー人コミュニティがあり、また仕事の機会が多い首都圏で「都市型難民」となる。しかし日本語能力や職業経験不足から、不安定な製造業やサービス業で働き、多くは経済的には下層に属する。子どもたちも高校進学に際して学力や学費などの壁にぶつかる。支援関係者の尽力にもかかわらず、難民の「社会関係資本」の蓄積は遅く、その分社会統合のスピードも遅くなる。インドシナ難民と同じように、ミャンマー定住難民の日本社会への統合は弱く、日本人との「共生」は不十分なままに留まっている。

第三の課題は、事業の規模が小さすぎることである。年間30人という受入数では、150万人を超す再定住必要者に比べて「大海の一滴」であると同時に、「規模の不経済」が出てくる。一般的に言って先進国における第三国定住事業は高額であり、日本の場合30人の定住のための年間予算は総額で1億３０００万円、1人当たり４００万円を超す。人件費など「固定費」が高額なため、費用対効果は低く、それが事業拡大を妨げる悪循環に陥っている。

このように現行の第三国定住事業は課題が多いが、同事業は難民を現地まで「迎えに行く」という積極性・人道性に加え、受け入れ国と人数、対象者を政府が決めることで、「計画的な受け入れ」を可能にする政策上の利点もあり、今後の後の日本の難民政策の柱となり得る。もちろん国際的連帯の輪に加わるという象徴的価値も無視できない。今日の国際社会の大きな問題であるシリア難民についても日本が再定住事業を開始することが望まれる。

参考文献

滝澤三郎「日本における難民第三国定住パイロット事業」（墓田桂ほか編『難民・強制移動研究のフロンティア』現代人文社、一四四〜一六三頁、二〇一四年）

本間浩「わが国のインドシナ難民受入の経験と第三国定住制度の理論的諸問題」（『難民研究ジャーナル第1号』難民研究フォーラム、二〇一一年）

Saburo Takizawa, The Japanese pilot resettlement programme: Identifying constraints to domestic integration of refugees from Burma, in K. Koizumi and G. Hoffstaedter, eds., *Urban Refugees: Challenges in protection, services and policy*, Routledge, 2015, pp.206-240.

第31章

日本の難民政策の最近の変化と課題

滝澤三郎

難民を保護する方法（難民政策）には①難民認定による受け入れ、②第三国再定住などによる受け入れ、③外国での難民支援のための資金協力の三つがある。第三国定住については第30章で扱ったので、本章では、難民認定問題を中心に日本の難民政策の最近の状況を概観してみよう。

日本の難民認定問題

1951年の難民条約は、難民を「人種、宗教、国籍、特定の社会集団または政治的意見を理由として迫害を受けるおそれがあるために他国に逃れた者」と定義する。いわゆる「条約難民」だ。だが、今日ではこれら五つの理由以外の理由で逃げる人々が急増している。たとえばウクライナでの戦争から逃れる「紛争避難民」だ。しかし武力紛争から逃れてきたというだけでは難民とは認められない、

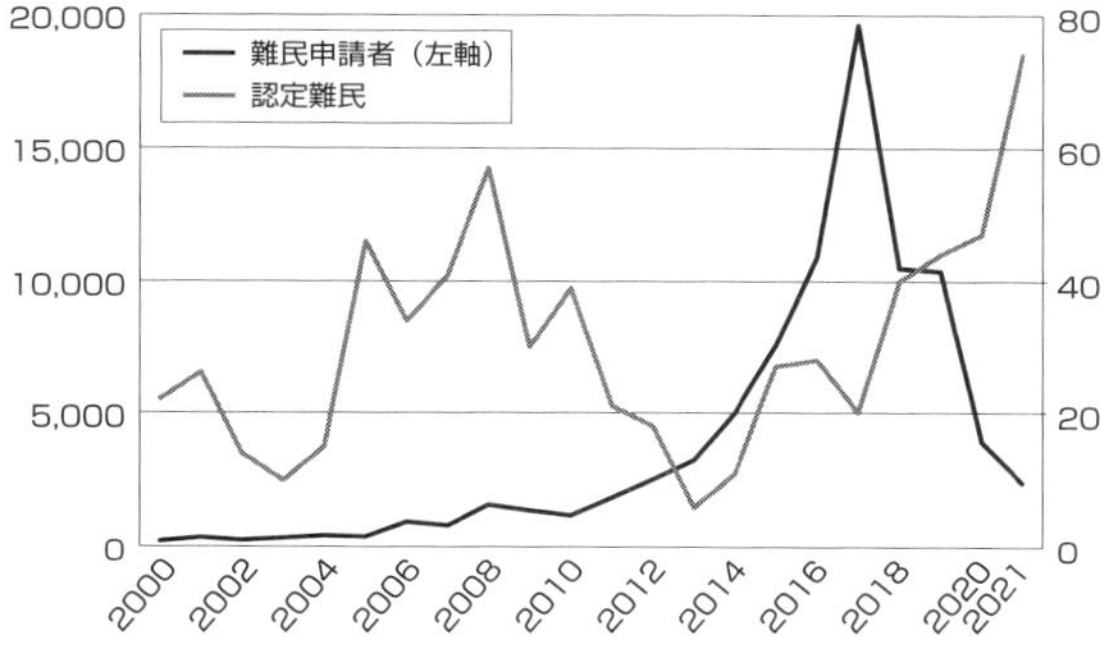

図１　日本での難民申請者数と認定数

出所：筆者作成

というのがＵＮＨＣＲを含む各国の考え方だ。そこでそのような人々を難民に準じて保護する「補完的保護」制度を導入する国が増え、日本政府もその方向に動いている。

日本では、年に数百人だった難民申請者の数が２０１０年に１２００人になり、その後は毎年50％増えて２０１７年には約２万人になったが、法務省が後述の「濫用的申請」の抑制策をとったことや、コロナ禍で入国制限が続いたことで、２０２１年には約２４００人にまで減った。他方で難民と認定された者の数は少しずつ増えてきて、２０２０年には47人、２０２１年には74人になった[1]。この数は他の先進国に比べてごく少なく、ＵＮＨＣＲや難民支援団体からは批判がなされてきた。ではなぜ認定数が少ないのだろうか？　なぜ申請数が急増したり急減したりするのだろうか？　２０２２年のウクライナからの多数の避難民の受入れは、日本の難民政策にどのような影響を与えるだろうか？。

認定数が少ない理由

日本の認定数が少ない第1の理由は、日本が中東のシリア、中近東のアフガニスタン、中南米のベネズエラなど難民が多く発生する紛争地域からは遠く、日本まで逃げてくる難民が少ないことだ。来日するには航空機利用しかなく、渡航費用は高額だ。難民はパスポートやビザを持たないことが多く、日本まで空港で乗り継いで来るのはごく難しい。

距離だけが問題なのではない。「日本は難民を入れない国」といったイメージが定着していて、近隣国からも難民が来ない。毎年2万人以上の難民申請者を出す隣国の中国から日本で難民申請した者は2020年に47人、2021年には28人に過ぎず、政治的弾圧の続く香港からも日本に逃れる政治亡命者はいない。毎年1万人以上の難民申請者を出す隣国ロシアからも2022年に日本で難民申請をした者は1人だけだった。両国からの申請者の大半は欧米諸国に向かい、日本を素通りする。日本は難民が来たがる国ではないのだ。

認定数が少ない第2の理由は、法務省の「迫害のおそれ」の認定基準が厳しいことだ。難民条約は難民の定義と権利・義務を定めるだけで、難民認定手続きは各国が国内法で決める。難民認定制度は国によって違いがあり、同じ国でも政策的に変わることがある。日本では法務省（出入国在留管理庁、以下「入管庁」）が難民認定を行う。法務省は、「迫害」と認められるには、人種・国籍・宗教・特定の社会集団・政治的意見を理由として、個人または集団として、「通常人では我慢できない」ほどの生命または身体の自由への重大で深刻な侵害・抑圧があり、政府当局が危害防止手段をとらない（とれない）ことが確認されなければならない、とする。これらのポイントの全てを立証するのは困難で、難民としての認定は難しくなる。

先述の五つの理由とは違う理由、中でも紛争や無差別暴力で迫害を受けるおそれがある場合には、日本政府は「退避機会」としての特別在留許可を与えてきた。２０２１年はそのような形で在留許可を得た人は５２５人であり、前年度の16人から大幅に増えたが、これは実質的には「補完的保護」に当たる。このほか日本人との婚姻など人道的配慮による在留許可が55人、難民と認められたものが74人いたから、日本で難民認定制度を経て在留を認められた人の総数は６５４人だった。認定数も補完的保護数も過去最大となった。

第３の理由は、日本社会の移民・難民に対する冷めた目がある。世論調査などで「難民や移民をもっと受け入れるべきか？」という設問に対しては大多数が否定的な回答をする。[2] 集団主義的で「よそ者」を排除しがちな社会は、外国人には特に閉鎖的になる。難民の定住支援にはNGO、雇用を提供する企業の他に自治体の協力が求められるが、受け入れに前向きな自治体は少ない。日本人の間でも近隣レベルの付き合いが薄くなり、孤立して暮らす人が増えている中で、見知らぬ外国人である難民への眼差しは温かくはない。認定数の少なさの原因は日本の「社会」のあり方にもある。

難民申請者が急増している理由

第1の理由として、いわゆる「濫用的申請者」の急増がある。つまり本当の難民ではないのだが、日本で働き口を探す者が難民申請をするのだ。日本での難民認定申請者の数が2010年から2017年まで前年度5割増で急増したきっかけは、法務省が2010年3月に、「合法的滞在者が難民申請をした場合には、6ヶ月経過後に一律で就労を認める」としたことだ。その後にネパール、ベトナム、インドネシア等の東南アジア諸国出身の難民申請者が急増し、全申請の8割を占めるに至った。インドネシアからの難民申請者は2014年には16人だったが、2016年には1829人に急増した。この間、同国で迫害や紛争などはなかった。

難民認定は「公共財」の性格を持ち、「ただ乗り」を排除できない。難民認定申請は必ず受理され、いったん受理されたならば出身国への強制送還はされない（ノン・ルフールマン原則）。難民申請者に与えられる就労許可が「インセンティブ」となって、難民とは言い難い人々の「ただ乗り」的申請を招いたのだ。申請数が急増したためもともと低い「難民認定率」がさらに低下し、「真の難民」が難民認定申請をしないようになった。加えて難民申請は何度でも繰り返すことができ、その間は働けたので、「濫用的」申請がさらに増え、さらに認定率が下がるという悪循環が続いた。経済学ではこのような現象を「逆選択」と呼ぶ。

第2に、申請者の出身国の貧困と失業がある。日本に多くの難民申請者が来る東南アジアの国々では、ミャンマーを除いて、近年に紛争や迫害が強まった形跡はない。他方でそれら諸国の平均所得は日本に比べて低く、失業率は高い。そこで日本に「出稼ぎ」に行こうとする。筆者は2019年までミャンマーに学生を連れて研修旅行に行ったのだが、同国の平均年収は10万円ほどだった。観光バスガイドが、「知り合いが日本に行って難民申請をして働いている」と言っていたのが印象に残る。このように日本との間の経済・所得格差が難民認定申請急増の背景にある。

第3の理由として日本国内の労働力不足がある。日本政府は「外国人単純労働者」は受け入れないという政策をとってきたが、人手不足が深刻化する中で、日本人が働きたがらない農業など中小事業者が外国人労働者を求め、結果的に2万人前後の就労許可を受けた難民認定申請者が首都圏を中心とした農場や工場、「3K職場」で働いてきた。需要が多いにもかかわらず「単純労働者は入れない」という政策が、結果的に難民制度を歪め、難民認定制度を機能不全に陥らせた。難民認定申請者急増の背景には外国人労働者政策の矛盾がある。

転機を迎える日本の難民制度

様々な問題を抱える日本の難民認定制度だが、少しずつ制度も改善している。2013年に法務大臣の私的懇談会である第6次出入国管理政策懇談会のもとに設けられた「難民認定制度に関する専門部会」(筆者も委員だった)は、2014年12月に最終報告で制度改革のための提言を行った。(3) 提言は二つのグループに分けることができる。一つは「救済の強化」で、紛争難民などを救済するための「補完的保護」制度の創設、不透明だった難民認定基準の明確化、難民調査官の専門性向上などがある。もう一つは「管理の強化」で、いわゆる「濫用的申請」の抑制が中心だ。

入管庁がまず力を入れたのが「管理の強化」だった。入管庁は2018年以降、「難民」とは無関係な理由(たとえば借金取りから逃げたい)で申請を繰り返すような場合には、就労を認めなかったり、日本での在留を認めなかったりなどの抑制措置をとった。これにより明らかに根拠のない申請数が減少し、コロナ禍の下での入国制限もあって、2021年の難民申請者数は2400人に減った。ただし、「濫用的申請」が2017年まで激増したこともあり、難民不認定となった者の出国拒否と長期収容が問題となった。入管庁は、重罪を犯した者であっても、難民申請を繰り返す限りは強制送還ができない定めの「送還停止効」を問題視し、それに例外を設ける条項などを入れた入管法改正案を国会に提出したが、同案は与野党の政治的対決の中で廃案となった。

「救済の強化」の一環としての「難民認定基準の明確化」については、入管庁はUNHCRの諸ガイドラインや先進各国の実務、日本の判例などを調査して、アジア諸国では初となる「難民認定ガイドライン」の草案作成作業を2021年までに終えている。これが公表されれば難民認定をめぐる透明性と弾力性が増えることが期待される。最後に、難民調査官などの専門性向上についてもUNHCRなどの協力で難民調査官の研修などが強化されている。

「救済の強化」でいちばん大きな変化は「補完的保護」の導入だ。2021年のミャンマーの国軍クーデターの後、政府は「緊急避難措置」として3万5000人の在留ミャンマー人の希望者に就労可能な在留資格「特定活動」を与えることとし、2022年の4月の段階で約5000人が同資格を得た。同年末に難民申請をしていた2889人のうち、6割の1730人がこの在留資格を得たが、難民認定手続きが終わった段階でミャンマーの状況が好転していなければ、これらの人々は「難民」ないし「補完的保護」対象者として保護されるだろう。

また、2021年8月のタリバン政権の権力奪取の後、日本政府は、日本大使館やJICAで勤務していた約600人のアフガン人を受け入れ、外務省やJICAが雇用している。アフガニスタンの現状からして、もし彼らが難民申請するならば、条約上の「難民」として保護される可能性が強い。

さらに、2022年2月のロシアのウクライナ侵略に際しては、日本政府はウクライナからの避難民の上限を設けない受け入れに踏み切った。外務大臣が避難民といっしょに帰国するというパフォーマンスも含め、5月初めまでに約900人の避難民が受け入れられた。政府は毎週20人ほどのウクライナ避難民を飛行機で受け入れているため、ウクライナ避難民の総数はかなりになろう。なお、「難民」でなく「避難民」として受け入れる理由は、冒頭で触れたように、難民条約における難民の定義上、武力紛争や戦争から逃れてきたというだけでは難民とは認められないからだ。避難民は、就労もできて各種の社会保障も受けられる「特定活動」という在留資格で日本に滞在するが、この対応も実質的には「補完的保護」の提供だ。

ミャンマー、アフガニスタン、ウクライナと続く難民・避難民問題に対応するため、政府は、先に述べた入管法改正案を修正のうえ再提出し、「補完的保護対象者」という制度の創設を狙っている。これは補完的保護の法制化で、補完的保護対象者は難民と同様な保護と支援を受けることができる。今後、日本で保護を受ける者は、条約難民、補完的保護対象者、そのほかの人道配慮による在留許可を受ける者の三つのグループとなる。

日本の強みである難民支援のための資金協力も活発だ。日本政府は毎年200億円前後をUNHCRに自発的に拠出してきたが、ウクライナ避難民支援のために2億ドル（250億円）の人道支援と3億ドルの経済支援を早々と決めた。民間のウクライナ支援も極めて活発で、東京都や横浜市など多くの自治体や企業が避難民用の住宅や雇用を申し出たり、いくつかの大学はウクライナ人を留学生として無償で受け入れている。避難民の受入れについての世論調査でも70％前後が賛成している。支援の申し出があまりにも多いため、入管庁が調整窓口を設けているほどだ。民間からのウクライナ支援募金も多額が集まり、筆者の関わるNPO法人国連UNHCR協会への寄付は2022年には100億円に達すると見られる。いまやウクライナ支援は「ブーム」のようになっている。

日本の難民政策は変わるか？

難民問題に関心が低いといわれる日本で、ウクライナを中心とした避難民支援が活発なのは驚きでもある。その理由として二つの要因が考えられる。一つは、ウクライナの惨状が毎日報道される中で、避難民の大半が女性と子どもであることもあって、国民の間に強い同情が生まれ、ロシアが国際法を無視して核兵器で威嚇しつつ隣国に攻め入ったことに対する強い「怒り」も加わり、ウクライナ支援への国民的な支持が沸き上がっている。

もう一つは、政治と人道の結合、リンケージ・ポリティクスだ。通常、難民や避難民の受入れは人道支援の見地から関係各省庁の調整を経て「ボトムアップ」でなされる。今回のウクライナ避難民受け入れ決定は、ロシアのウクライナ侵略戦争に対抗する安全保障戦略の一環として、首相からの「トップダウン」で決められた。避難民を助けることは、ウクライナ政府を助けることでもあり、ロシアへの対抗措置の一環となる。人道支援である（避）難民問題が、国家の安全保障問題と結びつけられるリンケージ・ポリティクスだが、今回は、北側先進国に近年見られるように、「国家の安全を守るために難民を排除する」のでなく、政府が「国家の長期的安全のために避難民を受け入れる」という点が特徴的だ。

今回のウクライナ避難民支援の顕著な特徴は、「上からの」政治的な考慮と「下からの」人道支援に前向きな世論が同じ方向を向いて、官民が共同して支援していることだ。ミャンマーやアフガンからの難民・避難民についてもその傾向がある。しかし、このパターンが今後も繰り返される保証はない。世論は移りやすいし、援助疲れが出るかもしれない。今回の「支援ブーム」を持続させ、ほかの国からの難民や避難民の受入れにも繋げていくことが求められる。1982年に難民条約に加入して難民認定制度が作られてから今年で40年、ウクライナ避難民をめぐる日本の積極的姿勢が一時的でなく、日本の難民政策を変え、難民に対する国民の意識を変える契機になることを期待したい。

注

（1）令和3年における難民認定者数等について　https://www.moj.go.jp/isa/publications/press/07_00027.html

（2）2019年に実施された内閣府世論調査でも、難民を積極的に受け入れるべきという答えが24％、慎重に受け入れるべきという答えが57％だった。https://www.nikkei.com/article/DGXMZO54500880X10C20A1EA3000/

（3）難民認定制度の見直しの方向性に関する検討結果　https://www.moj.go.jp/isa/content/930003065.pdf

参考文献

滝澤三郎「難民と国内避難民を巡るダイナミズム――国際公共財の観点から」（『移民政策研究』第八巻、移民政策学会、

六～二五頁、二〇一六年）
滝澤三郎「世界の難民の現状と我が国の難民問題」（『法律のひろば』第六九巻六号、一八～二七頁、二〇一六年）
滝澤三郎編著『世界の難民を助ける30の方法』合同出版、二〇一八年
滝澤三郎「日本は難民鎖国を打破できるか」The Tokyo Post 2022, https://thetokyopost.jp/humanity/1963/
滝澤三郎「ウクライナ支援ブーム？」The Tokyo Post 2022, https://thetokyopost.jp/humanity/1351/

COLUMN

難民支援・研究団体　PASTEL

PASTEL４代目代表　尾関花保

PASTELとは

難民支援・研究団体PASTELは２０１１年12月に関西を中心に難民支援を行う学生団体として結成された。PASTEL結成までの経緯は、ある難民の講演会が行われた際に学生スタッフを務めた学生が、講演会後も引き続き難民問題に取り組もうと立ち上がったことから始まった。PASTELという名前には団体の目的や理念が反映されており、二つの大きな意味が込められている。一つ目は、「Pass」＆「Tell」ということで、難民問題について、「話し伝えていく」という意味だ。PASTELが結成された当時、難民問題に取り組む学生団体は殆ど存在せず、日本の難民に対する認知も非常に低かったことから、まず、社会の意識改革の必要性を感じたからだ。

収容所の悲惨な生活環境、大多数の難民申請者が認定されない現状など、これら日本が抱える問題を国民が理解を深め、声を上げなければ政府が動くことはないと思ったからだ。日本が今後、難民にとって住み良い社会に変わっていくことを願い、学生の視点から難民問題の認知を広げていこうという思いでPASTELは今日まで活動してきた。二つ目は、パステルカラーとは優しい温かみのある色だからだ。PASTELという団体名にはそれぞれ異なる色を持つ人々が、混ざり合って仲良く暮らすことのできる社会を築き上げるという目標が込められている。

PASTELの特色／私たちだからできること

PASTELのいちばんの特色は、難民の方と寄り添って活動している学生団体である点だ。PASTELは結成当初から、収容所を訪問したり、イベントで難民の方と直接関わったり、申請書類や裁判のための証拠書類の翻訳や難民の方の通訳などを行ってきた。私たちは支援対象者を「難民」という一つのカテゴリーに一般化することを避け、隣人や友人のように一人一人と向き合うことを大切にしてきた。

また、私たちは市民と難民が手を取り合って共に仲良く生活できる社会を形成することを目標としている。異国の地に逃れ、不安を募らせている難民に、少しでも、安心してもらえるように、難民の方と関わるときはそのような気持ちを忘れずに接してきた。現在、メンバーの多くが帰国子女や留学経験者であり、様々な背景を持った個性豊かな学生が共に活動しているPASTELだからこそ、母国を離れて生活する人々に対して理解できることが多いはずだ。また、PASTELは30名程が在籍する団体ではあるが、それぞれのメンバーは個別の活動も行っている。PASTELはメンバーのステップアップのための成長の場として存在する一方で、個々の能力を生かす多種多様に活動も展開しているのだ。

活動内容

ＰＡＳＴＥＬの活動は認知啓発活動と直接的支援の大きく二つに分類できる。まず認知啓発活動ではイベントを開催したり、参加したりしながら難民についてより多くの人に知ってもらえるような活動を行っている。自分たちが学生であるため、認知啓発は、同じ学生を中心に難民問題を理解してもらうことに重きを置いている。イベント以外にも出前授業を行ったり、大学教員の許可をもらい、授業の合間を利用して話をする機会を得ている。

また、イベントに参加する場合は在日難民の郷土料理の販売と展示を行っている。郷土料理の販売を行う場合は、食を通じて難民を知ってもらうことを目標にしている。展示のみのイベントの際は難民問題についてのポスターを製作し、来場者に向けてＰＡＳＴＥＬの活動を紹介すると共に、在日難民への理解を深めてもらうことを目標にしている。

他方、直接的支援は主に、通訳、翻訳、日本語教育を指しており、これらを通じて難民の方々と心の繋がった交流を行っている。メンバーの中には長期休暇を使って実際に難民キャンプを訪問し、現地の人々と関わり、彼らの生活を肌で感じ、その経験を日本に持ち帰り、私たちの活動に反映させている人もいる。

さらに、認知啓発活動と直接的支援をより効果的にするために、私たちは勉強会も行っている。難民問題は常に変化し、理解するには多面的な観点から問題を分析する必要がある。そこで、私たちは月に数回勉強会を開催しているのだ。勉強会では毎回テーマを設定し、勉強班によるプレゼンを行う。テーマに関するディスカッション、または、ロールプレイングも行っている。知識をインプットするのみでなく、ディスカッションやロールプレイングをすることで、よりいっそう難民問題についての理解を深め、今後の活動に反映することができるのだ。

今後の目標

シリアの難民問題などが連日ニュース放送されている現在、世間では難民問題に対する問題意識が年々高まっている。そして、私たちと同じように難民問題に関わっている学生団体が増えてきている。共通の関心がある学生同士で連携をとり、互いに刺激し合いながら、難民に対する理解が日本社会に浸透していくことを強く望んでいる。そのためにも、ＰＡＳＴＥＬはより多くの学生や市民に向けて認知啓発活動を行い、徐々にその規模を拡大していくと共に、常に難民に対する思いやりの心を忘れずにこれからも難民の方々と誠実に向き合っていきたいと思う。

9 難民と人間の安全保障

難民について、それを誰の立場から考えるのかによって、何を優先し、何に妥協するのかなど、保護や支援の方針や中身は変わってくる。難民を受け入れる立場の国や地域は、不安や困難を感じ、躊躇することもある。難民の立場からは積極的な対応をもちろん期待している。

「人間の安全保障」は弱者の目線から人間の安全や尊厳を考えようとする立場である。この立場が国際社会で提案され一定の支持を得るようになったのは、驚くべきことにようやく今世紀に入ってからのことなのである。この考え方の下で、保護や支援はどう変わることを期待されているのかを見てゆこう。

第32章

「保護する責任」と難民

山本哲史

主権国家とはなんだろう——自決と他者への信頼と

現在の国際社会は国が他国との関係で独立を保つことを前提に、互いに自治を認め合うことで成立している。したがって、見るに見兼ねるような治安や秩序維持の問題にさえ、それが他国の出来事であれば、手出しや口出しをすることは基本的に禁じられている。このようなシステム、すなわち主権国家の併存という制度が採用されるまでに、世界には長い経験があり、それは戦争や植民地といった不正義への警戒から、今日までに歴史的に確立したものであり、易々と変更されることはない。

それにしても、ある国の中に強力な暴力団や軍事組織のような反社会的勢力が存在して、国の一部ないし大部分を占領し、支配しているような場合、これはどうなるだろう。というより、現実的に、そのような国のことを皆さんはすでに思い浮かべていることだろう。人の首をカメラの前で切り落とし、生きた人を炎で燃やし、また、降伏した敵の捕虜や文民を集団虐殺するなど、世界を戦慄させているイスラミック・ステート（ＩＳＩＳ）などの組織との関係で、国の一部を占領支配されているシリアやイラクの場合、これは主権国家と呼べるものだろうか。もし、主権国家として失格であるという場合、外国はこの状況から人々を救うべく、信頼を前提に、介入することが許されるであろうか。あるいは、場合によってはその危険にさらされている人々を救出するため、介入しなければならないのだろうか。

さて、こうした疑問について考えるときに、漠然と抽象的に考えたとしても、結局のところ答えなど出てこない。こうした、主権国家とは何か、といった類の問題は、国際法の問題だからである。主権国家という考え方に関して、現在までに重要な国際法の規範が発達してきており、諸国は概ねその枠組みに従った行動や問題解決を行っている。したがって、国際法の規範との関係で、主権国家とは何か、そしてその内部で何が起きているのかを理解することが、国際社会で活躍しようとする場合にも、そして難民について考えようとする場合にも、さらにはその関連での国連の役割を知るうえでも、決定的に必要なのである。

そして、既存の国際法の限界を乗り越えようと、この第９部の主題をなす「人間の安全保障」という新たな考え方が提起され、徐々に現実の主権国家の行動を揺さぶり始めている。こうした構成で問題を意識しながら、本章では「保護する責任」について考えてゆこう。

国際法における難民の保護

国連というと、正義の味方のように錯覚してしまう人も少なくないであろう。もちろん国連には国際社会の良心を反映し、大多数の国の意見を代表している、というような側面もある。しかし国連（とその加盟国）といえども国際法の規範の下にあることを忘れるべきではない。第二次世界大戦中に勝者の側となった連合国（Allies）を中心に、１９４５年に国際連合（the United Nations）は設立され、現在までに１９０余の加盟国があるわけであるが、その国連の憲法（基本文書）とも言える国連憲章という多数国間条約には、内政不干渉の義務が一定条件と共に規定してあるため（2条7項）、たとえば上記のＩＳＩＳに対し、国連といえどもその条件をクリアしない限り、「立ち退きなさい」という命令を出せるわけではない。２条７項自体が加盟国にも内政不干渉義務を課しているかについて議論はあるとしても、国連総会は１９６５年（決議２１３１）、１９７０年（決議２６２５）と繰り返しこの（間接的な干渉の禁止をも含む）義務の存在を確認している。また、この２条７項だけでなく、国連憲章は加盟国の武力行使を一般的に禁止しており（2条4項）、たとえば上記のようなＩＳＩＳを見逃すことができないからといっても、それを問題視するいずれかの国が、いきなり武力攻撃を加えるということは禁止されているのである。つまり、「悪い奴（ＩＳＩＳ）がいる、だからやっつけろ」というような気ままな理屈では、国際社会は動いていないのである。誰かの正義感や、国際機関やＮＧＯ職員の信念、あるいは高名な大学教授が示唆するような世界観やあるべき行動論に従って国際社会は動いているわけではない。国際法の規範に従って、そのメカニズムの中で諸国は動いていることを、なにより強く意識する必要がある。

国際法の下で、難民は、その本国を脱し、他国へ逃げ込んだときに初めて保護される。これは、国際法上、保護国の領域主権が不可侵であるため、難民の本国の追及が遮断されるというメカニズムによる保護なのである。また、難民の本国が、保護国に対し、その逃げ込んだ難民を引き渡すことを求めてきたらどうなるか。この場合、その難民が政治犯と認められる場合は、引渡は国際法上一般的に禁止される、ということがある（政治犯不引渡の義務）。あるいは、本国からの引渡請求がないとしても、難民条約に該当する者（条約難民）や、各種の人権条約に規定される一定の要件に当てはまる場合は、その本国への追放や送還は禁止される（難民条約33条1項、拷問等禁止条約3条等）。

つまり難民は、その本国をともかくも脱した場合には、国際法上の保護を受けることができる。しかし問題は、その本国を抜け出すことのできない難民、いわゆる国内避難民（IDP）である。

「違法だが正当」（IBL）という主張と「保護する責任」

さて、ここまで国際法の重要性を繰り返し強調してきたわけであるが、とはいえ、法を守ることは確かに素晴らしく、また、国際社会の理に適っているとしても、法を守って人が死んだり国が滅びたりしてしまったのでは意味がない。人にせよ国にせよ、生きていてこそ法を守ることもできる。

このようなことが正に問題になるのが、「人道的介入」（humanitarian interference）と称される国際社会（という名の一部諸国）による他国に対する一連の行動である。人道的介入は、その名こそ介入であるが、その実は、国際法上禁止されている他国への違法な一方的干渉（unilateral intervention）を構成するのではないかとの疑いを持たれている。しかし一方では、それが仮に違法な干渉を構成するとみなされようとも、そこには一定の正当性（legitimacy）があるため、非難されるべきでなく、むしろ歓迎すべきであるとする議論もある。いわゆる「違法だが正当（illegal but legitimate）」論（以下ＩＢＬ論）である。ＩＢＬ論における「正当性」とは、とりわけ、１９９４年のルワンダや１９９５年のボスニア（スレブレニッツァ）などの大虐殺を諸国が防げなかったことの反省に基づくと言われる。理屈はともかく、人が大量に死んでいることは、何としても防がねばならない、という種の主張である。

とはいえ、実のところ、著名な国際法学者たちやいくつかの主要諸国、さらには、人道的介入の主体さえも、ＩＢＬ論を積極的には援用しようとはしなかったことは見落とされがちである。法は守るべきであるという原則は、やはり固い。このため、人道的介入の推進と普及を目指す動きは少しずつその歩みを進め、他国への合法な介入についての国際法の立法を促すべく、国連の舞台を中心に各種の主張や働きかけを行ってきた。

国連憲章において、武力行使に対する考え方は、単純な原則と例外の構造になっている。原則は上記のように武力行使禁止（2条4項）と内政不干渉（2条7項）である。これに対し、例外は7章に二つだけ規定されている。一つが有名な39条であり、「安全保障理事会は、平和に対する脅威、平和の破壊又は侵略行為の存在を決定し、並びに、国際の平和及び安全を維持し又は回復するために、勧告をし、又は第41条及び第42条に従っていかなる措置をとるかを決定する」というものである。そしてもう一つもまた頻繁に話題となる、いわゆる「集団的自衛権」を規定した51条であり、「この憲章のいかなる規定も、国際連合加盟国に対して武力攻撃が発生した場合には、安全保障理事会が国際の平和及び安全の維持に必要な措置をとるまでの間、個別的又は集団的自衛の固有の権利を害するものではない。この自衛権の行使に当たって加盟国がとった措置は、直ちに安全保障理事会に報告しなければならない。また、この措置は、安全保障理事会が国際の平和及び安全の維持又は回復のために必要と認める行動をいつでもとるこの憲章に基づく権能及び責任に対しては、いかなる影響も及ぼすものではない」というものである。この二つの例外のいずれかであることを主張しつつ、人道的介入の事例は蓄積されてきた。リベリア、イラク、旧ユーゴ、ソマリア、ルワンダ、ハイチ、シエラレオネ、コソヴォ、東ティモールなどである。

こうした例外について、冷戦終結後、安保理はこの強制措置の発動範囲を拡大させ、すなわち「平和に対する脅威」の解釈を膨らませて、国家間の武力紛争以外の分野における諸問題（経済・社会・人道・環境）も含むとする立場をとるようになった。その流れの延長線上に、今日における「保護する責任」論のあることを確認しておこう。1991年、当時の国連事務総長デ・クエヤル（J. Pérez de Cuéllar）とその後任ガーリ（B. Boutros-Ghali）は、とりわけ大規模で深刻な人権侵害に対し、国家主権に基づく不可侵が絶対的ではないことを示唆するようになった。国連安全保障理事会もこれに呼応する形で、国連憲章に基づく強制措置（国連憲章7章）の発動を積極的にしてゆく立場を明確にし始めた。1999年には当時の事務総長アナン（K. A. Annan）が「次世紀における安保理および国連にとっての主要課題は……大規模かつ体系立った人権侵害を許してはならないという原則に従い団結すること」であると述べると、カナダとノルウェーの二国を軸にした国連とは別の動きとしての「人間の安全保障ネットワーク」は、特に「恐怖からの自由」を強調する独自のアプローチから「人間の安全保障」への取り組みを強めるようになった。そして1998年のコソヴォにおけるアルバニア系住民虐殺の阻止を目的としたNATOによる空爆が安保理事会の承認を得ずに実施されたことが大きな論争となったことなどを受け、同じくカナダが主導する形で（オーストラリアが議長国となり）有識者を集めて2000年に組織された「主権と干渉に関する独立国際委員会」（ICISS）は、1996年にデン（F. Deng）らによって提示されていた「主権はある国の国内における国外からの介入に対する保護ではない。むしろその国は内外の主権者に対し責任を負わねばならない」との発想を採用し、2001年には「保護する責任」という標語を報告書の中で提示した。報告書において「保護する責任」は理念的には「予防（prevent）」「対応（react）」「再建（rebuild）」という三つの責任（responsibilities）からなるとされ、2005年の世界サミットはこれに対応する具体的な4条件を示し、「（1）ジェノサイド、（2）戦争犯罪、（3）民族浄化および（4）人道に対する罪から人々を保護する責任」が国際社会にあることを確認している。

翌2006年の安保理では、実に半年に及ぶ議論の末、武力紛争時の文民の保護（protection of civilian：POC）に関する決議1674が全会一致で採択された。この決議は武力紛争時において安保理が強制措置をとるか否かを判断する基準を初めて明示したものであり、内容的には世界サミット成果文書の重要性を再確認し、「武力紛争時における、文民（civilian：なお、文民とは日本国憲法66条2項にあるcivilianを邦訳する際の造語である）およびその他の保護される者を攻撃対象とすること、並びに、組織的、凶悪および広範に及ぶ人道法および人権法の侵害は、国際の平和と安全に対する脅威を構成し得るものであることを意識し、かつ、これに関連して、そうした状況について積極的に検討し、必要な場合には適切な措置をとることを強く確約する」(26段落)としたのである。

さらに当時の国連事務総長パン(Ban Ki-moon)は、2009年(A/63/677)と2010年(A/64/864)にそれぞれ報告書をまとめ、それまでの安保理における方向性を維持しつつも、前者においては「保護する責任」を実現可能とするための「三つの柱」(当事国の責任、その能力強化のための国際援助、時宜を得た断固とした対応)を設定し、後者においては特にジェノサイドに繋がりかねない事態についての情報収集と分析を充実させることで安保理の対応能力を向上させることを提案した。その後も2011年(A/65/877)、2012年(A/66/874)、2013年(A/67/929)、2014年(A/68/947)、2015年(A/69/981)とパン事務総長は年次報告書を作成し、実質的意見交換のための非公式会合を関係諸国と重ねた。2016年2月には、国連総会で「約束から履行へ:保護する責任の10年」と題するパネルも持たれている。

「保護する責任」の具体例と難民の保護

こうして国連を舞台に徐々に組み上げられてきた枠組みに沿った行動は、しかし現実的には厳しい評価にさらされている。たとえば安保理は2011年に決議1973(リビアにおける文民保護のための飛行禁止区域設定と「必要なあらゆる措置」の要請)を採択し、米英仏を中心とする最大時で17ヶ国が空爆などの軍事行動へ参加することで、「保護する責任」の最初の行動をとったものの、人道的介入が受けてきた政治性や恣意性といった批判と同様の問題が指摘されている。

同じく、冒頭に触れたＩＳＩＳとの関連でのシリアでの「保護する責任」の発動については、より明確にロシアが中国を従える形で強硬な反対姿勢を示し続け（すなわち安保理決議案に対し拒否権を２０１１〜２０１４年の間、計4度にわたり行使し続け）、外相のラブロフ（S. Lavrov）はメディアを通じて「我々はリビアの経験をシリアで繰り返すことはしない」と述べるなどしてきた。たとえばアモス（V. Amos）人道問題担当国連事務次長兼緊急援助調整官は、「法的義務を超えているとしても、我々は互いに人類として責任を有する」（２０１３年2月）などと発言し、動きのとれない安保理の苛立ちを表現するなどしており、ＩＢＬ論がいまだに燻っていることがわかる。

その後、２０１４年に無差別破壊兵器の使用禁止と人道支援の確保を促す三つの安保理決議（２１３９、２１６５、２１９１）がようやく採択され、翌２０１５年12月には二つの決議（２２５４、２２５８）が採択され、和平プロセスの開始と国際人道法の遵守、人道支援の確保を促す中で、シリア政府に第一義的な「保護する責任」のあることは繰り返し確認されているものの、そもそも安保理における意思決定の制度上の課題があり、その履行への道は遠い。

すでに見た安保理決議１６７４（２００６年）は、こうした安保理の機能不全に対応すべく基準の明確化を図ったものであったが、やはりロシアや中国の態度から窺えるように、その恣意性と中立性のいずれに基づく判断であるかが判然としない一方で、拒否権を前提とする既存の安保理の枠組みの中で実施することの限界が、現状の「保護する責任」の課題の大部分であることは明らかである。

一方で、そうした問題を抱えつつも、「保護する責任」論の内部には、ＰＯＣの文脈での難民の保護についても個別の明確な言及があることは重視すべきであろう。第一義的には領域国に難民やIDPを保護する義務があるという原則を維持しつつも、そうした保護の責任を全うできるよう、「国際社会（international community）は支援せよ」（13段落）とし、また、「難民およびIDPのキャンプの安全を確保し、軍事利用しないこと」を求め、必要な場合には「国連事務総長は既存のPKOの枠組みからキャンプおよびその周辺の安全確保のために実効的なあらゆる措置をとるべし」（14段落）とすることで、「保護する責任」が履行される際にはこうしたメカニズムで諸国は協力すべきことを明示しているのである。国際人道法上の「中立地帯（neutralized zones）」や「非武装地帯（demilitarized zones）」とは区別されるものとして、安保理主導でイラク北部、ボスニア、ルワンダ、コンゴ民主共和国（当時は東ザイール）、ブルンジなどに設定された安全地帯（safety zones）や安全回廊（safety corridor）が、紛争当事国の代表政府からも反政府組織からも尊重され、人道支援従事者たちの安全が確保されるべきことは、事務総長が1997年に安保理へ提出した報告書（S/1998/883）の中で明らかにされて以来、10年にわたり一貫して維持されてきた。

こうして、「保護する責任」は、武力行使以外の多様な内容を想定している点で、人道的介入とは一線を画しており、また、そのことを国際社会は国連安保理による判断を仰ぐための手続きや基準を整えることで実現しようとしてきたことに大きな特徴と意義のある概念である。この点、仮に、安保理のとりわけ五大国の拒否権などに起因する組織的課題があるとしても、手続き遵守を徹底して武力行使の例外性を維持しようとする方針自体を否定する理由にはならないというべきである。安保理における手続き保障という仕組みを、改善しつつ維持することで、「保護する責任」は進化する過程にある。アダムス（S. Adams）はこうしたことを、「保護する責任」自体の失敗ではなく、その担い手や制度の失敗がシリアの苦境を招いているとして指摘している。

このようにして、ＩＤＰを保護するための特別な枠組みは国際法には基本的に存在しないとしても、「保護する責任」論が少なくともその武力行使以外の内容については国際社会においては反対なく受け入れられつつある今日、「保護する責任」の履行が安保理によって決定される際には、領域国以外の国が他国の難民やＩＤＰを保護の対象外として扱うことは、仮にそれが国際法上誤った判断ではないとしても、国際社会によってはもはや支持されることはない。国際法が重要であることは本章において繰り返し述べたところであるが、そのことは、国際法上の必要最小限の義務だけを遵守してその行動の正当性を主張できることを、決して意味しないのである。

そしてこのように「保護する責任」が推進されてきた経過をさらに大局的観点から見ると、難民の保護の現場を、結局のところ流入国から流出国へとシフトさせようとする動きとしての側面のあることは、冷静に見て否定できない。それゆえ、国際社会は、行き場のない難民をＩＤＰとして流出国内に押しとどめるのではなく、積極的に国境を開くことも同時並行的に追求するのでなければ、このアプローチの正当性を担保することはできない。

こうしたことを理解しておくことは、日本が国際社会において「人間の安全保障」や「積極的平和」を掲げた貢献を行おうとする場合に、信頼を勝ち取るために必須である。

参考文献

Adams, S., *Failure to Protect: Syria and the UN Security Council*, Global Centre for the Responsibility to Protect, 2015.

Bilder, R., "Kosovo and the 'New Interventionism': Promise or Peril?" *Journal of Transnational Law and Policy* (Florida State University), Vol. 9, No. 1, Fall 1999, pp. 153-182.

Brownlie, I., "Humanitarian Intervention", in John Norton Moore ed., *Law and Civil War in the Modern World*, 1974, pp.217-228.

Chesterman, S., *Just War or Just Peace? Humanitarian Intervention and International Law*, Oxford University Press, 2011.

Deng, F. et al., *Sovereignty as Responsibility: Conflict Management I: Africa, The Brookings Institution*, Washington D.C. 1996.

Goodman, R., "Humanitarian Intervention and Pretexts for War", *The American Journal of International Law*, Vol.100, 2006, pp.107-141.

Henkin, L., *How Nations Behave: Law and Foreign Policy* (2nd ed), 1979, pp.144-145.

Schachter, O., *International Law in Theory and Practice*, Martinus Nijhoff Publishers, 1991.

第33章 テロリズムと難民

山本哲史

難民の地位からの除外

すでに見た（第32章）ように、国際法上、難民の保護は、難民に対する本国からの追及（迫害）を受け入れ国の領域主権によって遮断するという原理によって成立している。ただ、現実的に言えば、他国へ逃れた難民をさらに本国政府が追いかける例はむしろ少数である。大多数の難民がもっとも恐れることは本国に送還されることであるため、ノン・ルフールマンの義務（難民条約33条1項）こそ難民保護の要諦とされるのである。

ノン・ルフールマンの義務は、いまや難民条約上の義務を超えて慣習国際法として成立しているとの見方が有力である。また、難民条約以外にもノン・ルフールマンの義務を定める各種の人権条約があるある。一般的に、難民条約に基づく保護は「難民保護」、人権諸条約に基づくノン・ルフールマンの義務は集合的に「補完的保護（complementary protection）」と呼ばれている。難民保護と補完的保護の両者が重要であることがしばしば強調されるのは、保護の範囲がそれぞれの法の定義によって相互に若干ずれているためである。

そして特に重要なことに、保護対象としての難民の地位は難民条約1条に設定された「除外条項（1条F、exclusion clause）」に該当する者については与えられないことになっている。1条Fは「この条約は、次のいずれかに該当すると考えられる相当な理由がある者については、適用しない」とし、「(a) 平和に対する犯罪、戦争犯罪及び人道に対する犯罪に関して規定する国際文書の定めるこれらの犯罪を行ったこと。(b) 難民として避難国に入国することが許可される前に避難国の外で重大な犯罪（政治犯罪を除く）を行ったこと。(c) 国際連合の目的及び原則に反する行為を行ったこと」の3種を規定している。

ただし、この1条Fの適用が問題になることは、1990年代まで殆どなかった。ルワンダや旧ユーゴからの難民たちの中に迫害者側の人間も混在していることが問題となった1990年代を経て、2000年代に入ると国際社会はテロの問題に正面から向き合うようになった。もちろんテロ自体ははるかに長い歴史を有するが、問題の性質に大きな変化が起きたと考えられるようになったのである。この時期、1993年に旧ユーゴ国際戦犯法廷（ICTY）、翌1994年にはルワンダ国際戦犯法廷（ICTR）という二つの国際刑事裁判所と、1992年にはシエラレオネ特別裁判所（SCSL）が設立され、さらには国際刑事裁判所（ICC）を設立するためのローマ規程が採択されると、1条Fの解釈はにわかに注目を集めるようになった。1996年にはUNHCRは1条Fに関する解釈指針を初めて発表している。

とはいえ、そもそもテロリズムの定義は国際法では明確に行われてこなかったばかりか、１９７０年代までに活発に植民地独立運動が戦われた中で、国連がテロを非難する決議などを採択する中でも、その定義自体は明確にされることはなく、独立運動との関連で自決権を獲得するためにとられる人民の手段として認識されているというほどの状態でしかなかった。しかしこれについても１９９０年代以降に変化が見られるようになった。１９９４年の「国際テロリズムに関する廃絶措置宣言」(A/49/60) を補足する１９９６年の「１９９４年宣言補足宣言」(A/Res/51/210, Annex) には、テロの明確な定義はないものの、「テロリズムの手法および実行は、国連の目的と原則に反する」(第２段落) とし、上記1条F (c) にテロが該当するとする立場を明確にしている。また、テロを犯罪人引渡法上の非政治犯罪とみなすことを推奨し、さらには、諸国は難民の地位を与える前に「当該庇護申請者がテロリスト活動に関わったことがない」ことを確認するための適切な手段を講じるべきこと (第３段落) を強調している。

このほかにも、90年代以降、国連総会において「テロリストによる爆弾使用の防止に関する国際条約」(１９９７年)、「テロリズム資金供与の防止に関する国際条約」(１９９９年)、「核によるテロリズムの行為の防止に関する国際条約」(２００５年) という三つの条約が起草され、それらの中で、定義だけでなく、テロリズムにどのように対応すべきかについて、その法的枠組みの明確化も取り組まれている。

こうして、テロについては90年代に国際法上その定義を明確化する必要性が意識され始め、その後、

2001年9月11日の米国における同時多発テロの発生を経て、テロを取り締まることの重要性はさらに急速に意識されるようになったのである。

一方の、難民条約1条Fの適用範囲、すなわち難民条約の保護対象としない者の範囲をどう考えるかについては、1998年にはカナダ最高裁（事例1）が、2012年にはイギリス最高裁（事例2）が、それぞれ限定的に解釈すべきことを示している。また、2003年には、UNHCRは1条Fの対象を狭く解釈すべきことは、「難民条約の最重要人道目的の文脈から考慮」すべきゆえであるとしている。ただし、1条F（a）が「平和に対する犯罪、戦争犯罪及び人道に対する犯罪」と言明しているからといっても、これをそれら三つの犯罪に限定すべきでないと考えることは、いまや通説となっている。すなわち、（a）は一般的に国際犯罪（国際法が直接に犯罪として定義しているもの）を指し、それは時代の進展と共に変化（拡大）してゆく可能性のあるもの、と考えられており、この方針は2001年に難民条約採択50周年を記念して開催された「国際的保護に関する世界協議（Global Consultations on International Protection）」においても確認されている。

しかしこの点に関する近年の研究によって明らかになってきているのは、諸国において1条Fの適用の是非が判断される際に、国際犯罪の当事者であるか否かの検討は必ずしも一貫性のある形で実施されてはいないということである。国際犯罪の容疑者が国際刑事裁判所で裁かれる場合、その罪の立証は厳密に行われるのに対し、1条Fの場合はより緩やかに、あるいは、国際犯罪としていまだ確立してはいないことが疑われるような段階の「罪」を犯したことを疑われる者についても、除外するものとして扱う傾向がある。1条Fについては、限定的に解釈すべき方向性は意識されつつも、国際犯罪を裁く場合とは異なり、その厳格な立証や犯罪要件の構成までは求められてはいないのである。つまり国際犯罪の犯罪者であることが立証されずとも疑わしい場合であれば、難民の地位からの除外対象となる、という方向で国家実行は固まりつつある。

除外はできるのではなく、除外しなくてはならない

次に注目すべきは、この1条Fは、その該当者を「保護してはならぬ」というのか、それとも「保護せずとも良い」という趣旨であるのか、という問いであろう。文言自体からは、そのいずれの解釈もありそうである。難民条約の起草時に遡り確認してみよう。

まず、この1条Fは、難民条約が起草された時点において必要な要件として考えられ、議論された結果、挿入されているのである。この点につき、２００１年にイギリスの貴族院（当時の最高裁に相当）は、「難民条約には、各国それぞれの法制度の特徴とは切り離された、……独自の意味が与えられねばならない」（事例3）として、関連しそうな法制度とはいちおう切り離された、別個の制度として理解すべきことを強調している。つまり、たとえば国際法において直接犯罪として規定されているような行為（ジェノサイドなどの国際犯罪）や、各国において凶悪犯罪として規定されている行為に関与した者であって、そうした罪について各国や国際法がそれぞれに各種の取り締まりや処罰のための法制度を整えようとも、そのことと、難民条約1条Fの適用をどうするかという問題は、いちおう別個の扱いとすべきことが意識されているのである。

難民条約の起草時に、米国は、難民の地位から特定の者を除外することは、戦争犯罪者については難民として保護する義務（obligation）を免除するものであって、庇護を与えることを禁止（prohibit）する趣旨の制度としては考えないとする立場を明らかにした。この立場は、「悪名高い戦争犯罪人（notorious war criminals）」の保護さえ許容しようとするものであるとして、厳しい批判を受けている。イスラエル代表は、そうした米国の立場については、戦争犯罪者を保護する一国の問題というより、難民条約が創出しようとする難民保護の制度全体を揺るがす由々しきものであるとまで発言した。この発言を重く受けとめた米国は、妥協案として、除外は義務であることを受け入れつつも、誰を国際犯罪者（international criminals）とすべきかの基準と判断を各国に委ねることを提案し、合意を得ている。UNHCRも、このときの合意を前提に、1条Fの趣旨は、一定の人々を保護から厳格に除外する義務を設定することであるとしている。

このような理解については、同じく難民条約33条2項が、「締約国にいる難民であって、当該締約国の安全にとって危険であると認めるに足りる相当な理由があるもの又は特に重大な犯罪について有罪の判決が確定し当該締約国の社会にとって危険な存在となったものは、1の規定による利益の享受を要求することができない」として、ノン・ルフールマンの義務の例外を規定していることと比べると、その趣旨が明確になる。33条2項は、保護を与える国の安全を維持する観点から特定の者に保護を「与えずとも良い」とする規定であり、極端に言えば、その保護を与える国が、それでも安全を維持する能力が特別に高い場合や、どうしても「保護を与えたい」という場合には、保護することを禁ずるものではない。これに対し、1条Fは、保護を与える国の能力が高かろうと低かろうと、特定の要件に該当する者の「保護を禁ずる」ことで、難民条約全体の制度の正当性（保護に値しない一定の者は除外する仕組みになっていることによる信頼）を確保しようとするものである。この点に関しては、2002年のカナダ最高裁（事例4）や2010年のニュージーランド最高裁（事例5）においても確認されており、ギルバート（G. Gilbert）らによる学説も支持するところである。

テロが難民受け入れにもたらす影響と「人間の安全保障」

ここまでで、難民条約におけるテロリズムの扱いについて、法的にはどのように解釈されているのかを見てきた。国際犯罪の犯罪者であることが疑われる場合には、難民の地位を与えてはならない、とする解釈適用が確立しつつある。

このことは、難民認定審査が個別にどう実行されてゆくのかという傾向を超えて、さらに一般的かつ現実的な影響を難民に与えかねない。テロに対して警戒する諸国が、難民の保護に対して消極的になり、その際に、保護をしないという政策判断の根拠としても、この1条Fを援用しようとする傾向が懸念されるのである。たとえば2015年11月にパリで発生した「同時多発テロ」については、主犯格とされる容疑者が庇護申請者として欧州に入域（シリアの旅券を所持してギリシアから入域）しており、そのわずか一月後に犯行に及んでいることが明らかになっている。この後、このフランスだけでなく、難民が治安を乱すような事件を発生させたとされるドイツにおいても、右派の政党は難民排斥をいっそう強く主張するようになり、オランダやスペインなども入国管理を強化している。こうした、難民だけでなく外国人の入域に対する安全上の警戒心から国境管理の厳格化を推進する流れは、国境管理の「安全保障化（securitization）」とも呼ばれている。1条Fは、この「安全保障化」の正当化根拠として誤用されかねない。

なお、国境管理の安全保障化は、単独で強まりを見せているわけではない。パリのテロに先立つ2015年10月には、すでにポーランドにおいて右派の政党が選挙で大勝を収めている。これは、右派政党が難民受け入れによる財政負担増を主な懸念として主張し、市民に訴えて支持された結果である。このことは、ポーランドという一国の負担の軽重に関する主張ではなく、EU内部での適正な負担分配を求めるという文脈から主張されており、同様の主張はEU全体に及ぶものとなっても不思議ではない。ポーランドだけでなく、ハンガリーもすでに難民受け入れについては消極的な態度を明確にしており、逆に積極的な態度を貫いてきたドイツでも、与党の難民受入政策を批判する勢力は拡大を続けている。

こうしたときにこそ、難民の保護が法的義務の設定によって厳格に実施されることになった経緯を想起すべきであろう。第二次世界大戦期には、ドイツによって迫害されたユダヤ人を保護する国と保護しない国に世の中は二分され、大勢はドイツに対する警戒や配慮からユダヤ人を保護しなかった。そして戦後、難民条約が起草され、条約の規定に従った一律の内容の保護を世界に普及させることが期待された。その趣旨は、政策判断ではなく、法的判断に従って難民の保護の是非を決めようとするものであった。印象や先入観に従って保護の内容を決定してはならないのである。

このことを理解し実行を重ねてゆくことが、テロが発生した際に難民保護に対して消極的になる世論への対策の王道であり、同時に、その限られた一手なのである。「人間の安全保障」は、主に軍事力などの実力の行使および威嚇によって確保を狙う伝統的な安全保障とは異なり、法の支配や人権保障など、人々の理解や積極的支持を原動力とする秩序維持によって実現することを期待されている。そうした意味で、権力の側の論理である伝統的安全保障の目的、すなわち国家という権力装置を維持する目的でのテロ防止のために、1条Fを機能させることは、主客転倒甚だしい。あくまで個人を保護するために難民条約がなくてはならず、その難民条約の機能を維持するために（万人から支持されるという意味での）条約の正当性を維持せねばならず、それゆえに1条Fがあることを忘れるべきではないことを、「人間の安全保障」概念は明確にしてくれるのである。

参考文献

Bond, J., "Principled Exclusion: A Revised Approach to Article 1(F)(a) of the Refugee Convention", *Michigan Journal of International Law*, Vol.35, Issue.1, 2013, pp.15-78.

Foster, M. and Hathaway, J., *The Law of Refugee Status 2nd edition*, Cambridge University Press, 2014.

Gilbert, G., "Current Issues in the Application of the Exclusion Clauses", in Erika Feller et al. eds., *Refugee Protection in International Law: UNHCR's Global Consultations on International Protection*, 2003, p.428.

Protection Policy and Legal Advice Section, Department of International Protection, "Background Note on the Application of the Exclusion Clauses", in *UNHCR's Guidelines on International Protection: Application of the Exclusion Clauses: Article 1F of the 1951 Convention relating to the Status of Refugees* (HCR/GIP/03/05, 4 September 2003).

Rikhof, J., "The Criminal Refugee: the Treatment of Asylum Seekers with a Criminal Background", *International and Domestic Law* 265, 2012.

Singer, S. "Terrorism and Article 1F (c) of the Refugee Convention Exclusion from Refugee Status in the United Kingdom", *Journal of International Criminal Justice*, Vol.12 Issue 5, 2014, pp.1075-1091.

United Nations Trust Fund for Human Security, *Human Security in Theory and Practice: An Overview of the Human Security Concept and the United Nations Trust Fund for Human Security*, 2009.

参照事例

事例1 *Pushpanathan v. Canada (Minister of Citizenship and Immigration)*, [1998] 1 S.C.R. 982.

事例2 *Al-Sirri v. Secretary of State for the Home Depart*, [2012] the United Kingdom Supreme Court, UKSC 54 [75] (appeal taken from EWCA (Civ) 222)

事例3 *R v. Secretary of State for the Home Department*, Ex Parte Adan, Exparte Aitseguer, [2001] United Kingdom House of Lords, 2 WLR 143, 213.

事例4 *Manickavasagam Singh v. Canada*, 2002 SCC 1, [2002] the Supreme Court of Canada, 1 R.C.S. 3, para.102.

事例5 *Attorney General v Tamil X*, [2010] the New Zealand Supreme Court, NZSC 107.

第34章 難民と人間開発

山本哲史

先の見えない状況と「人間の安全保障」

難民は、本国に住むことができない事情があって他国に逃れてきている人である。したがって、本国に送還されることが難民にとってもっとも危険である。すでに見たように、難民条約はノン・ルフールマンの義務を規定することで、難民をこの危険から保護しようとする。

とはいえ、難民に限らず、人は命だけで生きていけるわけではない。人間らしい生活を確保することが重要である。このため難民条約の1条には保護の対象者（定義）が、2条から35条には保護の一連の内容が規定してある。こうして難民条約に従えば、難民は最低限の人間らしい生活が保障されることをいちおうは期待することができる。

問題は、難民条約が想定していなかった事態が起きた場合である。そして、そのような事態が現実に起きている。いわゆる「長期化する難民の状況（protracted refugee situation：ＰＲＳ）」である。ＰＲＳとは、難民として本国を逃れてから、問題の解決も、また、その見込みも得られないまま、暫定的であったはずの難民キャンプなどでの生活を、結果的に長期にわたり継続している状態のことである。暫定的であったはずの生活が長期化していることの、その不安定で身の振りようもない状況が特に問題視されているのである。たとえば子どもに教育は必要であるが、難民キャンプでは、どの言語で教育を与えるべきであろうか。本国に帰国できることを期待し、母国語での教育を行うべきか。それとも帰国は諦めて再定住を受け入れてくれるかもしれない国の言語を選ぶべきか。ほかにも悩みは尽きない。先が見えないということは、行動を選択できないことを意味する。

この点、「人間の安全保障」の重要な要素の一つに、生き方の選択肢の拡大（enlargement of human choices）がある。これは、後述する人間開発同様に、経済的に豊かであること自体を目的とするのではなく、人間の尊厳ある生活のために、望んだ生き方を選択できることを目的とし、その実現のために各種のアプローチがある、という位置づけを明確にするものである。将来の見えない状況であるＰＲＳは、「人間の安全保障」にとって解消すべき状態であることは明白である。こうした問題を抱える難民が多数に及ぶことが大きな社会問題と化しているという点にも注目し、ＵＮＨＣＲはＰＲＳを「同じ出身国の2万５０００人以上が5年以上にわたり保護を受けている状況」と定義している。

ＵＮＨＣＲによる、１９７８年から２０１４年の間のデータからわかることは、3年以内に問題解決できた事例はわずかに40件程度に過ぎず、解決までに10年以上を要することが一般的にさえなっているということである。２０１４年末の時点で、ＰＲＳとみなされる33件の平均継続期間はおよそ25

年であり、その80％以上もの状況は20年以上の継続期間となっている。たとえばパキスタンで保護されているアフガン難民の4分の3は30年以上もの間、難民として保護され続けている。

難民の人間開発が追求されてきた文脈

米国国務省は2011年の段階で、世界30ヶ国に1000万人以上のPRSがいることを示し、注目を促している。それによると、西アフリカのリベリア難民、ケニアのソマリア難民、セルビアのクロアチアおよびボスニア難民、パキスタンのアフガン難民、ネパールのブータン難民、タイのミャンマー難民という、特に6件のPRSに米国政府が注目し、主に第三国定住難民としての受け入れ支援を行っていることが強調されている。このような米国の方針は、難民の第三国定住についての突出した地位（世界の第三国定住の総数の大部分を米国が受け入れている）から窺えるように、PRSへの対策としては特殊であり、世界的な傾向を示すものではない。

他方、シリアなどからの難民の流入に直面するEUが採用している方針は、難民を保護している諸国から地理的に離れた諸国がとり得る方針として、日本にも関係する方針でもあり、世界を豊かな国と貧しい国に二分して難民への対応を見た場合に典型的なものとして知っておく必要があろう。EUには、難民を現に保護している国への国際援助を実施する政策はあるものの、今日（2016年4月）においてさえ、PRSに対応するための包括的な法制度や、政策、行動計画は存在しないとされている。他方、包括的ではないにせよ、PRSに関連するEUによる政策の中でも代表的なものとして、

2011年に打ち出された「移住と移動へのグローバルアプローチ（the Global Approach to Migration and Mobility：GAMM）」がある。

GAMMには、（1）合法で計画的な移動の促進、（2）非正規の移住や人身取引の防止と対策、（3）移住と移動への開発援助の効率化、（4）国際的保護を促進しつつEU域外での保護の開拓、という四つの柱が設定されている。そのいずれにおいても人権の尊重が訴えられている。このGAMMについては、EU域外での難民保護への協力という方針が、実のところ開発援助を見返りに打ち出されているのではないか、という見方ができてしまう。というのも、EUによる難民保護へのアプローチは、このGAMMによって唐突に打ち出されたものではなく、難民保護の域外化（extra-territorialization）に向けた、少なくとも20年に及ぶ歴史の上にあるからである。EUは、1996年にはGAMMの先駆けとなるような「救援・復興・開発の連携（Linking Relief, Rehabilitation and Development：LRRD）」という概念を示しており、2001年にもその重要性を意識することを維持しつつ、対処すべき人の移動の事象について、紛争に基づくものと自然災害に基づくものに分類したうえで、緊急人道支援から開発援助までの滑らかな支援の継続のために必要な枠組み設定を試みている。ところが、特に紛争に基づく人の移動（難民）の場合には、紛争自体が線形プロセスをたどって終息するものではないという限界を抱えており、すなわち紛争は、終結したと思いきやまた再燃し、武力衝突や人の強制移動を余儀なくさせるものであるため、紛争のそうした点に着目し、状況の改善や、そこからの立ち直りを、異なるフェーズの国際援助間の連携を通じて支援するというよりも、当事者が危難に対応する力を強化すること（empowermentないしcapacity building）を通じて、いかなる状況にもなるべく屈しない反発力ないし復元力（resilience＝レジリエンス）を強化すべきとする考えが共有されるようになった。そうして、ＥＵにおいて２０１３年に採択された「紛争の常態化した諸国におけるレジリエンス強化のための行動計画（the EU Action Plan for Resilience in Crisis Prone Countries [2013-2020]）」へと結実しているという、難民保護の域外化に向けたEUの努力の大きな流れを意識すべきであろう。

このように、ＥＵの文脈で見る限り、難民の人間開発は、難民保護の域外化と対をなす構成の中で追求されてきたことは否定し難い。21世紀に入ってからのＰＲＳへの注目と対応から、問題としてはにわかに出現した、弱者（vulnerable）としての難民の能力開発（それは子どもの教育や成人の自己実現のための各種訓練を含む）という、美談の側面のみに単純化して把握できない多面性を有している。

人間開発の内容と難民に関する具体的取り組み

さて、「人間開発（Human Development）」とは、国連開発計画（ＵＮＤＰ）が１９９０年に発表した『人間開発報告書（Human Development Report：ＨＤＲ）』の中で示した、開発援助の考え方である。そのエッセンスは、人間そのものを開発することではなく、「人間中心の開発」を追求することであり、あくまで開発の理念であり、戦略である。従来の開発戦略の失敗や問題を改善しようとする意識の中から、そもそも開発の先にある社会の豊かさや進歩については、経済以外の側面を強く意識すべきであるとして、経済指標化できるとは限らない「人間が自らの意思に基づいて自分の人生の選択と機会の幅を拡大させること」をも開発の目的として設定し、「健康長寿」や「知的欲求の充足」、経済効率や成果の限りない追求ではなく「一定水準の生活に必要な経済手段の確保」などを通じて、豊かさや幸福の本質を、一人一人が望む（人生の）選択肢の拡大にあるとする理念のことである。

このようなＨＤＲの方針は、それまでの経済一辺倒の開発理念を革命的に変更するものであったため大きな論争を呼び、しかしＨＤＲはその後も年に一回の発刊を重ねて今日に至り、いまや定着した感さえある。ただしその具体的取り組みについては、特に難民との関連でどのようなものがあるのかについてはあまり知られていないのではないか。以下ではその比較的最近の具体例として、ＵＮＤＰとＵＮＨＣＲという国連機関によって主導され、関係国やＮＧＯなどの連合体（国連機関とパートナーズという構成）によるイニシアティブとして実施されているシリア難民への支援プロジェクトを概観する。

シリアでの内戦が激化して5年目となる２０１５年3月の時点で、総数３２０万人以上の難民が、月に10万人のペースで流出を続けているという状況（当時）の中、問題の長期化によって難民を支援する側の能力にも限界と疲弊が叫ばれていた。この状況に対応するため、国連の主導するクラスター・アプローチ（第35章で後述）の一環として、「地域的難民およびレジリエンス強化計画（Regional Refugee and Resilience Plan：３ＲＰ）」が策定され、その実施のためのパートナーシップが組まれた。

この３ＲＰが革新的とされた理由は、問題の長期化を受け、従来のように消費されてゆくだけの支援物資やサービスを届ける人道支援ではなく、保護を行う国や援助団体、さらには難民自身の能力開発を通じて、問題への対応を図ろうとした点にある。また、３ＲＰには従来の保護のアプローチとの比較において、多面的（多元的）であるという特徴があった。一人一人のレジリエンスの強化、難民の住む共同体の機能強化、保護を行う国家の制度改善、といった多元的な取り組みを統合的にカバーする計画を設計し、実施しようとするものである。具体的には、シリア難民の大部分を保護している隣国であるレバノン、ヨルダン、イラク、トルコ、エジプトの、国家機関、国連機関、NGOが参加し、計画を策定・実施し、また、そのための必要経費の拠出を世界に促すためのアピールを実施している。その中で、3RPは、保護（protection）、保健（health）、食糧（food security）、水道（wash）、住居（shelter）、教育（education）、住環境（basic needs）、生活支援（livelihoods）などのセクターごとに数億ドルオーダーの莫大な金額を必要経費として世界に向けて提示しつつ、現実にはそのわずか数%から数十%しか充足されていないことを世界に訴えるというキャンペーン方式を採用している。ニーズを明示することで、ドナーもつきやすくなることを狙ったアプローチであるということもできる。

たとえば近いところでは、日本政府は、今年（2016年）の4月15日、3RPのアピールに呼応する形でUNDPに対して1150万ドルをシリア難民に対する電気供給施設整備事業のために拠出する合意（1年契約）を取り交わした。シリアでの紛争によって街を破壊され、電気へのアクセスが1日平均2~6時間と非常に限られた状況にあるシリア難民のために、日本政府が2015年までにUNDPのプロジェクトを支援する形で実施していたものを、さらに展開しようとするものであった。このような取り組みは、人間開発という理念について言えば、人の命を守るだけでなく、人間らしい生活のために現代においては必須となっている電力供給の復興を狙ったものであった。

こうした例は、しかしEUによる難民保護の域外化の取り組みとも併せ考えると、やはり実のところ難民の問題を地理的に遠隔の国に任せる代わりに、開発援助を実施するという駆け引きの文脈にあることは否定し難い。人間開発という理念を実現するためには、現実的なアプローチを採用せねばならず、そのこと自体に問題はないとしても、それがやがてその理念から実体を奪うことのないように、継続的な監視を必要とするものであることを我々に強く意識させるのである。

参考文献

3RP Regional Progress Report, June 2015.

Carrera, S., Blockmans, S., Gros, D. and Guild E., "The EU's Response to the Refugee Crisis: Taking Stock and Setting Policy Priorities", *CEPS Essay* No. 20, 16 December 2015.

European Commission, Commission Staff Working Document, *Action Plan for Resilience in Crisis Prone Countries 2013-2020*, Brussels, 19.6.2013 SWD（2013）227 final, 2013.

European Commission, Commission Staff Working Document, Accompanying the document — Communication from the Commission to the European Parliament, the Council, the European Economic and Social Committee and the Committee of the Regions: *Lives in Dignity: from Aid-dependence to Self-reliance Forced Displacement and Development*, Brussels, 26.4.2016 SWD（2016）142 final, COM（2016）234 final, 2016.

Humanitarian Information Unit（US Department of State）, *Protracted Refugee Situations*, February 11, 2011-U241 STATE（HIU）.

Regional Refugee and Resilience Plan (3RP) Roadmap, 1 September 2014.

Stewart, F., "Development and Security", *Centre for Research on Inequality, Human Security, and Ethnicity*（*CRISE*）*Working Paper 3*, University of Oxford, 2004.

UNDP, UNDP and Japan agree to expand support for restoring access to electricity in Syria, Apr 15, 2016, http://www.arabstates.undp.org/content/rbas/en/home/presscenter/pressreleases/2016/04/15/undp-and-japan-agree-to-expand-support-for-restoring-access-to-electricity-in-syria/, accessed at 30 Apr 2016.

第35章

難民支援の多角的アプローチ

山本哲史

保護と支援

単純に整理すると、保護（protection）とは命を守ることを中心に、人になくてはならないものを整えようとする行動を指すときに用いる用語である。なくてはならないので、気まぐれや誰かの良心に委ねたのでは心もとない。したがって実定法に定め、その履行確保を徹底するという方式によって設計されることが多い。難民保護（refugee protection）という場合、1950年に一部諸国の主導により、国際法のレベルで難民条約が採択され、その後、当事国を増やしながら、現在までに140の諸国においては国内実施のための法制度が各国それぞれに整えられている。

これに対し、支援（assistance）とは、保護では足りないと考えられる部分について、各種の有志が、その弱い部分を補うべく提供するものである。支援を受ける者にとって、それは支援者に要求できるものではない。支援者の良心と自発性に支えられた活動である。

こうして、保護には一定の規範的内容を期待できる反面、支援にはそれがない。他方、保護には期待できない内容をこそ、支援は柔軟に提供できる可能性を秘めている。両者は相互補完的に難民の苦境を救い得るものであるが、それぞれの提供者にも、そして裨益者にも、向き合うべき課題がある。

国連難民高等弁務官事務所（ＵＮＨＣＲ）の活動から考える

難民の保護は規範に基づいて実施されるのが基本であるとしても、その内容としては未来永劫同じものが提供され続けるわけではない。規範も、過去のいつかに誰かによって作られたものであり、同じように将来変更され得るものである。

その意味で、国際法である難民条約には、さしあたり二つの大きな変化の契機があることを意識しておくと全体像が見えやすくなるであろう。一つは、難民条約が解釈適用される際に、人権条約と同様に難民条約の主旨目的を軸に、変わりゆく時代や状況に合わせて柔軟に解釈を行うことで、事実上その保護の内容を拡大的に変化させながら運用してゆくという契機である（難民条約の「生ける文書（living document）」としての扱い）。そしてもう一つが、規範内容自体を直接変化させるものでないとしても、そのような変化を促すような世論や常識のようなものに働きかけを行う力が、ＵＮＨＣＲを核として醸成されているという契機である（ＵＮＨＣＲによる「法の支配」の促進）。前者については、国際人権機関（人権裁判所や人権委員会など）だけでなく、より直接的には各国の国内裁判所による難民条約の解釈において「生ける文書」としての扱いが普及しつつあり、つまり司法における発展の契機ということができる。後者については、UNHCRの政策判断や組織運営だけでなく、公式に採用する法解釈や難民の権利保護のための各種制度や手続き整備に大きな影響を持つ「UNHCR計画執行委員会（EXCOM）」が、有力諸国の政府代表によって構成されているという状況から判断すると、直接的な条約の起草や改正とは異なるものの、擬似的な国際立法や履行確保のための制度設計における発展の契機ということができる。

このように、UNHCRには、変化する国際社会の情勢に合わせて、国際法への働きかけを行う重要な機能と、それに応じた役割が期待されている。しかしEXCOMが果たす役割については、少なくともUNHCRが設立された当初は予定されていなかったものであり、EXCOMの機能強化に応じて追加的に意識されるようになった役割である。UNHCR自身にその設立時において期待されていた本来の役割は、難民保護を行う諸国を側面支援する（つまり適正な保護を促す）というものであり、財政的にも人員的にもオペレーショナルな貢献は期待されてはいなかった。すなわち、主権国家にしか実行できない保護をどうすべきかについての、アドバイザーやコンサルタントのような役割を担っていたのであって、それは難民条約35条に「締約国は、国際連合難民高等弁務官事務所又はこれを承継する国際連合の他の機関の任務の遂行に際し、これらの機関と協力することを約束するものとし、特に、これらの機関のこの条約の適用を監督する責務の遂行に際し、これらの機関に便宜を与える」とされている通り、「条約の適用を監督する」ことを核として期待されていたものであった。

一方で、UNHCRには、他に難民の保護や支援を積極的ないし組織的に実施する国際機関が（パレスチナ難民に特化したＵＮＲＷＡを除き）存在しなかったことと関連して、国連機関としての立場から、設立時のマンデートに限定された役割というより、苦境にある難民の立場から必要な活動を求められるという、その国際社会における立ち位置に由来する役割と、それに応じた機能が、徐々に備わってゆくようになった。予算さえつけば、オペレーショナルな活動、すなわち難民キャンプの設営や管理運営、あるいは帰還や定住の計画実施や斡旋については、ＵＮＨＣＲに限らず、いずれかの主権国家の領域内であれば、その許可さえあれば可能である。この点、国連総会の下部組織として位置づけられるＵＮＨＣＲには、国連総会の事前承認さえあれば、活動予算だけでなく一般的な内容を諸国に対してアピールすることが認められている（ＵＮＨＣＲ規程10項）。また、ＵＮＨＣＲのマンデート自体、同じく国連総会が承認しさえすれば、その予算の範囲内で追加してゆくことが可能な仕組みになっている（同9項）。こうした諸条件が相俟って、その設立時（１９５０年12月14日）にはわずか34名の職員の組織であったものが、現在までに世界各地１２５ヶ国の事務所に総勢９０００名を超える職員を抱え、ジュネーブとブタペストの本部職員だけでも１０００名を超す巨大組織となっている。その年間予算は、設立時にはわずかに30万ドルであったものが、現在（２０１５年度）は70億ドルにも及ぶ。この予算規模から容易に推察できるように、本来業務であった法的保護に関わる活動は質的には今日においても依然として中核であるとされつつも、いまや、難民キャンプの運営をはじめとする、世界各地でのオペレーショナルな支援活動に活動全体の比重は大きく移っている。

保護を成立させるための人道支援における工夫

ところで、人道支援（humanitarian assistance）と開発支援（development assistance）は、観念的にも、制度的にも別個のものである。峻別のポイントは様々あるとして、大まかに言えば、前者が人の命に関わる緊急状態を想定した支援であるのに対し、後者は社会の発展や、その過程の中での弱者救済や公正な制度構築に関連するインフラ等の整備といった特徴がある。人道支援の場合は災害や紛争時の文民の保護と密接に関わるものであり、支援者自体の安全の確保にも注力の必要な活動であることから、こうした活動に関与することのできる組織自体、限られてくる。また、暫定的かつ即時的な活動が求められることが多く、つまり長期的な計画を前提とする活動ではなく、活動予算自体が緊急のアピールに基づくものにならざるを得ない。

そして、人道支援はそのように計画の立てにくい活動になりがちであるため、関与する組織間の連携がうまくゆかなければ、特定分野の支援が見落とされてしまうことや、支援の重複も起きかねない。そこで、国連は「クラスター・アプローチ（Cluster Approach：ＣＡ）」という枠組みを設定し、人道支援が必要な場所に届いているか、あるいは、無駄に重複などしていないかなどの組織間調整を図り、支援の効率化に努めている。

とはいえ、ＣＡを急に開始すると言っても、唐突にできるものではなく、その成立には、支援の現場でのそうした枠組みへのニーズの高まりがあるだけでは足りず、また、その場限りの対応では不十分であって組織間の構造的調整も必要になってくる。この点、ＣＡは、沿革的には１９９１年12月の国連総会決議46/182によって「国連人道問題調整事務所（the Office for the Coordination of Humanitarian Affairs：ＯＣＨＡ）」が設立されたことに起源を有し、翌１９９２年に「機関間常設委員会（Inter-Agency Standing Committee：ＩＡＳＣ）」が設置されると、その事務局はＯＣＨＡ内に置かれ、国連内外の関連組織の連絡調整のための組織作りが進められるなど、冷戦終結後に急速にその成立要件を整えていった。２００４年にインド洋津波災害が発生すると、そこでの失敗や経験から、より根本的に組織改革が促されるようになり、翌２００５年には「人道改革への課題（the Humanitarian Reform Agenda）」に基づく人道支援改革がＩＡＳＣを軸に着手され、「国別人道チーム（Humanitarian Country Team：ＨＣＴ）」という、国連機関やＮＧＯなどからなる、活動国ごとの組織連合体が組織されることになった。このＨＣＴを統括する役職として、「人道調整官（Humanitarian Coordinator）」が設けられ、連絡調整面だけでなく資金面でもＯＣＨＡによる支援を得ながら、ＣＡは各種の国連機関やＮＧＯの資金や力を統合し、事態悪化の予防（prevention）から社会の再建（reconstruction）までを途切れることなく繋ぎ、人道支援を効率化するための有効なアプローチとして確立しつつある。

難民支援と「人間の安全保障」

以上は、大規模な紛争時や災害時などに、難民流出国の周辺国に難民キャンプが設営されるなどした場合に、そこでの関連組織の支援活動を念頭に置いた理解であるが、難民の支援は全く状況の異なる場所や局面でも必要とされる。たとえば日本のように、難民といえば遠く離れた国から比較的少数が到来し、つまり問題の規模や深刻さが大きくないと考えられているがゆえ、ＣＡがそもそも採用されていないような国もある。

そうした国の場合、本当は難民ではないことを自覚している者も含め、ともかくも難民であることを主張して難民認定申請を行う者が、比較的多くなりがちである。その難民認定審査は精度重視のため、審査に手間がかかり、その負担こそが難民保護の実質的内容となっている場合さえある。これに対し、難民保護の分野には、「一見して明白（prima facie）」な難民という種別がある。これは個別に難民認定審査をしていたのでは保護が間に合わないというような大きな集団をなす者たちについては、周囲の状況や外見から、およそ疑いなく難民であることを想定して扱うものである。そうした状況と比較すると、問題の特徴は鮮明となる。日本の場合、この「一見して明白」な難民というのはインドシナ難民への対応の際に遭遇したのみであって、一般的に、見た目からは一般の外国人であるのか、難民であるのかの区別がつきにくい難民認定申請者の中から、保護の対象を見極めることが大きな課題となっている。

昨年（２０１５年）1年間の日本における難民認定申請者は７５８６名、うち、前年からの未処分繰越分も含めて３８９８名を審査するも（残りは未決）、認定者数はわずかに19名（異議審査で8名、計27名）という数字が物語る通り、申請者の多くは、少なくとも入管の判断によれば難民ではない。そのことの是非（認定されるべき者が認定されていないのではないかとの疑い）はともかく、現状、日本において難民認定を勝ち取ることは極めて困難であること言わざるを得ない。

もっとも、実情的には、認定を受けることができずとも（無論認定されるに越したことはないとしても）、審査中に保障される地位自体にメリットがあると考えられている。２０１５年の申請者７５８６名のうち、実に６３９４名は滞在資格を有している状態で難民認定申請を行っている。その場合、６ヶ月の特定活動という在留資格を与えられ、さらに６ヶ月以内に一次審査の結果が出ない場合には６ヶ月の特定活動は延長され、そこから就労も可能になる。こうして、難民認定申請は日本での就労を目指す者にとって、濫用しやすい好都合な制度という側面があるため、申請者が殺到しており審査が追いついていかない、という批判もある。その制度上の問題をどうするかという点もさることながら、本章のテーマとの関係では、要するに、審査は長引き、審査中の生活も不自由で不安定なものになりがちであり、しかし保護対象となれるか否か自体については、審査中であるため、結局のところ保護を受けることはできない点が重要である。そこで支援が必要になってくるのである。

現在、都内の主要な難民支援ＮＧＯには、年間１万件以上の相談が寄せられているという。そしてＮＧＯ同士がＣＡのように組織的に調整機能を整えるというところまではゆかずとも、情報共有や意見交換を互いに密にし、支援の重複や欠如を減らすよう、改善のための取り組みは続けられている。大きなニーズがあるため、ＮＧＯにとって、政府や行政を批判するだけでなく、建設的な連携関係の構築は重要であり、このため政府組織に接近した活動を行うＮＧＯも、もちろんある。ＮＧＯには議会へのロビーイングを通じて立法機関を動かすこともできれば、行政の然るべき担当者との建設的な連携関係を構築することも期待される。

そうした際に、「人間の安全保障」は、すでに見たような国際社会の構造を前提とする難民という存在を、主権国家間や関係組織間の利害調整の論理に埋没させてしまうことなく、保護や支援の中心に置くべきことを再確認させる重要概念である。また、「恐怖からの自由（freedom from fear）」だけでなく「欠乏からの自由（freedom from want）」をも内容とすることで、そのカバーすべき内容を幅広く多角的に設定しており、このことは、21世紀の緊急人道支援の二つの特徴とされる、（1）支援の専門化と（2）ネットワーク化とも軌を一にするものである。こうして、現代においては、助ける側も、助けられる側も、その内容に一定の方式と水準を期待し、それゆえ質の高い支援が隅々まで行き届くということが、災害や紛争ごとに新たな課題を指摘されつつ追求されてきた。

しかしそうした状況においてこそ忘れてはならないのは、人を助けることの自発性、そして人から発せられる情報の直接性、そしてそれを読み取ることの柔軟性、さらには期待された内容が達成されなかったときの、互いに対する寛容性といった、支援の根底を支える価値観の共有であろう。このことは、精神論としてではなく、機能論として意識する必要がある。制度や規範に拘泥し、あるべき人助けの方式や質というような、理念を抽象的に先行させてしまうような行動は、支援をする側の自己満足に陥りかねず、そのことへの反発や猜疑心が、多角的であるはずの支援を制約的なものへと変貌させてしまう。東日本大震災に対する支援の際にも、そして熊本地震の際にも、「訓練されていないボランティアは来るな」「現場では被災地のリソースを一切使ってはならない」などとして、個人や小規模の団体によるボランティアを非難する類の発言は少なくなかった。しかもこの種の発言は必ずしも誹謗中傷のそれとしてだけではなく、実のところ、「専門家」などからも発せられていた。しかしそうした発言者たちが、必ずしも裨益者を代表しているわけではないことは見落とされがちである。そして見方によっては、支援の「専門家」たちは、意図はともかく、自分たちと異なるアプローチで支援を行う別の支援者を、実のところ現場から排除しようと動いているように見えなくもない。

難民支援も人道支援も、専門化やネットワーク化を進めること自体は、状況を客観的に眺めた場合に観察される特徴であり、それは、支援が多角的かつ自由にアレンジし得るからこそ、複雑化や煩雑化という課題にも同時に直面し、それゆえ支援内容の重複や偏りなどの盲点を見直そうとする契機から発している動きであると見ることができる。支援が組織化されることは効率面では評されるべきことであるが、そのことを超えて、支援のための自由な発想や多角化そのものを否定するような動きとなっていないかについては、常に警戒し、注視する必要があるだろう。「人間の安全保障」は、支援者と裨益者の距離が組織や制度のしがらみによって遠ざかってしまっては達成し得ない価値であることを忘れるべきではない。誰によるものであるかではなく、誰のための保護や支援であるのかを意識の中心に置き、問い続けることで、「人間の安全保障」は洗練・進化してゆくことが期待される。「人間の安全保障」は、安全保障の担い手を、国から、形式的に姿を変えただけの、また別の権威に移すだけの変化を求めているわけではない。

このように考えることで、「人間の安全保障」の革新性は改めて鮮明になる。伝統的な安全保障が武力をはじめとする実力によって、自らと立場や意見が異なるがゆえに敵となっている「危険」と対決しようとする、究極的には強制力のみに頼った制約的な（主体排除的＝軍にしかできない貢献に最終的には頼らざるを得ない）アプローチであったのに対し、「人間の安全保障」とは、人間の安全と尊厳は確保されるべきであるという信念を万人に浸透させ、敵を倒すのではなく敵対関係自体を解消し、各人が自発的に安全を創出しようとする意識を大切にするアプローチである。

つまり人間の安全が様々な角度から考慮されていることによる内容の充実を意味するだけでなく、より本質的には、様々な発想を互いが許容することを前提にした、開かれたアプローチであることが、「人間の安全保障」のための支援者の積極性を誘い、裨益者の尊厳確保を期待させるのである。この場合、裨益者という立場さえ固定的ではなく、裨益者間における支援、すなわち相互扶助や、裨益者とされる人々への支援が支援者を救うこともあり得る。難民支援はそのような意味での多角性を獲得することで、持続可能にもなる。

参考文献

中村哲「本当の復興支援とは何か――アフガニスタン『復興』の現実から見る」（『世界』二〇〇四年六月号）
難民支援協会（編著）本間浩（監修）『支援者のための難民保護講座』現代人文社、二〇〇六年
山本哲史（編著）『人間の安全保障を求めて――東日本大震災被災者のための仮設住宅における支援活動の現場から』人間の安全保障フォーラム、二〇一四年
山本哲史（編著）『難民保護の理論と実践』人間の安全保障フォーラム、二〇一四年
Fiddan-Qasmiyeh, E. et.al., *The Oxford Handbook of Refugee and Forced Migration Studies*, Oxford University Press, 2014.
Fukuda-Parr, S. and Messineo, C., "Human Security: A critical review of the literature", *Center for Research on Peace and Development* (CRPD) *Working Paper* No. 11 January 2012.
Stoddard, A. et.al, *Cluster Approach Evaluation* (Final), OCHA Evaluation and Studies Section (ESS), November 2007.
UNHCR, *The State of The World's Refugees 2000: Fifty Years of Humanitarian Action*, 2000.

あとがき

山田　満

難民問題は依然として国際社会の喫緊の課題である。国際社会の状況はまるで20世紀に逆戻りしたかのように、ロシアによるウクライナへの侵攻という国家間の戦争に直面している。他方で、シリア、アフガニスタン、ソマリア、南スーダン、東南アジアではミャンマーの軍事政権、ロヒンギャ難民などと、紛争を逃れて多くの子どもや女性など無辜の人々が居場所を追われている。難民は海を渡り、急峻な山を登り、あるいは何十キロにわたる徒歩で国境を越えている。このような難民、国境を越えられなかった国内避難民（ＩＤＰ）も含めて、日常を奪われた人々の生活を垣間見ることで、私たちは改めて平和とは何かを再考せざるを得ない。そして、人権や人道的支援の重要性を理解する。

しかし、国際社会の現実はこのような困難な状況に追い込まれた人々の国内流入を阻止するような政治家が登場し、国内世論の難民・移民を排斥する活発な動きもあり、正に分断化の様相を呈している。「自国第一主義」を掲げる象徴的な存在であったドナルド・トランプ前米国大統領の人気は依然として強く、またトランプ氏に限らず国益を主張する政治家が相次いで登場し、排外主義を強く訴え、ポピュリズムに根ざした主義主張が、コロナ禍の経済的停滞を背景に、先進諸国ではますます支持を集めている。

本書は、このような国際社会の難民を取り囲む厳しい環境の中で人権や人道支援に関わってきた研究者と実務家の共同執筆で成り立っている。独立行政法人国際協力機構（JICA）、国連世界食糧計画（WFP）、国連難民高等弁務官事務所（UNHCR）、国際移住機関（IOM）などの難民支援、IDP支援を行っている機関の最前線で支援を経験してきた方々が執筆に加わっている。もちろん、これらの方々の執筆内容は、所属した援助機関を代表するものではない。本書はあくまで現場を重視する大学研究者と実務経験者との双方向による共同作業の成果であると言えよう。

また、本書ではコラムをいくつか設けている。元ミャンマー難民として難民認定を受け、現在は日本・ミャンマー間の架け橋を担うミョウ・ミン・スウェ氏のコラムは日本の難民支援を一考する必要を再認識させる内容である。さらに、難民支援を行う学生ボランティア組織、国連UNHCR協会の活動などを知ることで難民支援の包括的な方向性も理解できると考える。

最後に、改めて執筆に参加していただいた方々にお礼を申し上げたい。さらにこのような難民の理解を進めるうえで出版の機会をいただいた、明石書店代表取締役社長の大江道雅氏、実際の編集作業を担当し、適切な助言をしていただいた岡留洋文氏に感謝を申し上げたい。

編者を代表して

山本哲史（やまもと　さとし）［第9部］

名古屋大学大学院国際開発研究科修了（学術博士）。東京大学特任准教授、モンゴル国立大学法学部内・名古屋大学日本法教育研究センター特任講師を経て、現在、航空自衛隊幹部学校・航空研究センター研究員（3等空佐）。専門は、国際法学、人権法、難民研究、戦略研究。

〔主な著書・論文〕

『難民保護の理論と実践』（編著）人間の安全保障フォーラム、2014年

「難民認定審査の多段階的構造と各段階における判断の性質――『灰色の利益』論の位置づけと機能」『国際法外交雑誌』国際法学会、2014年

「人権保障の観点から見た難民の社会統合政策の可能性と限界――難民の『移動の自由』に対する居住地制約に関連して」『国際人権』国際人権法学会、2016年

佐藤滋之（さとう　しげゆき）［第5部］

早稲田大学大学院社会科学研究科博士後期課程修了（博士・社会科学）。1997年から国際赤十字赤新月社連盟（IFRC）で東南アジア地区災害対応担当官、国連難民高等弁務官事務所（UNHCR）で首席保護官等を務め、2020年より武庫川女子大学食物栄養科学部准教授。立教大学兼任講師。専門は難民・移民研究、人道問題研究、食糧安全保障等。

〔主な著書・論文〕

「難民キャンプ収容政策の推移と転換――その背景とUNHCRの役割」日本国連学会（編）『国連研究』第19号、国際書院、2018年

「パキスタンにおけるアフガニスタン人難民の社会統合――難民の社会統合に関する一考察」難民研究フォーラム（編）『難民研究ジャーナル』第9号、現代人文社、2020年

橋本直子（はしもと　なおこ）［第6部］

オックスフォード大学院強制移住学修士号（スワイヤー奨学生）、ロンドン大学国際人権法修士号、サセックス大学院政治学博士号取得（日本財団国際フェロー）。博士（政治学）。日本政府国連代表部人権人道問題専門調査員、国際移住機関（IOM）、国連難民高等弁務官事務所（UNHCR）等を経て、2019年6月から一橋大学社会学研究科准教授。同時にロンドン大学難民法イニシアチブ・リサーチ・アフィリエイト、法務省難民審査参与員。専門は、強制移住学、国際難民法・人権法、移住・庇護政策、国際政治・国際関係論。

〔主な著書・論文〕

「難民条約上の『特定の社会的集団の構成員』という概念の国際法上の解釈」『移民政策研究』第8号、明石書店、2016年

“Refugee Resettlement as an Alternative to Asylum,” *Refugee Survey Quarterly*, Vol. 37, Issue 2, March 2018, pp.162-186

“Stratification of Rights and Entitlements among Refugees and Other Displaced Persons in Japan,” in S. Takahashi and A. Kihara-Hunt (eds.) *Civil and Political Rights in Japan: a tribute to Sir Nigel Rodley*, London: Routledge, 2019, pp.128-142.

「分野別研究動向（難民・強制移住学）――海外における強制移住学の過去10年とこれから」『社会学評論』71巻4号、2021年

佐原彩子（さはら　あやこ）［第7部］

カリフォルニア大学サンディエゴ校Ph.D.（Ethnic Studies）。東京大学大学院総合文化研究科附属アメリカ太平洋地域研究センター特任研究員等を経て、現在、大月市立大月短期大学助教。専門は、アメリカ研究（難民史・移民史）。

〔主な著書・論文〕

「自立を強いられる難民――1980年難民法成立過程に見る「経済的自立」の意味」『アメリカ史研究』第37号、2014年

山本　剛（やまもと　つよし）［第2部］

早稲田大学社会科学研究科博士課程修了（博士・社会科学）。JICAアフガニスタン事務所、JICA中東・欧州部、JICA地球環境部、JICA企画部等を経て、現在、JICAラオス事務所。専門は、国際関係論、国際協力論、難民・強制移動研究。

〔主な著書・論文〕

「これからの国際協力と平和——人の移動の視座から」多賀秀敏編著『平和学から世界を見る』成文堂、2020年

堀江正伸（ほりえ　まさのぶ）［第3部］

早稲田大学大学院社会科学研究科博士後期課程修了（博士（学術））。民間企業、国連世界食糧計画（WFP）、武庫川女子大学文学部教授を経て、2022年4月より青山学院大学地球社会共生学部教授。専門は、国際協力、人道支援、非伝統的安全保障。

〔主な著書・論文〕

『人道支援は誰のためか——スーダン・ダルフールの国内避難民社会に見る人道支援政策と実践の交差』晃洋書房、2018年

「実務が変わる、人生観が変わる」清水展・小國和子編『職場・学校で活かす現場グラフィー——ダイバーシティ時代の可能性をひらくために』明石書店、2021年

「誰かを取り残している持続可能な開発目標——インドネシアからの問いかけ」山田満・本多美樹編『「非伝統的安全保障」によるアジアの平和構築——共通の危機・脅威に向けた国際協力は可能か』明石書店、2021年

「『新しい人道支援』が生み出す支援の格差——東西ティモールにおける人道支援を事例として」『国際開発研究』第30巻2号、国際開発学会、2021年

人見泰弘（ひとみ　やすひろ）［第4部］

北海道大学大学院文学研究科修了（博士・文学）。名古屋学院大学国際文化学部准教授を経て、現在、武蔵大学社会学部准教授。専門は、国際社会学。

〔主な著書・論文〕

「ASEANのトランスナショナリズム」西原和久・樽本英樹編『現代人の国際社会学・入門——トランスナショナリズムという視点』有斐閣、2016年

『移民・ディアスポラ研究 第六号 難民問題と人権理念の危機』（編著）明石書店、2017年

「戦後日本の難民政策——受入れの多様化とその功罪」移民政策学会設立10周年記念論集刊行委員会編『移民政策のフロンティア——日本の歩みと課題を問い直す』明石書店、2018年

「テーマ別研究動向（難民研究〔国内〕）」『社会学評論』71巻3号、2020年

「2021年軍事クーデター直後の滞日ビルマ人の政治的トランスナショナリズムの諸相——社会イノベーションの視点を手掛かりに」『社会イノベーション研究』17巻2号、2022年

編著者紹介　※執筆順　[　] 内は担当、◎は編者

◎滝澤三郎（たきざわ　さぶろう）[はじめに、第8部]

カリフォルニア大学バークレー大学院修了（MBA）。UNHCR駐日代表、東洋英和女学院大学教授を経て、現在、同大学名誉教授。専門は、日本の難民政策。

〔主な著書・論文〕

「難民と国内避難民をめぐるダイナミズム——国際公共財の観点から」『移民政策研究』第8号、2016年

「日本による紛争国家からの難民受け入れ」東大作編著『人間の安全保障と平和構築』日本評論社、2017年

Japan's Refugee Policy: Issues and Outlook, JIIA Digital Library, JIIA（日本国際問題研究所）March 2018, http://www.jiia.or.jp/en/pdf/digital_library/peace/Saburo_Takizawa-Japan_s_Refugee_Policy_Issues_and_Outlook.pdf

編著『世界の難民をたすける30の方法』（編著）合同出版、2018年

「難民の国際的保護の現状〜人道と政治の相克する現場の視点から」『グローバル・ガバナンス』第7号、2021年

"Japan's Immigration Policy 2015-2020: Implications for Human Security of Immigrant Workers and Refugees" *Journal of Human Security Studies* Vol.10, No 2　2021 (Special Issue)

◎山田　満（やまだ　みつる）[第1部、あとがき]

オハイオ大学大学院国際関係学研究科修士課程修了。東京都立大学大学院社会科学研究科博士課程政治学専攻単位取得退学。2000年に神戸大学博士（政治学）を取得。東ティモール国立大学客員研究員、埼玉大学教養学部教授、東洋英和女学院大学大学院国際協力研究科教授などを経て、2009年4月より早稲田大学社会科学総合学術院教授。同大学地域・地域間研究機構アジア・ヒューマンコミュニティー（AHC）研究所長。一般社団法人日本東ティモール協会副会長、国連UNHCR協会理事、難民自立支援機構理事などNGO活動や国際ボランティア活動にも従事。専攻は、国際関係論、国際協力論、平和構築論。

〔主な著書・論文〕

『多民族国家マレーシアの国民統合——インド人の周辺化問題』大学教育出版、2000年

『「平和構築」とは何か——紛争地域の再生のために』平凡社新書、2003年

『東ティモールを知るための50章』（編著）明石書店、2006年

『市民社会からみたアジア』（責任編集）『国際政治』第169号、2012年

『東南アジアの紛争予防と「人間の安全保障」——武力紛争、難民、災害、社会的排除への対応と解決に向けて』（編著）明石書店、2016年

『平和構築のトリロジー——民主化・発展・平和を再考する』明石書店、2021年

難民を知るための基礎知識
――政治と人権の葛藤を越えて

2017年1月31日　初版第1刷発行
2022年6月15日　初版第5刷発行

編著者　滝澤三郎
　　　　山田満

発行者　大江道雅
発行所　株式会社明石書店
〒101-0021 東京都千代田区外神田6-9-5
電話　03（5818）1171
FAX　03（5818）1174
振替　00100-7-24505
http://www.akashi.co.jp
装丁　明石書店デザイン室
印刷／製本　モリモト印刷株式会社

ISBN978-4-7503-4416-4
Printed in Japan
（定価はカバーに表示してあります）

新しい国際協力論

山田満［編著］

◎四六判／並製／268頁　◎2,500円

現代社会における国際協力とは何か、なぜ国際協力は必要なのか?グローバル公共財、貧困問題、紛争解決と平和構築、国連が取り組む人権・環境・難民、そして企業の社会的責任など、グローバル化のなかで変化する課題における国際協力の理論と実践を概説する。

《内容構成》

〈価格は本体価格です〉